中国近代教育民生思想研究

徐雪莲◎著

ZHONGGUO
JINDAI JIAOYU
MINSHENG SIXIANG
YANJIU

安徽师范大学出版社
ANHUI NORMAL UNIVERSITY PRESS
·芜湖·

图书在版编目(CIP)数据

中国近代教育民生思想研究/徐雪莲著.—芜湖:安徽师范大学出版社,2021.12
ISBN 978-7-5676-5428-0

Ⅰ.①中… Ⅱ.①徐… Ⅲ.①教育思想—研究—中国—近代 Ⅳ.①G40-092.5

中国版本图书馆CIP数据核字(2021)第261725号

中国近代教育民生思想研究 徐雪莲◎著
ZHONGGUO JINDAI JIAOYU MINSHENG SIXIANG YANJIU

责任编辑:辛新新
责任校对:汪碧颖
装帧设计:张 玲
责任印制:桑国磊
出版发行:安徽师范大学出版社
安徽省芜湖市北京东路1号安徽师范大学赭山校区
网 址:http://www.ahnupress.com/
发 行 部:0553-3883578 5910327 5910310(传真)
印 刷:苏州市古得堡数码印刷有限公司
版 次:2021年12月第1版
印 次:2021年12月第1次印刷
规 格:700 mm × 1000 mm 1/16
印 张:16.75
字 数:250千字
书 号:ISBN 978-7-5676-5428-0
定 价:52.80元

前　言

2010年7月13日，中共中央总书记胡锦涛在全国教育工作会议上提出“教育是国计，也是民生”后，教育民生的概念逐步走进人们的视野，并日益成为教育理论界关注的重点课题，教育的民生属性和功能被重新挖掘出来。

实际上，在中国近代，当西方列强用炮火打开中国的大门后，有识之士便把救国强国的希望诉诸教育，同时认识到教育对于发展民生和改善民生的重要作用。严复把民力、民智、民德看成国计民生的基础，指出“未有三者备而民生不优，亦未有三者备而国威不奋者也”，并撰文力倡鼓民力、开民智、新民德。梁启超呼吁伸民权、开民智、育新民、普及义务教育、教育经费取诸民而用诸民，以至于造就具有公德、私德、自由、自治、自尊、尚武、合群、生利、民气、毅力等品质的“新人”。孙中山对民生有了更深刻的认识和更高的建树，在他所倡导的“三民主义”中，“民生主义”是思想特色最鲜明的部分。他对封建统治阶级剥夺“贫贱者”的受教育权利进行抨击，指出全体国民“皆有受教育的权利”，强调普及教育和广泛进行社会教育的重要性，认为教育要为发展经济服务，并主张将教育纳入民生。

在同一时期，受政治经济的推动和社会文化思潮的影响，各种教育思潮层见叠出，其中包括经世致用教育思潮、洋务教育思潮、民主革命教育思潮、实用主义教育思潮、职业教育思潮、平民教育思潮、民众教育思潮、生产教育思潮、生活教育思潮、工读主义教育思潮、乡村教育思潮、新民主主义教育思潮等。其中，有很多教育思潮都包含着教育救民、济民、惠民的思想追求，如：民主革命教育思潮提倡民主、平等的教育，提倡女子教育与实利主义教育；实用主义教育思潮关注平民教育和生活教育的问题；职业教育思潮以“为个人谋生之准备，为个人服务社会之准备，为国家及世界增进生产力之准备，使无业者有业、使有业者乐业”为目的；平民教育思潮认为，人人都有接受教育的权利，不分男女老幼与贫富贵贱，采用社会教育、学校教育和家庭教育相结合的方式，对平民实施能够改变愚、穷、弱、私面貌的文艺教育、生计教育、卫生教育和公民教育；生产教育思潮注重国民生产能力的培养和国民经济建设的发展，采用“经济分团制”的教学组织形式，运用巡回教学方法，采取教学式、开会式、谈话式、展览式的教学方式进行教学；生活教育思潮强调教育与生活的联系，主张教育应面向社会、面向生活、面向广大民众，将学校与社会连成一片；新民主主义教育思潮提出，教育要为劳苦大众服务；等等。这些教育思潮都有一个共同的价值追求和特点，就是对民众的受教育权、教育对象、教学内容的见解以及教学方法、教学模式的创造性运用，无不体现出重视民生的价值旨趣和思想色彩，展现出丰富的教育民生思想。

中国近代教育民生思想内容十分丰富，寓于那个时代教育家的教育思想和教育实践中，涵盖了政治、经济、哲学、伦理等思想。中国近代是教育家辈出的时代，他们各自都有大量的对各种教育问题的理解与思考，并形成各种各样的教育思想。在浩如烟海的中国近代教育思想中研究蕴含其内的教育民生思想，需要选取具有代表性的研究对象。选取的过程是一个艰难的取舍过程，因为在中国近代，为了民众的教育殚精竭虑甚至付出宝贵生命的教育家数不胜数，如：马相伯、张謇、黄炎培、王拱璧、雷沛鸿、晏阳初、陶行知、高阳、梁漱溟、陈礼江、邰爽秋、俞庆棠等。由于篇幅和时间所限，笔者只能忍痛割爱，最终选取晏阳初、俞庆棠、邰爽秋三位教育家作为研究对象。晏阳初致力于平民教育70余年，他的平民教育思想博大精深，他为平民教育献身的精神以及对祖国、对人民的赤子之情和国际主义精神令笔者多次动容，并且，他所领导的平民教育和乡村建设运动蜚声海内外，被誉为“世界平民教育运动之父”。俞庆棠是20世纪上半叶乡村教育运动中唯一一名女性教育家，她不仅是民众教育的开创者，而且一生致力于民众教育，拥有自己的一套民众教育理论与实践方法。她在实验区推展的教育不仅遵循教育原理，而且对教育的内容条分缕析，既分门别类，又统一周全，她还以女性特有的温柔及细腻的情感对待她的学生和实验区民众，与他们成为无话不谈的知心朋友。但同时，她又有着坚强的意志和无畏的精神，她不怕国民党反动派的威逼利诱，敢于仗义执言和挺身而出。可以说，她是中国近代教育史上不可多得的女性教育家。选择邰爽秋，是因为他从事的民生本位教育与我们今天的教育民生是相通相融的，是教育民生思想的具体形态。

本研究以马克思唯物史观和人的全面发展学说为理论基础，运用文献研究法、个案研究法和比较研究法，以三位教育家为代表的教育民生思想形成的社会历史背景为切入点，按照时间顺序，在多学科交叉视域下，结合宏观、中观和微观层面，对被研究者的教育民生思想与实践进行考察，并且对他们的教育民生思想和实践进行比较分析，继而在分析比较的基础上形成整体研究，从而总结教育民生规律，建构更加完善的教育民生理论。

中国近代教育民生思想是晏阳初、俞庆棠、邰爽秋等一大批教育家殚精竭虑，对国家、对民众的热爱与自身教育智慧相结合的产物。其对教育与人的关系的深刻认识，对教育民生功能的独特见解和创造性发挥，在国内，无论是对社会，还是对教育本身，都产生了诸多影响，它不仅更新了民众的教育观念，丰富了教育理论，促进了教育变革，而且在一定程度上改善了民众的生活；在国外，它不仅受到了关注与盛赞，也成为指导许多国家教育民生工作的蓝本。中国近代教育民生思想对于目前我国的教育民生事业，具有深刻的指导意义。

序

教育关涉民生，是一个历史的过程。漫长的古代社会，学在官府，教育被统治阶级所垄断，成为文人们及贵胄子弟的专享，旨在成圣成贤，或是社会下层跻身统治集团的通道，自然无法成为黎民百姓的生活目标和内容。古代一些教育家虽然也意识到教育与民众的关系，那至多也是要发挥教育对民众的教化功能，而不是出于对其生活的观照。教育民生的发生，是在教育走向普及、面向广大民众的社会条件下逐步萌芽和实现的，并由此实现教育价值和功能的民生转向。

中国历史来到了近代，西学东渐点燃了科学与民主的思想火种，加之对中国古代民生思想传统的继承和向往，催生了第一个将教育纳入民生的政治家和思想家——孙中山的教育民生思想。孙中山确立“建设之首要在民生”的建国纲领，就将教育包含在内，认为“共和国家之建设，端赖人才”，并“力图实业教育之发展”；同时，孙中山还赞成教育平等的主张，提出大同社会应包括“幼者有所教”，指出：“学校者，文明进化之泉源也。必学校立，而后地方自治乃能进步。故于衣、食、住、行四种人生需要之外，首当注重于学校也。”由此，他明确将学校教育与衣、食、住、行并列为民生。在此思想影响下，蔡元培主导制定的教育方针，将实利主义纳入其中，“以人民生计为普通教育之中坚”。然而，孙中山“三民主义”的建国宏图，并没有能救人民于水火之中，给富国图强带来真正可以实践的方案，其教育民生思想以及蔡元培的实利主义教育也只能是一种不切实际的幻想或是空置化状态。不过，这并没有阻滞一批忧国忧民的思想家、教育家对教育济民进行探索的步伐。在那个战乱连连、民不聊生的年代，各种教育思潮和教育改良的实践努力风起云涌，诸如新民主主义教育思潮、职业教育思潮、平民教育思潮、民众教育思潮、民生教育思潮、实用主义教育思潮、生产教育思潮，无不包蕴着教育济民的社会理想，旨在通过教育改善下层民众的生存、生计和生活，面向全体民众，实现教民、保民、养民、裕民、惠民、新民。

徐雪莲的《中国近代教育民生思想研究》一书，正是基于这一时代背景，形成民国教育研究一个崭新的问题视角。本书既对中国近代民生思想的产生背景和思想基础进行了宏观的和整体的背景透察，又选取以晏阳初的平民教育、俞庆棠的民众教育、邰爽秋的民生本位教育等思想为中心，对中国近代教育民生思想产生的社会背景、目标内涵、演化历程及其实践影响进行了较为深入的考察，在此基础上理清其逻辑理路和思想特征，并分析其局限性及现实启示。研究运用了文献法、比较法和个案法，对相关史料和论述进行系统梳理，厘清中国近代教育民生思想形成和演进的历程。并以三位教育家为代表，分析中国近代教育民生思想的内涵并考察其教育民生实践的内容、方法、组织形式与手段，特别是从教育宗旨的树立、教育对象的划定、教育路径的选择和教育实践等维度，对其教育民生思想进行比较，析出其相同之处及各自的风格特质，体现了中国近代教育民生思想的丰富性和实践的灵活性。当然，本书并不满足于此，而是进一步据此对中国近代教育民生思想的逻辑理路进行梳理，揭示中国近代教育民生思想不仅具有鲜明的时代特点，而且展现出在教育对象的平民关怀、教育内容的选择和教学组织形式的采用上以生活为本的宗旨取向。此外，作者还特别指出由于产生于特殊时代，加之教育家们自身的局限，中国近代教育民生思想不可避免地存在一些缺陷：误解国弱民穷的根源；过于抬高教育的民生功能；具有一定的唯心主义色彩；无力弥补理想与现实间的断裂地带；等等。正因为如此，中国近代教育民生思想也经历了一个不断修正和转型的发展过程并产生了不可忽视的社会影响和学术影响。

应当说，本书对于丰富和拓展民国教育思潮研究具有一定的学术价值，特别是在诸多相互交织和关系错综复杂的教育思想流派中，抽离出一个共同的本质要旨——教育济民，并用教育民生这一概念范畴对其进行纵向与横向、全貌和代表性人物、史料素材与内在逻辑的综合把握，所形成的研究视角、思路和观点，不仅对民国教育思潮研究是一种难能可贵的拓展，对今天的教育民生建设以及教育民生论研究也具有一定的借鉴价值。当然，以三位教育家为中心的考察，自然又存在视域上的局限，难以含括这一时期其他一些教育家同样具有民生观照的教育思想和主张。不过，这也为本书作者及其他同道者进一步拓展研究领域，进行更加深入的教育民生研究，留下足够的空间。

是为序。

阮成武

二〇二一年十二月二十八日于江城芜湖

目 录

第一章　中国近代教育民生思想产生的背景

思想是人们对客观存在进行思维活动而产生的结果，任何一种思想，都是特定时代人们对社会发展状况与水平的主观反映。中国近代的社会现实是教育民生思想产生的基础。作为一种具有民族特色的教育思想，中国近代教育民生思想是教育家们对中国近代社会现实和教育的民生功能进行深刻而全面的思考和实践的综合产物。

第一节　中国近代教育民生思想产生的社会背景

一、政治的沉沦

一部中国近代史，就是一部中国人的屈辱史、苦难史和奋斗史。第一次鸦片战争前，清朝的政治制度已经腐朽不堪，统治者因循苟且，夜郎自大，粉饰太平；大小官员蝇营狗苟，残民害物，贪污成风；底层百姓生活穷困潦倒，颠沛流离，乞哀告怜，导致阶级矛盾激化。而与此同时，以英国为首的西方国家在工业革命的推动下，资本主义迅速发展，在工业、商业、军事、贸易等方面取得了长足的进步。为了攫取更多的利益并为资本主义的发展开辟道路，西方列强把贪婪的触角伸向了中国，对中国蚕食鲸吞、瓜分豆剖，与中国签订一系列不平等条约，割占中国大片领土，进行直接的经济掠夺，把中国从一个独立自主的主权国家拖入了半殖民地半封建社会的深渊。辛亥革命虽然推翻了清政府，结束了统治中国两千多年的封建王朝，但新成立的南京临时政府亦分崩离析，各派军阀为了争权夺利，不惜牺牲国家和人民的利益，彼此混战，导致社会无序、生灵涂炭，战争的重负又转嫁到人民头上，这一切使得社会矛盾不断激化。之后的南京国民政府不仅独裁而且愈加腐败，利用职务之便对百姓敲骨吸髓。著名哲学家熊十力曾痛心地指出："国民党取得政权后，以新官僚代替旧官僚，其暴露浮嚣侈靡淫佚种种败德，与旧官僚相比，不独丝毫没有改变，且将愈演愈凶。"[①]再加上在广大地区依然保持着封建地主的土地所有制，所有这些因素致使广大民众挣扎在饥饿与贫困的死亡线上。

二、经济的衰微

鸦片战争不仅瓦解了中国自给自足的自然经济基础，还破坏了中国城市和农民家庭的手工业，使中国经济进入殖民地经济时代。孙中山指出，列强对中国的经济压迫比政治压迫更严重，经济力的压迫，比较帝国主义，就是政治力的压迫，还要厉害。[②]列强通过洋货侵入、银行汇兑与存款、出入口货物运费、租界与割地赋税和地租地价、特权营业、投机事业等手段对中国进行经济掠夺，造成中国每年经济损失多达12亿元。[③]仅仅因为列强的压迫，中国就已经到了民穷财尽的地步，再加上国内战乱，使得中国的经济处于瘫痪状态。中国自古以农立国，全国百分之七十以上的人口生活在农村，由于抽税苛重、耕田不足、农业资本缺乏、副业不增、

① 熊十力.英雄造时势[J].独立评论，1934(104)：11.

② 广东省社会科学院历史研究所，等.孙中山全集：第9卷[M].北京：中华书局，1986：200.

③ 广东省社会科学院历史研究所，等.孙中山全集：第9卷[M].北京：中华书局，1986：201.

自然灾害等因素，致使中国农村百业凋敝。农业的衰落又会产生多米诺骨牌效应，因为农业是工商业的基础，而工商业又是城市的基础。如，工商业的原料靠农村供给，制造出的产品要出售给农村，农村破产，既不能为工商业提供原料，又无力购买商品，工商业失去支撑，城市的基础便由此坍塌。1932年第21期《民生》杂志刊载的《中国工人之现状》指出：民国二十一年，上海失业工人达二十四万，河南十一个县的工厂失业人数一万四千九百一十一人，湖北省汉口市二十三个工厂的失业工人总人数是二万九千四百四十八人，湖南省五个县的失业工人数为一万四千零四人，江西一个县的一个工厂的失业人数是一千二百四十人。据民国二十一年内政部的调查，全国人口为四亿四千零七十八万七千三百八十六人，其中百分之七十九为农民，约三亿五千万，工人约占五千万，而五千万工人中约一千二百五十万为失业者。[①]由此可见，不论是农村还是城市，经济形势已十分严峻，人们生活朝不保夕。

三、文化的下行

文化是人类在改造主客观世界中所呈现的价值观念以及承载人类价值观念的精神产品和物质产品以及人自身的统一体[②]，一般来说，包括物质文化、制度文化与精神文化三个层面，是政治、经济的反映，并折射出时代特征。

中西文化源于两个不同的文化系统，中国文化是以人伦为基础的伦理文化，是一种建立在“人性本善”基础上的道德型文化，以修身为本，以齐家治国平天下为目的；而西方文化是建立在“人性本恶”基础上的宗教文化，强调以宗教和法律来管理社会。中国文化以群体为本位，西方文化则重视个性、重视科技的发展。西方列强在用武力打开中国大门的同时，

① 中国工人之现状[J].民生，1932(21)：11-13.

② 吴桂韩.文化及其相关概念阐释与辨析[J].江苏省社会主义学院学报，2013(3)：62-68.

也把西方现代文明强行带到中国。

面对西方列强的文化入侵，近代中国人表现出了极强的排斥心理。尤其是在统治阶级内部，两次鸦片战争的失败都没有改变他们封建的统治观念。当一些开明官僚开始寻求富强的道路而发起洋务运动时，却遭到了封建顽固派的坚决抵制，因为他们认为学习西方的科技文化会破坏伦理纲常，败坏人心思想和社会风气，再加上洋务派本身是地主阶级当权派，始终怀抱封建的忠君思想和治国平天下的理想，历时30多年的洋务运动最终鼓衰力尽。中日甲午战争后，中国被迫签署屈辱条约，以康有为、梁启超为代表的知识分子上书朝廷，呼吁变法，提倡科学文化，改革政治、教育制度，以实现富国强兵。然而，朝廷中的封建顽固势力依旧不能容忍，如张之洞在《劝学篇》中鼓吹“君臣之义，与天无极”，并指责维新思想家宣传的民权思想，“民权之说一倡，愚民必喜，乱民必作，纪纲不行，大乱四起”，“无一益而有百害”。最终，维新派惨遭血腥镇压，变法失败。辛亥革命推翻了封建君主专制，中华民国成立，然而，因为封建势力和外国势力的作梗，孙中山所设计的文化昌明、科技发达的时代并没有如期而至。对于被统治阶级即广大的民众来说，由于两千多年来封建统治阶级无一例外地推行教育和文化的专制主义，束缚人们的思想，阻碍中国文化的进步，致使人们的耳目被闭塞、聪明被锢蔽，封建迷信思想泛滥。

文化的传承、传播与创新必须依赖于教育，当时“吾国民数虽号称四万万，但未受教育的，竟多至三万万以上”[①]。在从未接受过教育的人身上，除去传统的孝悌、敦本、劝善等美德外，还有着愚、私、懒、封建迷信等缺点。毋庸置疑，近代中国文化的下行成为中国走向现代文明的严重障碍。

① 宋恩荣.晏阳初文集[M].北京：教育科学出版社，1989：22.

四、教育的维艰

在中国近代，面对列强的凌逼，一批先行觉醒的知识分子从关心国家民族命运出发，率先发出了变革教育和向西方学习的呼声，成为中国近代教育转型的思想先导。龚自珍、魏源、冯桂芬、容闳、王韬、郑观应等纷纷通过撰文或上书，批判封建教育科举取士和空疏无用的弊端，呼吁改革取士之法，复兴“经世致用”的学风，并倡导女子教育，新式教育呼之欲出。

1901年《辛丑条约》的签订，标志着中国完全沦为半殖民地半封建社会。封建王朝在生死垂亡之际不得不进行自救性改革。是年，清政府施行新政，各地纷纷设立新式学堂，但这些学堂基本是各自为政，在章程、课程和年限等方面都参差不齐。为了统一办学标准和加强规范，1902年，在管学大臣张百熙的主持下拟定了《钦定学堂章程》，这个章程具有两大亮点：其一是在中国教育史上首次出现了关于义务教育性质的规定——“无论何色人等皆应受蒙学堂和寻常小学堂共七年的教育”，反映了对教育的普及性和平等性的要求；其二是注重实业教育，提出了设立各类实业学堂的思想。1904年，清政府颁布了更为详备的《奏定学堂章程》，并首次把师范教育纳入学制系统。《奏定学堂章程》是近代以来学习西方教育的成果，反映了近代资本主义教育的诸多特点，如三级学制系统模式、义务教育、实业学堂、师范教育、分年课程规划、班级授课制等，打破了传统封建教育课程单一、教学组织方式封闭、教学内容空疏无用的局面，标志着传统教育向近代教育的过渡。但是，由于社会因素的制约，教育的发展并不是一帆风顺。

（一）教育政策朝令夕改，教育改革成效甚微

尽管清政府在外在压力的逼迫下对教育进行了改革，建立了学制，废

除了科举，兴办了新式学堂，体现出一定的教育民生思想，但由于这些举措都是出于对封建统治的维护，所以又表现出浓厚的封建性。如：强调对学生进行封建伦理道德知识的灌输；经史子集课程比重过大；尽管没有明确的等级限制，但进入大学堂必须有保人担保，因此客观上剥夺了普通民众接受高等教育的机会，无形中维护了教育的封建等级性；广大妇女被排除在学校之外；等等。因此清末的教育改革并没有给民生带来丝毫改变。

时局的动荡决定了教育政策同政权的更替一样，日异月殊。从1901—1945年的40多年间，由政府正式颁布与实施的学校系统多达6个、教育宗旨8项，另外还有各种不计其数的教育法令、规程、规则、细则等。本来为教育事业制定教育宗旨、教育法令、规程、规则、细则等是教育管理不可或缺的环节，但问题是绝大部分政策都是在匆忙中出台，而后又频频变化。如，1912年9月，北京政府颁布的教育宗旨为："注重道德教育，以实利教育、军国民教育辅之，更以美感教育完成其道德。"①与1906年清末"忠君、尊孔、尚公、尚实"的教育宗旨相比，该教育宗旨已基本剔除封建遗毒，更符合资产阶级民主主义的要求；1913年，袁世凯任大总统，并于1915年2月颁布《教育要旨》，以爱国、尚武、崇实、法孔孟、重自治、戒贪争、戒躁进"七项要旨"代替民国初年之教育宗旨②，为封建儒学文化的回潮开辟通道；1916年，袁世凯称帝破产，9月，经国务院决议撤销袁世凯颁布的《教育要旨》及《特定教育纲要》，恢复民国初年之教育宗旨；1923年，北洋政府颁布的《中华民国宪法草案》提出："全国教育，应以致力于人格完成，发展民主国之国民精神视为宗旨。"③1925年，段祺瑞政府宣布前述宪法无效，11月另行通过宪法，其教育专章草案规定："全国教育，以道艺并重，发挥民主精神为宗旨。"④1929年4月，国民政

① 刘英杰.中国教育大事典(1840—1949)[Z].杭州:浙江教育出版社,2001:2.

② 刘英杰.中国教育大事典(1840—1949)[Z].杭州:浙江教育出版社,2001:2.

③ 刘英杰.中国教育大事典(1840—1949)[Z].杭州:浙江教育出版社,2001:3.

④ 刘英杰.中国教育大事典(1840—1949)[Z].杭州:浙江教育出版社,2001:3.

府通令公布《中华民国教育宗旨及其实施方针》，其教育宗旨为："中华民国之教育，根据三民主义，以充实人民生活，扶植社会生存，发展国民生计，延续民族生命为目的，务期民族独立，民权普遍，民生发展，以促进世界大同。"[①]1936年5月，国民政府公布《中华民国宪法草案》，其教育章程规定："中华民国之教育宗旨，在发扬民族精神，培养国民道德，训练自治能力，增进生活知识，以造成健全国民。"[②]再如，袁世凯不仅修改民国元年确立的教育宗旨，而且以《特定教育纲要》和《教育要旨》作为总的方针政策，修改或重新颁布各级学校令[③]；袁世凯死后，黎元洪继任大总统，1916年9月7日，教育部咨各省区撤销教育纲要；10月9日，教育部修正民国五年一月八日公布之《高等小学校令施行细则》、民国四年七月三十一日大总统教令公布之《国民学校令》、民国五年一月八日公布之《国民学校令施行细则》，废止《预备学校令》；10月18日，教育部订定《选派留学外国学生规程十条》，停止从前存记办法；1917年9月8日，大总统令现在教育、实业两厅暂行条例，业经制定公布，所有省长公署政务厅内所设教育、实业两科，着即废止[④]，此等事例不胜枚举。教育政策的朝令夕改往往使得教育工作人员感到应接不暇、措手不及，因此势必干扰教学秩序而严重影响教育成效。并且，很多关于教育宗旨、教育法令的修改是出于维护统治者个人或集团的利益，如袁世凯对教育宗旨的修改、徐世昌明令《四库全书》的筹印，目的均是维护其统治下的社会秩序。

另外，从1912年1月3日蔡元培被任命为教育总长到1949年4月杭立武任国民政府教育部长，民国教育部经历了54位部长（包括兼理和代理）[⑤]，人事更迭如此频繁的现象在世界教育史上实属罕见，毋庸讳言，

① 刘英杰．中国教育大事典（1840—1949）[Z]．杭州：浙江教育出版社，2001：4.

② 刘英杰．中国教育大事典（1840—1949）[Z]．杭州：浙江教育出版社，2001：5.

③ 孙培青．中国教育史[M]．2版．上海：华东师范大学出版社，2000：360.

④ 丁致聘．中国近七十年来教育记事[Z]．北京：国立编译馆，1935：64-65，70.

⑤ 刘英杰．中国教育大事典（1840—1949）[Z]．杭州：浙江教育出版社，2001：23-24.

这种状况对全国教育事业的发展必定产生消极的影响。

(二)教育观念陈旧,教学内容脱离实际

尽管鸦片战争以后近代中国教育在很多方面发生了变化，但人们的教育观念依然陈旧。到了民国时期，一方面西方新式教育理论和教学方法在国内广为传播，一方面千百年来形成的“学而优则仕”的传统教育观念仍旧根深蒂固难以完全铲除。很大一部分人接受教育的目的依然是为了摆脱体力劳动或追求个人地位之显达。正如中国民生教育学会理事长邰爽秋1938年在《民生本位教育产生的背景和意义》一文中所批评的那样：“（当时的教育）以养成治术人才为能事，使青年一入学校就养成升官发财的心理，这种教育仍旧是传统的士大夫教育，他非但和民生没有关系，简直和民生背道而驰。以致学校多一毕业的学生，社会上即增一失业的份子，家庭即少一有用的子弟。”①

此外，教育内容脱离实际的状况依然没有得到改善。早在鸦片战争前夕魏源就在《默觚》一文中抨击了封建教育与民生相脱节的沉疴：“工骚墨之士，以农桑为俗务，而不知俗学之病人更甚于俗吏；托玄虚之理，以政事为粗才，而不知腐儒之无用亦同于异端。彼钱谷簿书，不可言学问矣，浮藻饾饤，可为圣学乎？”②魏源认为，传统教育培养出来的人只会空谈心性而不关心百姓的生计生活，因此不可能使国家安定、天下太平。1884年，郑观应在《考试》一文中也表达了他对传统教育“所学非所用，所用非所学”③的愤慨。此后，虽然科举制度被废除、现代学制初步建立，但传统教育思想的毒性依然强大，即使是新式学校培养出来的人同样也不适合国计民生的需要。中国民生教育学会会员梁园东批评说：“制造出来

① 邰爽秋.民生本位教育产生的背景和意义[N].革命日报,1938-05-02(4).

② 璩鑫圭,童富勇.中国近代教育史资料汇编:教育思想[G].上海:上海教育出版社,1997:13-14.

③ 璩鑫圭,童富勇.中国近代教育史资料汇编:教育思想[G].上海:上海教育出版社,1997:74.

的各色人才，真是车载斗量，但是都无所用，他们既不能有所发明，也未曾开发社会事业，同时社会上也没有多少事业，供他们发挥所长，结果仍然只有做官。无论工人大学还是农业专门毕业的，仍然只以做县长做科员为唯一出路。即使曾经极为人所希望的，'遣送留洋学生'，博士硕士也一批一批的回来，不能说毫无成绩，但是回来以后也不过正好做部长、次长、司长、科长，还是官，要不就是大批的失业。"[①]《民生教育》杂志编辑主任蒋建白借用陶行知的话对此种状况也进行了批评："中国的教育，一向离开了民生，'他叫人吃饭不种稻，穿衣不植棉，住屋不造林……'显然的，教育是与民众的需要脱离了。"[②]

中国近代陈旧的教育观念和脱离实际生活的教学内容由此可见一斑。当教育与社会生活胶漆相投时，教育是推动社会发展的强大动力；而当二者背道而驰时，教育反而成为社会发展的巨大阻力。

(三)教育经费严重不足,失学罢课现象频发

教育经费是发展教育事业的基本前提，而教育经费严重不足成为民国时期教育发展面临的主要问题。民初，各地教育经费及公立中小学的办学经费来源一般是公产、均摊、杂捐或亩捐，但多无稳定来源。如1914年教育部的学务考察报告中记录："苏省各县教育经费，上海较为充足；据市政厅学务委员报告，二年度一月至六月之预算，计六万一千八百余元，全年约得十二万余元，以此推广小学，当可敷用。江宁一县附属省城，县教育费尚未与省行政费划清，现由省教育经费中每年暂行补助一万四千元，此外杂捐约二万四千元，合得三万八千余元。然省会辽阔，人烟稠密，以此有限学款欲谋普及，相差尚远。"[③]在当时经济富庶的江苏等地，其教育经费尚且不充足，其他省份的情形不言而喻。1924年9月，因军阀混战导

① 梁园东.民生本位教育的历史基础[J].民生教育,1937(1):47.

② 蒋建白.发刊词[J].民生教育,1937(1):1.

③ 舒新城.中国近代教育史资料:上册[G].北京:人民教育出版社,1981:319.

致多省教育事业停办。直隶省将校款拨归军用，学生失学者达50万人以上。浙江省省长以“军事繁兴，金融枯滞”令“所有省立各教育机关，应即暂时停止进行”。福建省停发教育经费，福州中小学教职员因欠薪全体罢课。长沙公立学校教职员因经费无着，九百多人签名辞职。1926年8月，京师八校校长因经费积欠过久，全体辞职。山东、河南、江西、东三省情况类似。[①]1929年2月，针对各地保障教育经费不力的情况，教育部又呈请国民政府发布《各省教育经费须保障其独立》训令，称“在未经规定教育经费应占地方收入若干成分之前，凡既经独立之地方教育经费，概不得辄行变更原定办法，以资保障”[②]。但因连年内战，各省经济破坏严重，教育经费的保障往往成为空话。1937年，抗战的全面爆发更使教育经费雪上加霜。由此，教育经费在全国范围内的短缺，严重地影响了学校教育的发展。

(四)文盲人数众多,教育机会严重不平等

在中国漫长的封建社会中，教育存在着严重的不平等性。封建的经济制度和政治制度使得统治阶级掌握了教育的领导权，他们的子女垄断了受教育权，劳动人民及其子女则基本上被剥夺了受教育的权利。

尽管鸦片战争以后近代中国教育在很多方面获得了发展，但劳动人民及其子女受教育的状况并未改善，只有极少数人有幸在义学或私塾中接受一些初等教育。洋务运动时期所设立的一些新的中等、高等学校，也只接受统治阶级的子弟、科举人员和候补小官吏。

民国建立后，尽管实行了教育平等的政策，但动荡不安的政治和衰落的经济使绝大多数国民失去接受教育的机会，正如教育家晏阳初曾对我国的文盲人口数量做过粗略的估计，他说：“吾国民数虽号称四万万，但未

① 刘英杰.中国教育大事典(1840—1949)[Z].杭州:浙江教育出版社,2001:41.

② 教育部.教育法令汇编[G].上海:商务印书馆,1936:36.

受教育的，竟多至三万万以上。”[①]在民不聊生的中国近代社会，对于中国最大多数的民众来说，“求生”是他们的最大需要，即便是他们明了教育的重要性，也只能望洋兴叹。俞庆棠高瞻远瞩地指出：“一个民族的文化不仅由少数人所造成，文化的真正基础实建筑在大多数人的知识能力情绪之上。”而现实却是：“从戊戌变法三十余年以来，各种革新的努力，不论其标榜的为何种主张，号称代表的是何种民众，实际上只不过少数知识分子所发纵指使。换言之，一切革新运动只不过为上层运动，与下层民众无与。基础不固，建设无力，岁月迁延，而民族日即于危殆……”“今后必须使下层大多数民众觉醒，行其权能，献其心力，而后民族得复兴可致。”[②]

教育机会不平等，教育不能普及，广大人民无知无识，生产能力低下，生活艰难。能够送子女入学校的，是有钱有势之人。正如中国民生教育学会会员朱懋澄所指出的：“教育只不过是富有子弟的专利品，一般民众（只能）望门兴叹。”[③]

五、民生的凋敝

帝国主义经济和政治的侵略，加上国内封建政治的榨取，如：各种各样的苛捐杂税、无限制的钱粮预征、川流不息的战祸牺牲、土豪劣绅以及地主们的压榨，再加上自然灾害频仍等，导致农产品价格跌落、荒地增加，农民的生活如水益深、如火益热。“一般灾民，食草根、树皮、糠粃、观音土等杂物以充饥腹者，据美国Malory氏所著《灾荒之国》一书，此项灾民，民国十六年有九百万，十七年三千四百万，十八年五千四百万，十九年三千万，二十年据国民政府主计处统计局估计至少五千万。”[④]对即使

① 宋恩荣.晏阳初文集[M].北京：科学教育出版社，1989：22.

② 茅仲英，唐孝纯.俞庆棠教育论著选[M].北京：人民教育出版社，1992：271-272.

③ 朱懋澄.国难与民生[J].民生，1932(1)：4.

④ 刘岷庵.谈谈民生问题[J].民生，1932(18)：4.

是以汗血气力换取饭吃的工人，其生活也是“但求一屋以避风雨，一衣以蔽身体，一饭以免饥饿，至于其他享受，一生未曾梦见”[①]。一般的劳苦群众，如洋车夫、苦力、脚夫、轿夫，终日不得一饱，而社会的习惯，向来没有把他们当作人来看待。生活在城市里的人，也同样遭受贫困的折磨。民国十七年（1928年）十一月北平贫民调查显示：北平的贫民数达二十三万四千八百人，占全市人口的五分之一。就连被人们看成安乐窝的上海，也因为帝国主义的压迫、工商业基础的破产而面临民生的危机，工厂方面，时时听到停厂减工，商界方面，处处看到减价招摇，银行里有了钱而用不了，米存仓存库，酿成充血症。劳动者有了劳力而无地可用，来跑马路求乞，文人学士有了智识技能，而无处容纳……[②]他们的一切权利显然被剥削者掠夺殆尽，在经济和政治上只能处于附庸的地位。

劳苦大众，是真正的生产者，生产者处于水深火热之中，便不会有生产力的发展，没有生产力的发展，就谈不上社会的进化与文明，也谈不上国家的繁荣和天下的太平。如果生产者的生活不能改善，不能获得社会的真正平等，一切社会的进步与文明以及国家的繁荣、天下的太平都将是空中楼阁。面对政治生活受压迫、经济生活凋零、文化生活愚昧的劳苦大众，如何救他们于水火，爱国知识分子提出了种种不同的主张。孙中山决意通过政治变革恢复全体中国人民的权利，提出“三民主义”革命纲领，以达到民族的平等、民生的富足和世界的大同；黄炎培提倡从经济上改善社会与国家最困难之生计问题，以使“无业者有业，有业者乐业”；胡适主张通过文化途径来实现中国的现代化；梁漱溟认为，中国社会是以乡村为基础，并以乡村为主体的，因此倡导从乡村改造入手进行中国建设；晏阳初、俞庆棠、邰爽秋等则认为，中国落后的原因，在于占全体人口绝大多数的乡村民众未能接受教育以及教育脱离民众实际生活，因此必须通过

① 刘岷庵.谈谈民生问题[J].民生，1932(18)：4.

② 陈建棠.上海民生的危机与出路[J].民生，1932(24)：9-11.

教育来改善民生，从而实现国富民强。

第二节　中国近代教育民生思想的外部渊源

西方先进的文化与教育是通过西学东渐的途径影响中国近代教育民生思想的形成与发展的。西学东渐，通常是指从明末清初到近代，西方文化思想向中国传播的历史过程。

一、科学与民主思想的引入

（一）西学东渐为近代中国点燃科学与民主思想的火种

18世纪源于西欧的启蒙运动所宣扬的自由、民主、平等思想，不仅开启了民智，而且为欧美革命作了思想上和理论上的准备。从卢梭主张自然主义的教育，到20世纪初期杜威提倡民主主义教育以后，教育民主不再停留于理论的层面，在一些发达国家已经成为事实。随着中国的启蒙学者对欧洲启蒙思想和著作的介绍，其对中国的思想界、学术界产生了巨大的影响。

数千年的封建统治导致中国社会民主阙如。到了近代，随着社会的发展和人类文明的进步，西方科学技术和民主政治已经获得了长足的发展，并伴随着西方传教士的传教活动进入中国，到五四运动时期形成主流。被称为“西学东渐第一师”的利玛窦通过采用“文化适应政策”，即争取士大夫、交结权贵，实施学术传教、尊重和容纳中国儒学文化和礼仪等，使得他的传教活动受到中国人的欢迎，其随身带来的西方科技物品和数学、天文等科学知识深深吸引了中国的官员和文人，他们争相购买这些科技物品并如饥似渴地学习这些西方科学知识。尽管被传教士带来的西学不成体系，但无疑给中国传统文化教育注入了新的元素。利玛窦去世后不久，其文化适应政策被教廷中止，保守的“欧洲人主义”文化观占了上风，传教士们以文化征服者自居，用自尊和高傲的态度与中国人开展对话，殖民的本质暴露，从而激起康熙皇帝和文武官员的强烈不满。1723年，传教被全面禁止，闭关政策从此拉开序幕。鸦片战争后，“在不平等条约的保护下，西方传教士再次获得在中国的传教权而纷纷来华”[①]。新传教士继承和发展了利玛窦利用学术传教、争取上层官员和文人的“文化适应政策”，使西学东渐不断深入，为中西文化的双向交流奠定了良好的基础。

这一时期，在一些具有西方科学知识的中国士大夫的帮助下，西方传教士译介了一些关于西方教育制度和教育理论的著作，如：1873年德国传教士花之安著《泰西学校论略》，1881年美国传教士狄考文发表《振兴学校论》，1883年美国传教士丁韪良发表《西学考略》，分别介绍了德国学制、美国学制、欧美和日本的教育制度；英国传教士李提摩太分别于1887年、1892年和1893年著有《新学八章》《七国新学备要》和《整顿学校》。[②]为了扩大传教的影响，达到传教的目的，传教士们竞相兴办学校，传播西学。据统计，到1866年，耶稣教会在中国境内创办的教义学堂有19所，学生248人；学堂44所，学生696人。之后，教会学校在数量和种类上都有很大的发展，且逐步向高等教育转移。1905年，耶稣教各会在华设立学校287所，其中包括幼稚园、医学院及服事病人院、工艺学堂、高中等学堂、天道院、大书院和书院，学生总数为10158人。至1922年，基督教会创办的学校数为7382所，学生数214254人；1930年，各级天主教学校总数达9068所，学生数为162525人。[③]尽管教会学校设立的宗旨在于宣

① 孙邦华.“入乡随俗”：明清耶稣会士的文化适应政策及其现代意义[J].东南学术，2006(6)：158.

② 蔡振声.近代译介西方教育的历史考察[J].北京师范大学学报，1989(2)：17.

③ 刘英杰.中国教育大事典(1840—1949)[Z].杭州：浙江教育出版社，2001：1011-1012.

传福音，但其课程不只限于《圣经》，而是门类齐全的人文科学和自然科学课程，如国文、英语、算术、天文、地理、物理、化学、历史、体育、音乐、卫生等等，这些课程，既拓展了学生的认知空间，又有助于促进他们身心的健康发展。在教学方法上，教会学校的教师积极引入西方先进的教学方法，如在幼稚园，采用德国儿童教育学家福禄贝尔的教育方法，有整套恩物教具；反对注入式教学，主张启发式和直观教学，重视培养学生的思维能力。教会学校的创办不仅为中国输入了大量西方先进的科学文化知识，而且培养了众多通晓现代知识的人才。

西学东渐不仅指传教士向中国输入西方文化思想，也指中国人主动走出国门，向西方寻找救亡图强的真理、向国内传播西学的现象。鸦片战争的失败使国人看到了中国在政治、经济、文化、教育、科技等各方面和西方世界的巨大差距。站在时代前沿的知识分子群体突破了民族文化本位观念，从世界范围内对民族前途进行理性思考，力图涤汰传统文化的积弊并吸收先进的西方文化，以拯救和重建中国文化继而拯救濒于灭亡的国家。康有为主张取消门户之见，“泯中西之界限，化新旧之门户”①；严复抛弃华夏中心观念，认为“必将阔视远想，统新故而视其通，苞中外而计其全，而后得之”②；孙中山呼吁博采众长，“发扬吾固有之文化，且吸收世界之文化而光大之，以期与诸民族并驱于世界”③。从魏源的“师夷长技以制夷”到张之洞的“中学为体，西学为用”，从康有为的君主立宪到孙中山的民主共和，从五四新文化运动中的民主与科学到新民主主义革命时期国人对西方进步文化的接受与渴望，无不体现出西学东渐带来的影响。

早期走出国门看世界的中国人中，有部分留学生和清政府出访官员及驻外使节，他们将自己的见闻写成文字，向国人介绍，内容包罗万象。我国第一个出访欧洲的官员斌椿，在1866年撰写的《职方外记》中，介绍了

① 汤志钧.康有为政论集[M].北京：中华书局，1981：295.

② 王栻.严复集：第3册[M].北京：中华书局，1986：560.

③ 广东省社会科学院历史研究所，等.孙中山全集：第1卷[M].北京：中华书局，1985：60.

欧洲各国的学校制度：欧逻巴诸国皆尚文学。国王广设学校，一国、一郡有大学、中学，一乡、一邑有小学。小学自七八岁至十七八，优者进中学，中学毕业优者进大学。1867年，容闳呼吁朝廷选派颖秀青年出洋留学，以为国家储蓄人才，但直到20世纪后留学教育才骤然兴起。据统计，从1906至1921年，留学日本的学生人数高达58443人，其中女留学生为1032人；从1908至1921年，留学美国的学生人数为2589人，其中女留学生为225人。[①]这些学生在留学期间不仅学到了各种先进的科学知识和专业技术，还纷纷组织学术社团，向祖国回馈科技信息。如由赵元任、周仁、胡明复、秉志、金邦正、杨杏佛等发起的科学社，“联络留美各专业同学，将当时美国最先进的自然科学及部分社会科学知识，以通俗的语言，向国内传送”[②]。绝大部分留学生归国后成为各行各业的技术骨干和专家，同时把先进的教育理念、教学方法等传播到国内，有不少亲自充任教育行政部门或学校的管理者甚至是教师，为现代教育的推行开辟了道路，体现了一定程度的时代性和进步性。

（二）科学与民主催发中国近代教育民生思想

晏阳初和俞庆棠都在十多岁时便进入西学堂，学习西方科学文化知识。虽然没有资料显示邰爽秋少年时期是否接受过西学教育，但青年时期的邰爽秋和晏阳初、俞庆棠一样，都曾负笈留美，并且通过美国这一窗口，了解到西方其他发达国家的文明程度。美国发达的科技和民主的社会，在他们心中激起波澜。遥想祖国连年战乱、民不聊生，目睹在美华工受到不公正待遇，晏阳初痛苦地告诉自己：华工之所以寄人篱下，华夏之所以沦为二、三等国，是因为大多数国民的智能不能开发，导致国家民族的科技、工商落后，而这一切，早已不能适应20世纪这个机器时代、技术

① 刘英杰.中国教育大事典(1840—1949)[Z].杭州：浙江教育出版社，2001：114、111.

② 李华兴.民国教育史[M].上海：上海教育出版社，1997：753.

时代、科学时代和智能时代。若谋求国家的长治久安和世界的永久和平，必须从平人间智能上的不平做起。[①]从此，晏阳初的平民教育思想开始萌发。

许多人认为，美国之所以工业发达、民主程度较高、人民生活殷实，是由于美国科学技术发达。但是，俞庆棠更加深刻地认识到，教育是科学技术发展的根本动力。美国不仅普通教育、高等教育极为发达，社会教育、成人教育也成为科技发展的强大支柱。如，美国除了有著名的工人学院外，函授教育相当普遍，各城市、镇均有设施齐全的公共图书馆。另外，英国、德国、法国、丹麦、意大利、苏联等国社会教育的快速发展也令俞庆棠心驰神往，而国内民众却十有八九是愚昧又贫穷，与西方国家形成鲜明的对比，从此，为祖国劳动人民办教育便成了她一生的宏愿。

邰爽秋看到的是发达的资本主义国家利用其雄厚的经济势力侵略弱小国家的事实，生产落后者备受蹂躏，而以我国尤甚。不论是农产品还是新兴工商业，其市场都被外国产品占领，国民经济濒于绝境，百姓生活苦不堪言。“举国上下，怒然忧之，纷纷努力于经济救亡的工作，教育者亦加入努力，欲以教育的力量，帮助实现救亡的使命。民生本位的教育学说，亦是应运而生。”[②]

二、西方平民主义教育思想的引入与传播

(一)西方平民主义教育思想在中国的广泛传播

肇始于裴斯泰洛齐的平民主义教育思想一经形成，便受到西方国家的欢迎，德国率先效仿，制定了所有公民可以接受免费教育的义务教育法。凝聚着裴氏平民主义教育思想的著作《林哈德与葛笃德》风靡整个欧洲大

① 宋恩荣.晏阳初文集[M].北京：教育科学出版社，1989：290.

② 邰爽秋.民生本位教育发端[J].民生教育，1937(1)：7-8.

陆。1883年，美国传教士丁韪良首次在中国介绍裴氏及其教育思想；1899年2月，《万国公报》刊登了英国传教士秀耀春和汪振声合作的《养蒙正规：柏思大罗齐训蒙新法》，介绍了裴氏的9条教育原理；20世纪初，中国教育界一些著名的杂志，如《教育通论》《教育世界》《教育杂志》，都对裴氏教育思想和理论进行过刊载与介绍。著名教育家蔡元培、黄炎培也都给予裴氏很高的评价。蔡元培在1912年7月召开的全国临时教育会议开幕词中说："从前瑞士教育家（沛斯泰洛齐）有言，昔之教育，使儿童受教于成人；今之教育，乃使成人受教于儿童。何谓成人受教于儿童？谓成人不敢自存成见，立于儿童之地位而体验之，以定教育之方法。"[①]黄炎培在《学校教育采用实用主义之商榷》一文中指出："自Pestalozzi（裴斯泰洛齐）出，益主张生活教育，务使学校教育与实际的生活渐相接近，准此而教育方法一变。""今观吾国教育界之现象，虽谓此主义为唯一之对病良药可也。"[②]20世纪30年代初，《林哈德与葛笃德》被我国学者傅任敢以"贤伉俪"为名，节译成汉语，于1935年1月10日首次部分刊登在《教育杂志》第25卷第1号上，此后，又分11次连载完毕。1937年1月，商务印书馆出版并发行了该译本。通过这一系列的介绍，裴氏的平民主义教育思想在中国得到了广泛的传播。

19世纪末20世纪初，美国正面临自由资本主义向垄断资本主义的转型，以赫尔巴特为代表的传统教育在这一变局面前显得力不从心。杜威的平民主义教育，深深植根于现代大工业生产的民主与科学的文化土壤之中，对从古希腊到近代欧洲的教育进行了充分的审视，主张教育应当关注平民、关注人的平等与尊严、关注人的生活，其所表现出来的对于进步教育的观念与理想，在一定程度上具有了对近现代教育发展的普遍指导意

---

① 邬国义.何炳松的一篇佚文：兼论裴斯泰洛齐教育思想在中国的传播[J].历史教学问题，2011(4)：16.

② 邬国义.何炳松的一篇佚文：兼论裴斯泰洛齐教育思想在中国的传播[J].历史教学问题，2011(4)：16.

义，因此很快风靡全世界。“教育即生活”“教育是经验的不断改造”等理论被世界各国教育界奉为圭臬，其高度关注民主政治和社会经济生活的特点更是迎合了中国近现代社会发展的要求。

杜威的平民主义教育哲学理论较为完整，自成体系，体现在其系列著作中，如：《民主主义与教育》《人的问题》《学校与社会·明日之学校》等。杜威平民主义教育思想的主要观点有：①疵议阶级教育、贵族教育和国家主义的教育。在阶级社会里，人们一方面鄙视劳动，一方面视教育为特权，把两者对立起来。贵族贪图享受，为求知而求知；被统治阶级则执贱役和营鄙事，从而形成重文化和贱劳动的教育思想。②提倡平民主义教育。在没有种族和阶级隔阂的自由而平等的社会中，少数人无权垄断教育机会，要利用教育使人人发挥其开拓创新的才能，以共同促进社会发展。③生活和经验是教育的灵魂，儿童在生活中使经验增加并使生活能力增强，离开生活和经验，儿童无从生长，教育随即消失，因此教育是生活、生长和经验的改造；④儿童是教育的出发点，教育应该以儿童为中心，教育的一切措施要围绕他们而组织起来，应激发儿童自动求知的本性；⑤重视儿童的经验、兴趣和需要，教师不应该把脱离儿童需要的书本知识输送给儿童，使儿童丧失学习动机。因此应该让儿童从生活中学、从做中学；⑥教育并不在其本身之外附加什么目的，使教育成为这种外在目的的附属物，所以说教育无目的；⑦反对教师用威吓和压制的方法进行教育、教学，主张教师和学生相互合作、共同参与教育活动，从而建立一种民主、平等的师生关系。

杜威的平民主义教育思想实质上是强调社会领域应该坚持民主主义传统，因此杜威设想以实用主义教育为出发点，进行民主主义改良的社会实践。在杜威看来，在民主进步的社会里，任何人，不论男女老幼、贫富贵贱，都有接受良好教育的权利。

杜威平民主义教育思想的追随者及杜威教育哲学的解释者克伯屈于

1917年到中国宣传平民主义教育理论。在1919—1921年，杜威亲自访华，其间他除了在北京高等师范学校和南京高等师范学校集中讲学外，还先后到直隶、奉天、山东、山西、江苏、江西、湖北、湖南、浙江、福建、广东等11省及几个主要城市进行了多场讲演，其教育理念和演讲内容被多家媒体争相报道，“当时，介绍、翻译实用主义哲学和教育学的各种书籍，在书店中多得不可胜数，‘教育即生活’‘学校即社会’‘从做中学’‘儿童中心’等文字，在各类出版物中随处可见”①。据笔者的不完全统计，在1919—1950年，共有包括《新教育》《教育杂志》《新青年》《东方杂志》《评论之评论》《学衡》《学术》《北京师大周刊》《生活周刊》《湖南教育》《中华教育界》等34家报刊、94篇文章对杜威的教育思想进行了报道、介绍和评论。另外，“北京晨报社出版的《杜威五大讲演》，两年内竟印行了十多版。他在北京高等师范学校和南京高等师范学校讲学的学生听课笔记：《杜威教育哲学》《平民主义与教育》，也公开出版。稍后，他的代表作《民主主义与教育》亦由邹恩润译出，随同其他以宣传平民主义教育理论为主的书籍，以‘现代教育名著’丛书的形式，由商务印书馆出版，向全国广泛发行”②。因为杜威“教育即生长”“教育即生活”“以儿童为中心”“从做中学”和民主的师生关系等思想本身具有合理性，并且是改造中国传统教育脱离实际、忽视儿童在教育中的主体地位和“师道尊严”等痼疾的“良药”，所以广受教育界的欢迎。“一时间教育界人人都以谈论‘教育即生活’‘学校即社会’‘从做中学’‘儿童中心’为时尚。”③

(二)西方平民主义教育思想对中国近代教育民生思想的影响

除了杜威和他的追随者到中国传播平民主义教育思想以外，中国还有

① 钱曼倩，金林祥．中国近代学制比较研究[M]．广州：广东教育出版社，1996：228.

② 钱曼倩，金林祥．中国近代学制比较研究[M]．广州：广东教育出版社，1996：228.

③ 丛小平．师范学校与中国的现代化：民族国家的形成与社会转型(1897—1937)[M]．北京：商务印书馆，2014：138.

一大批留学生在杜威执教的哥伦比亚大学师范学院求学。据统计，在1923—1938年，哥伦比亚大学师范学院国际研究所接受的中国留学生就有565人之多[①]，其中有不少是杜威的得意门生，如郭秉文、蒋梦麟、胡适、陶行知、俞庆棠、郑晓沧、陈鹤琴、张伯苓、李建勋、邰爽秋等。无论是从教育内容、方法、手段、组织形式方面，还是从课程、教材、教育制度方面，杜威的平民主义教育思想在我国教育理论界被广泛接受并付诸实施。如：陶行知将杜威的平民主义教育思想运用于中国社会的实际，并进行了独具匠心的改造与创新，形成了“生活即教育”“社会即学校”“教学做合一”等教育理论；陈鹤琴把平民主义教育思想应用到幼儿教育中，形成了“活教育”理论，提倡以大自然、大社会为教育的起点，在教学方法上主张“做中学、做中求进步”，目的是培养具有健全的身体、创造的能力、服务的精神、合作的态度、世界的眼光的现代中国人和现代世界人，以“使个人及全人类得到幸福”[②]。晏阳初在美国留学和立志献身平民教育事业时，正值杜威平民主义教育学说风靡之日，他非常欣赏杜威的教育理念，曾在多次演说中提及。作为杜威的学生，俞庆棠和邰爽秋都曾研习过杜威的大量著作，对其“教育即生活”“教育是经验的不断改造”等理念崇拜有加。除此之外，1933年，俞庆棠赴欧洲考察了丹麦、荷兰、英国、德国、法国、奥地利、意大利等国的成人教育，对蕴含其中的平民主义教育理念印象极为深刻。邰爽秋在哥伦比亚大学师范学院就读期间，还曾在学院的安排下，参观了美国南部各州的乡村教育，对西方的平民教育理论体系有了更充分的了解。博士毕业后，他作为江苏省特派考察员，前往英、法、德等国考察社会教育，深受平民教育思想的启发。

政治是国家的根本，经济是国家的命脉，文化是国家的灵魂，教育是国家发展的动力。然而近代中国的现实却是：政治沉沦、经济衰微、文化

① 周洪宇，陈竞蓉．哥伦比亚大学师范学院与现代中国教育[J]．比较教育研究，2010(11)：43.

② 陈鹤琴．陈鹤琴教育思想读本：活教育[M]．南京：南京师范大学出版社，2012：4.

下行、教育问题丛生，国家处于濒临灭亡的境地，劳苦大众生活在水深火热之中。面对残酷的现实，一大批有识之士及教育家，立志担当时代使命，积极寻求救国济民之方。他们，尤其是一些教育家，从小接受过传统文化的熏陶，民本思想深深扎根于心；长大后又受到西方科学与民主思想的洗礼，民主的火种便在心中燃烧；在西方先进的教育理念和发达的教育的耳濡目染下，认识到西方国家之所以富强、文明，原因在于教育的发达，教育不仅可以提高公民的素质，丰富人的精神生活，还可以发展科技，促进生产力的发展，改善人的生活。这些主客观因素促使着以教育为手段，以消除近代中国民众的愚、穷、弱、私为职志的思想追求——教育民生思想的诞生。

第二章 中国近代教育民生思想的形成与演进

中国近代教育民生思想不是倏然而兴，它是对中国近代救亡图存的社会主流思潮的演绎和发展，既折射出时代特征，又受制于时代特征，因此总是与时推移、与世推移的，是一个由初潮到高潮继而退潮的历史发展过程。其形成与演进具有鲜明的时代特点，尤其受政治的影响最大，因此本研究对其形成与演进阶段的划分，遵循的是中国近代政治发展的历史轨迹。

第一节 教育民生思想的萌芽潮起（1905—1912年）

一个时代的思想往往与这个时代的政治、经济具有密切的关系。在社会转型时期，一方面，人们面临着对旧事物的批判与扬弃；另一方面，又对新事物充满着美好的愿景。因此，这样的时期常常是人们思想格外活跃的时期，中国近代这个转型期亦不例外。

一、教育民生观点的提出

19世纪末，日本和欧洲列强瓜分中国的斗争愈演愈烈，在美国抛出

“门户开放”政策后，英、法、德、美、意、奥、日、俄联军大举进攻中国，慈禧太后挟光绪帝和一批王公大臣仓皇西逃。在严酷现实的逼迫下，1901年1月29日，慈禧太后以光绪帝的名义在西安颁布了“预约变法”的上谕，承认“世有万古不变不常经，无一成不变之治法”，指令朝廷各部参酌中西政要，对朝章国故、吏治民生、学校科举、军政财政等当革就革，并要求军机大臣、大学士、六部九卿、出使各国大臣、各省督抚各举所知，各抒己见。清末新政自此肇始，之后陆续有关于教育改革的奏章呈报。其中，1905年袁世凯、赵尔巽、张之洞等会奏的《请立停科举推广学校折》首次提出教育改善民生的宗旨：“且设立学堂者，并非专为储才，乃以开通民智为主，使人人获有普及之教育，具有普通之知能，上能效忠于国，下得自谋其生。”[①]“下得自谋其生”，意即通过接受教育，习得谋生的知识和技能，从而谋求生活。言下之意，这种生活要优于从未受过教育的人的生活。1906年，《学部奏请宣示教育宗旨折》正式提出颁布教育宗旨，奏折说：“今中国振兴国务，固宜注重普通之学，令全国之民无人不学，尤以明定宗旨宣示天下为握要之图。”“若欲审度宗旨以定趋向，自必深察国势民风强弱贫富之故，而后能涤除陋习，造就全国之民。窃谓中国政教之所固有，而亟宜发明以距异说者有二：曰忠君，曰尊孔；中国民质之所最缺，而亟宜箴砭以图振起者有三：曰尚公，曰尚武，曰尚实。”[②]奏折中亦含有以教育改善民风、民生、民俗的观点。

从小饱读经书的袁世凯、赵尔巽、张之洞继承了儒家传统的教育民生思想，强调了全国之民接受教育的重要性，把教育看作影响国势民风强弱贫富的重要因素和涤除陋习、造就全国新民的重要力量，同时也认识到教育对于个人谋生的作用，因此主张把受教育的权利扩大到每一个人，结合当时社会发展的实际状况，在尚公、尚武的基础上增加了尚实一项。这两

① 刘英杰.中国教育大事典(1840—1949)[Z].杭州：浙江教育出版社，2001：1.

② 刘英杰.中国教育大事典(1840—1949)[Z].杭州：浙江教育出版社，2001：1.

个奏折的内容充分反映出传统教育民生思想随着时代的发展而不断变化与更新，但在本质上却是为维护封建专制主义政权服务的。对于行将就木的封建王朝来说，这两个稍具进步思想的奏折也没能挽回它倾覆的命运。

孙中山，中国民主主义革命的伟大先行者，同时也是三民主义的倡导者，出生于广东省香山县翠亨村一个贫苦农民家庭，从六岁起，他就开始做一些诸如砍柴、喂猪、放牛、锄草的农活，因而“早知稼穑之艰难”①，自然地对处于水火之中的穷苦大众产生出深切的同情。由于从小即读四书五经，所以深受儒家文化的熏陶，他把孔孟言论中包含的“民本”思想称为“合于公理者”，并继承下来。②后去美国学习，目睹西方资本主义国家经济的迅速发展，他强烈地感觉到中西方的差距，同时也加深了他对祖国劳动人民的同情，于是立志改良祖国、拯救同群，“使我国人人皆免苦难，皆享福乐而后快”③。孙中山不止一次地指出“我们要为人民谋幸福，便要为大多数人谋幸福”④，“那种少数人的富，是假富，多数人的富，才是真富”⑤，其民生思想的追求跃然纸上。辛亥革命胜利，中华民国建立后，孙中山又提出“建设之首要在民生”的建国纲领，还就教育在建设民生中的作用及途径提出了指导性的意见。他认为，对于全国人民之衣食住行四大需要，政府当与人民协力共谋农业之发展，以足民食；共谋织造之发展，以裕民衣；建筑大计划之各式屋舍，以乐民居，修治道路运河，以利民行。而“共和国家之建设，端赖人才”，此乃孙中山对教育、国家建设和改善民生内在逻辑关系的深刻理解，这一内在逻辑关系表现为：“国家建设—民生改善—需要人才—发展教育—培养人才—改善民生—建设国家”。1912年11月，他还提出（必须）“力图实业教育之发展”⑥，“拟设

① 广东省社会科学院历史研究所，等．孙中山全集：第1卷[M]．北京：中华书局，1981：25.
② 广东省社会科学院历史研究所，等．孙中山全集：第1卷[M]．北京：中华书局，1981：383.
③ 广东省社会科学院历史研究所，等．孙中山全集：第2卷[M]．北京：中华书局，1982：359.
④ 广东省社会科学院历史研究所，等．孙中山全集：第10卷[M]．北京：中华书局，1986：463.
⑤ 广东省社会科学院历史研究所，等．孙中山全集：第6卷[M]．北京：中华书局，1985：6.
⑥ 王耿雄．孙中山集外集[M]．上海：上海人民出版社，1990：90.

铁路专门学校，校中拟分管理、器械、制造各科”[①]。从振兴民国实业需要出发，孙中山十分关心职业教育。他指出，应该设置实施中等职业教育学校，这种学校，可以招收那些“资质”较差的学生，不适宜或难以进一步接受高等教育的学生，“按其性之所近”，分别授以农、工、商技艺[②]，使他们毕业后能够“分送各处服务，以尽所能”，并且适应“共和国之建设”，同时，使他们“有独立谋生之材”[③]。

1912年，孙中山又指出：“社会主义学者主张教育平等，凡为社会之人，无论贫贱，皆可入公共学校。”他表示，不仅深为赞赏这种教育平等的主张，而且非常向往实行这种主张。他说：“鄙人对于社会主义，实欢迎其利国福民之神圣。”[④]他提出的大同社会理想，包括“幼者有所教”，他主张：“学校者，文明进化之泉源也。必学校立，而后地方自治乃能进步。故于衣、食、住、行四种人生需要之外，首当注重于学校也。”[⑤]在此，他明确将学校教育与衣、食、住、行并列为民生。孙中山对教育改善民生的期盼溢于言表，同时也体现出其教育民生思想。不过，孙中山的教育民生思想和清末奏折中的观点有着本质上的区别，因为一个旨在为封建统治阶级服务，而另一个却是为了切实改善人民的生活，从而建设一个大同世界。

孙中山还以三民主义学说为指针，倡导人格平等、人权平等的国民教育，提出“凡为中华民国之人民均有平等自由之权”，而“今欲回复其人格，第一件须从教育始”[⑥]。他把教育的落后和中国人民知识程度的普遍低下看作中国贫弱的原因之一，于是反复强调要普及教育，让人人都能读书，不论贫富，不分性别，不分民族，要给所有少年儿童接受教育的平等

① 王耿雄.孙中山集外集[M].上海:上海人民出版社,1990:453.

② 广东省社会科学院历史研究所,等.孙中山全集:第2卷[M].北京:中华书局,1982:532.

③ 广东省社会科学院历史研究所,等.孙中山全集:第2卷[M].北京:中华书局,1982:523.

④ 韦杰廷,邓新华.孙中山教育思想初探[M].长沙:湖南教育出版社,1992:290-291.

⑤ 广东省社会科学院历史研究所,等.孙中山全集:第5卷[M].北京:中华书局,1985:224.

⑥ 广东省社会科学院历史研究所,等.孙中山全集:第2卷[M].北京:中华书局,1982:358.

权利和机会。他不仅重视青少年的教育，而且非常重视成年国民的教育，他说“中国人数四万万人，此四万万之人皆应受教育”①，“使国民有世界知识，普及教育，提倡科学，宣传三民主义”②。他看到中国的工人没有工业知识，农民没有农业知识，而要发展工业和农业，就必须增加工人的“智识、技能”③以及“对数量上占优势的农民灌输新观念”④。社会教育和少数民族教育，也被他纳入国民教育体系的范畴。在他看来，每一个社会成员都应受到各种不同形式的教育，除学校教育外，“当设公共讲堂、书库、夜学，为年长者养育知识之所”⑤。由此可见，他把受教育的对象，从适龄儿童、青少年扩大到一般社会成员甚至年长者，反映出他的全民教育和终身教育思想。

人皆生而平等，女子教育是国民教育的重要组成部分。但是由于几千年封建思想的束缚，中国女子一直处于卑微的社会地位，“女子无才便是德”的道德训条更是无情地剥夺了女子的受教育权。孙中山对此深感痛惜道：“中国女子虽有二万万，惟于教育一道，向来多不注意，故有学问者甚少。”因此，“女子教育为最要之事”⑥。从民权平等的观念出发，孙中山认为，少数民族的文化教育事业要受到同样的重视，在南京临时政府大总统任内，他指令教育部特设蒙藏教育司，专门负责蒙、藏、回等少数民族的教育事务，要求汉、满、蒙、回、藏五族“相与和衷共济，丕兴实业，振兴教育”⑦。1912年12月，他在杭州五十一团体欢迎会的演说中明确提出，民生主义有平均地权、节制资本、振兴实业、普及教育四大纲

① 广东省社会科学院历史研究所，等．孙中山全集：第2卷[M].北京：中华书局，1982：358.
② 广东省社会科学院历史研究所，等．孙中山全集：第5卷[M].北京：中华书局，1985：637.
③ 广东省社会科学院历史研究所，等．孙中山全集：第11卷[M].北京：中华书局，1986：127.
④ 广东省社会科学院历史研究所，等．孙中山全集：第2卷[M].北京：中华书局，1982：393.
⑤ 广东省社会科学院历史研究所，等．孙中山全集：第5卷[M].北京：中华书局，1985：225.
⑥ 广东省社会科学院历史研究所，等．孙中山全集：第2卷[M].北京：中华书局，1982：358.
⑦ 广东省社会科学院历史研究所，等．孙中山全集：第2卷[M].北京：中华书局，1982：105.

领[①]，在中国历史上首次将教育纳入民生。他曾憧憬实行民生主义的社会将“所得富足的利益归多数人”，“国家有了多钱，便移作教育经费……要由国家拨十几万万，专作教育经费。有了这样多的教育经费，中国人便不怕没有书读，做小孩子的都可以读书”[②]。他还说：实行民生主义，不仅要使劳工“得其劳力所获之全部”，而且要使他们“有余暇之机会，可以思及其他工作以外之事件”，并且“知识日进”。[③]

尽管孙中山的教育民生思想并不系统，但其对民生的关照、对人的受教育权的尊重和对教育形式的见解却具有指导性的意义，因此直接推动了教育民生实践运动的发展。

二、教育方针及规章制度中教育民生思想的出现

1912年1月1日，中华民国临时政府成立，1月3日，临时政府大总统孙中山即任命蔡元培为教育总长，足以看出孙中山对教育的重视。1月9日，南京临时政府教育部正式成立。由于专制时代封建教育的流弊甚多，所以改革旧教育、推行新教育势在必行。作为一代杰出教育家的蔡元培，在快马加鞭为教育部延揽优秀人才的同时，又和身边30余名同事共同研讨新学制。孙中山关怀民生的教育宗旨一定程度地被纳入民国政府的教育方针政策中。1月19日，教育部便以中央政府的名义颁布了《普通教育暂行办法》和《普通教育暂行课程标准》。《普通教育暂行办法》共14条，除规定清末各学堂一律改称学校，监督、堂长一律改称校长外，还规定民间通行的教科书，如有尊崇清廷及旧时官制、军制者，应予改正，初等小学可以男女同校，注重小学手工科，废止奖励科举出身。《普通教育暂行课程标准》共11条，规定初等小学的课程为修身、国文、算术、游戏、体操，

① 广东省社会科学院历史研究所，等.孙中山全集：第2卷[M].北京：中华书局，1982：552.

② 广东省社会科学院历史研究所，等.孙中山全集：第10卷[M].北京：中华书局，1986：24.

③ 广东省社会科学院历史研究所，等.孙中山全集：第2卷[M].北京：中华书局，1986：492.

视地方情形加设图画、手工、裁缝（女子）等科目；高等小学的课程为修身、国文、算术、中华历史、地理、博物、理化、图画、手工、体操（兼游戏）、裁缝（女子），视地方情形加设唱歌、外国语、农工商业之一科目或数科目；中学课程为修身、国文、外国语、历史、地理、数学、博物、理化、图画、手工、法制、经济、音乐、体操、家政裁缝（女子）。这两个文件，体现了消除封建、强调男女平等、注重实用知识与技能的原则与立场。

1912年1月30日，教育部通电各省都督筹办社会教育，指出惟社会教育，亦为当日急务。

1912年2月，蔡元培发表的《对于新教育之意见》一文中，便把“实利主义之教育”作为民国教育宗旨之一。同月，发出训令，要求教育行政官：“自今以往，应就国家社会之情势，准据法令，尽力措施，不惟男子教育宜急也，女子教育亦应急焉。”①

1912年3月14日，孙中山指令教育部通告各省将已设之优级、初级师范一并开学，并语重心长地指出：“自民国起义以来，教育机关，一时停歇，黉舍变为兵营，学子编入卒伍，此诚迫于实事，不得不然。然青年之士，问学无途，请业失据者，何可胜道？学者，国之本也。若不从速设法，修旧起废，鼓舞而振兴之，何以育人才而培国脉？查阅临时政府公报第三十二号，载有该部通告各省电，饬令高等专门学校从速开学，免致高等学生半途废学，中学毕业学生亦无升学之所云云。自是正当办法。惟教育主义，首贵普及……”②在此，孙中山不仅要求尽快解决青年学生的学业前途问题，而且还强调普及教育的重要性，再一次体现了其教育民生思想。

1912年4月，蔡元培发表《对于教育方针之意见》，提出军国民教育、

① 刘英杰．中国教育大事典（1840—1949）[Z]．杭州：浙江教育出版社，2001：2．

② 璩鑫圭，唐良炎．中国近代教育史资料汇编：学制演变[G]．上海：上海教育出版社，2007：611．

实利主义教育、公民道德教育、世界观教育、美感教育的教育方针，该“五育”并举的教育方针成为制定中华民国教育宗旨的依据。在实利主义教育方面，他指陈：“今日之世界所恃以竞争者，不仅在武力，而尤在财力，且武力之半，亦由财力而孳乳。于是有第二之隶属政治者，曰实利主义之教育，以人民生计为普通教育之中坚。其主张最力者，至以普通学术，悉寓于树艺、烹饪、裁缝及金、木、土、工之中……我国地宝不发，实业界之组织尚幼稚，人民失业者至多，而国甚贫。实利主义之教育，固亦当务之急者也。”①其教育民生思想可见一斑。同年9月，教育部公布民国教育宗旨：“注重道德教育，以实利教育、军国民教育辅之，更以美感教育完成其道德。”②

在其后几个月中，教育部又先后颁布了各种学校令、规程、规则、训令、教则、细则等，其中均体现出以“实利主义教育”为指针的教育民生思想。如：1912年9月28日，教育部颁布的《小学校令》第一条便规定：小学校教育以留意儿童身心之发育，培养国民道德之基础，并授以生活所必需之知识技能为宗旨；1912年12月2日，教育部公布的《中学校令实施规则》第十三条“家事园艺要旨”规定：习得理家及治圃之知识，养成勤俭整洁之习惯。家事园艺宜授以衣食住及侍病、育儿、经理家产、家计、薄计，并栽培莳养等事，兼得实习烹饪。这些宗旨或规则既体现出对学生身心发展的重视，又体现出对学生谋生技能和生存、生活的关怀。

至此，从1905年到1912年，经过了封建社会末期旧的教育制度的改革到中华民国建立伊始孙中山对教育民生功能的认识，以及在该认识的影响下引发的有关教育方针的讨论和颁行的教育方针、教育规程等文件中，教育改善民生、服务民生的思想已经孕育，开始萌芽。

---

① 璩鑫圭，唐良炎．中国近代教育史资料汇编：学制演变[G]．上海：上海教育出版社，2007：618.

② 刘英杰．中国教育大事典（1840—1949）[Z]．杭州：浙江教育出版社，2001：2.

第二节 教育民生思想的高潮勃发（1913—1937年）

一、教育民生论说层见叠出

从1912年9月袁世凯颁布《整饬伦常令》到1916年袁世凯去世，是实施复古教育的一段时间，尽管在这股复辟潮流的影响下，三纲五常、三从四德的封建教条严重地禁锢了广大人民的思想，但也没能阻止教育民生思想的发展。

民国初年对“职业教育”提倡最力者之一陆费逵于1914年在《中华教育界》上发表《论人才教育职业教育当与国民教育并重》一文，揭示职业教育则以一技之长可谋生活为主，指出旷观中外教育发达之程度，无不视贫富为比例，而非职业教育兴盛，实业必不能发达，民生必不能富裕，体现了其对于职业教育改善民生功能的正确认识。

1915年10月15日，陈独秀通过撰文《今日之教育方针》，对袁世凯的复古教育宗旨表达了强烈不满。他认为，今日教育的核心，既不适合于中国社会的实际，也不适合在新的世界中求生存。为了补偏救弊，他指出教育的四个目标应该是：“第一当了解人生之真相；第二当了解国家之意义；第三当了解个人与社会经济之关系；第四当了解未来责任之艰巨。”在这四个目标的基础上，他提出了“现实主义”“惟民主义”“职业教育”“兽性主义”四条教育方针。[①]其中，现实主义，强调的是教育应基于人的现实生活；惟民主义，提出使“引车卖浆之徒，瓮牖绳枢之子”均能进学校读书，表达了他的民本思想以及对封建专制主义教育的批判；职业教育，

① 陈独秀.今日之教育方针[J].青年杂志，1915(2)：1-6.

论述了个人生产力对于谋求安宁、幸福生活的重要性；兽性主义（尽管表述并不确切），主张锻炼意志和体魄以取代轻视体育的弱民教育，表现了陈独秀对人的生命的关照。陈独秀的教育民生思想不仅沉重打击了袁世凯的尊孔复古逆流，而且深刻瓦解了以儒家思想为核心的旧思想、旧教育，使广大知识青年从旧传统的束缚中解放出来，并走上了追求新知识、新思想，发展新文化、新教育之路。

1919年的五四运动为教育民生思想注入了活力，在民主与科学、解放思想、勇于探索、追求真理、忧国忧民等精神的指引下，教育界的广大有识之士对教育的改革与发展、教育的宗旨、教育的功能、教育与社会的关系、教育与人的关系等进行了艰辛的探索，催生了许多以教育民生思想为主导的教育理论和实践，如新民主主义教育思潮。随着十月革命的胜利和马克思主义在中国的传播，早期的马克思主义者开始认识到人民群众在历史发展过程中的作用，提出教育要为劳苦大众服务。毛泽东、周恩来主张以科学知识与科学方法作为教育的内容，在教育教学中将理论与实践结合、教育与生产劳动结合。又如职业教育思潮，认为教育的目的是谋个性之发展、为个人谋生做准备、为个人服务社会做准备、为国家及世界增进生产力做准备。职业教育家黄炎培认为，不重视生计的教育是没有生命力的教育，他指出："方今世界竞争，日益剧烈，一国之教育，非注重生计，绝不适于生存。"[①]因此，他希望通过实施职业教育去解决社会、国家最困难之生计问题，使"人人依其个性，获得生活的供给，发展其能力，同时尽其对群之义务"，从而"使无业者有业，使有业者乐业"。

而在同一时期传入的实用主义教育思想，犹如一支强心剂，促进了教育民生思想的蓬勃发展，不管是理论上还是实践上，教育民生思想都取得了丰硕的成果。实用主义教育思潮主张教育即生活。陶行知在此基础上提出了生活教育理论，在他看来，"生活教育是给生活以教育，用生活来教

① 黄炎培.黄炎培君调查美国教育报告(续)[J].教育杂志，1916(6)：15.

育，为生活向前向上的需要而教育”[①]。“生活即教育”是陶行知生活教育理论的核心，他认为，教育和生活是同一个过程，教育蕴含于生活之中，教育必须和生活结合才能真正发生作用。平民教育思潮主张，要完成“民族再造”的重大使命，就要依靠教育，这种教育既不是中国古式的古董教育，也不是西方式的舶来教育，而是能够改造民族生活的教育。这种教育有两大原则：一是“教育即生命”，二是“教育即生活”。因此，这种教育必须以社会为实验室，深入农村，从农民生活中发现问题、寻找方法。[②]生活教育思潮把教育视为大众解放和人类解放的有力武器，积极倡导人民大众的生活教育。他们认为，生活教育是“大众教育”“民主教育”，“是大众自己的教育，是大众自己办的教育，是为大众谋福利解除痛苦的教育”[③]。生产教育思潮主张将“生产”的作用正式列入教育方针之中，倡议学校内设置类似工厂、农场的环境，使生徒在日常学校生活内，能得到充分实践生活的机会。在小学六年间，采用类似实际活动的设备和方法，以教授日常生活所必需的普通学科。在中学六年间，则应依“产业教育”的见地，逐渐分化其课程，以求在这样的学校毕业后，人人都成为一个有实用常识而且兼备科学知识的生产者。

无论是新民主主义教育思潮、职业教育思潮、平民教育思潮，还是民众教育思潮、实用主义教育思潮、生产教育思潮，无不渗透着民本主义思想，尤其强调通过教育改善下层民众的生存状况，采取有针对性的措施和方法对弱势群体进行救助，力求最大限度地改善和提升民生质量。在教育服务的方向上坚持面向全体民众，在教育的内涵和形式上坚持以全体民众的生活需要为原则，在教育的目标上努力实现教民、保民、养民、裕民、惠民、新民。概言之，这些教育济民思潮即教育民生思想是属于民生、由于民生和为着民生的，成为中国传统教育民生思想的近代形态。

① 陶行知.中国教育改造[M].长春:吉林出版集团股份有限公司,2017:142.

② 宋恩荣.晏阳初文集[M].北京:教育科学出版社,1989:70.

③ 华中师范学院教育科学研究所.陶行知全集:第3卷[M].长沙:湖南教育出版社,1985:61.

诸多知名教育家如黄炎培、雷沛鸿、杨卫玉、晏阳初、陶行知、陈鹤琴、高践四、傅葆琛、杨效春、陈礼江、罗廷光、俞庆棠、邰爽秋、甘豫源和各种教育学会的会员们的相关理论频频见于《教育杂志》《中华教育界》《新教育》《新教育评论》，各省级教育期刊和各种教育团体创办的教育期刊，如《湖南教育》《安徽教育周刊》《安徽教育行政周刊》《民众教育》《教育与民众》《民生教育》《教育与民生》等，不一而足。笔者在目前国内收录最为完整的民国期刊数据库“全国报刊索引上图民国期刊全文数据库”中，以1913—1937年为时段，以“教育与民生”为关键词，共搜索到72篇论文和3篇讲演；以“民生教育”为关键词，共检索到391篇论文、报道和讲演；以“平民教育”为关键词，共搜索到2353篇论文和报道、启示及介绍；以“民众教育”为关键词，共搜索到30951篇论文和报道；以“生活教育”为关键词，共搜索到1011篇论文和报道；以“职业教育”为关键词，共搜索到4359篇报道和论文；以“生产教育”为关键词，共搜索到1506篇论文和报道。除去论文和报道，很多著名教育家的教育民生思想和理论还被出版成著作，面向社会发行。如陶行知的《怎样做小先生》《中国大众教育问题》《普及教育三编》，黄炎培的《学校教育采用实用主义之商榷》，高践四的《民众教育》等。这成千上万的论文、报道和著作，涉及了教育民生的目的、目标、方式、方法、原则、制度、经费、对象、教材等各个方面。

陶行知在《我们的信条》中指出：“我们从事乡村教育的同志，要把我们整个的心献给我们三万万四千万的农民……我们要常常念着农民的痛苦，常常念着他们所想得的幸福。”在所列的18条信条中，更是体现了教育为民生服务的思想，他说：“我们深信，生活是教育的中心；我们深信健康是生活的出发点，也就是教育的出发点；我们深信教育应当培植生活力，使学生向上长；我们深信乡村学校应当做改造乡村生活的中心；我们深信乡村教师要用最少的经费办理最好的教育……”[①]陶行知不仅把教育当作改善和创造人民幸福生活的工具，而且体悟到农民的疾苦，从农民的现实生活状况出发，坚持最大限度地减轻农民的负担，号召用最少的经费办最好的教育，其处处为民生着想的精神在今天依然是我们开展教育民生工作时理应学习的榜样。

20世纪30年代的学者尤其是中国民生教育学会的会员利用其主办的《民生教育》杂志，分别从不同角度指出了民生本位教育的经济功能、政治功能和社会功能。

中国民生教育学会的主要发起者邰爽秋针对当时我国的社会实际指出：我国生产技术落后，民生凋敝。民生本位教育，一方面在改良我国固有之生产技术，另一方面还要创造发展生产之新技术。民生的改善，除了生产的增加外，一切消费分配交换等制度，与民众的经济生活有关，欲使其合理化，亦有待于民生本位教育的努力。他还认为，民生本位教育所负的使命，是改革现行的教育制度和设施，如：整个教育国策的改造，各级学校教育设施的变更，课程内容的改订，教育人员的培养，新教育方法的创造。[②]

中国民生教育学会理事、《民生教育》编辑部主任蒋建白在《民生教育》杂志发刊词中指出：“今后的教育，便该寄于民生建设之中，以发展民生的经济活动为经，以文字、公民、卫生、休闲、自卫、救国等等的教育为纬。要以发展民生为教育的目的，使民众在发展民生的活动中受教育。”[③]体现了其对教育目的的多重认识。在他看来，教育不仅要改善民众的经济生活，还要改善民众的休闲生活；不仅要保障民众生命，还要复兴民族。

唐庆增在《民生本位教育之经济基础》一文中系统地归纳了民生教育

① 陶行知.我们的信条[J].新教育评论,1926(2):17-19.

② 邰爽秋.民生本位教育发端[J].民生教育,1937(1):7-11.

③ 蒋建白.发刊词[J].民生教育创刊号,1937(1):1-2.

在经济方面的功用，分别为：①建设健全之经济思想，②培养合理之经济生活，③增加国家之富力。[①]

潘公展认为，民生教育的功能不仅在于改善生产技术，而且担负改造社会之责任。[②]

张少微认为，民生本位教育不仅有助于家庭稳固，而且有助于新道德标准的建立和社会进步。他指出："经济为家庭生活的命脉。生计无着的家庭是飘摇的、畸形的。家庭是社会的基本单位，生活如不稳定，社会的秩序即无法维持。然而民生本位的教育实是医治此种'破落户'的无上良剂。""中国现时是处在一个道德青黄不接的时期，旧的道德日渐式微，而新的道德标准尚未完全建立。民生本位教育可以打破此种难关，为一般人养成正当的社会道德的观念和态度，扶植社会的道德生存，推翻颓废的个人主义，而建立起以大社会福利和共存共荣为主旨的新道德标准。""中国近年来之社会建设所以少有成绩，其症结乃在忽视了一般民众，没有启迪他们，使其健全、负责而胜任所致。民生本位教育是一种深入民间，以发展人民生计之经济活动的教育，实系健强社会分子的利器。这种教育的工作是基本的，下层的，以大社会福利为前提的。所以民生教育实是社会建设的基本工具。"[③]

陈振鹭对民生教育的功能的认识更是达到了相当的高度，他认为，民生教育不仅能够改善民众的经济生活，还有利于世界和平。他说："工人和农人经济地位的改善，是社会和平的基础。而社会和平的基础又是世界和平的基础。所以，民生本位的教育，一方是谋中国民生之均足，一方是谋世界战机之消弭。"[④]

此外，中国民生教育学会成员还发表了数篇关于民生本位教育基础的

① 唐庆增.民生本位教育之经济基础[J].民生教育，1937(1):30.

② 潘公展.谈民生教育[J].民生教育，1937(1):74.

③ 张少微.民生本位教育之社会基础[J].民生教育，1937(1):39-40.

④ 陈振鹭.民生本位教育的社会基础[J].民生教育，1937(1):35.

文章，对民生本位教育的基础进行了理论探讨，不仅为民生教育奠定了理论基础，而且论证了民生教育与哲学、科学、政治、社会、历史、地理以及心理学之间的相互关系，为民生教育理论与实践奠定了科学基础。

叶青认为，民生本位的哲学基础是社会的经济论。社会的经济论是以经济为社会的基础的理论。这样的理论，又叫作经济决定论。也就是说，社会的一切皆决定于经济。没有经济就没有社会的一切。有什么样的经济就有什么样的社会的一切。①

在陈振鹭看来，民生本位的教育不可流于空虚，不可离开社会。“民生本位的教育，不可流于装饰，不可归趋于上层。”他还批评了传统教育的弊端，认为其多为少数人设想，变为少数人的专利或装饰，无形中将受教育者造成特殊阶层，殊不知特殊阶层之需要，根本上与大众的需要不同。特殊阶级需要奢侈、逸乐、排场面，而大众则需要节省、劳动与朴实；特殊阶级需要如何去找醇酒美人，以过狂欢之夜，而大众则需要如何去找工作以赡养室家。传统的教育，或为鼓励虚荣，使受教育者得到一张不可兑现的文凭，或为个人设想，使受教育者只知道如何攘夺个人的权利，成遂个人的贪欲。因此他提醒，民生本位的教育应引此以为殷鉴，以防失却社会的价值。②

张少微指出：时代的变迁就是社会的变迁，每个时代的社会都有它那个时代的社会需要，并且同一时代不同地域的社会，其需要彼此又迥然互异。教育必须具有适应性，否则不足以应付不同地域的社会需要。如果教育不能应付各地方社会的需要，这种教育就是死的教育，而“民生本位教育就是今日的中国所急需之活的教育”③。

梁园东在分析了中国教育的弊病的基础上指出：造成教育失败的原因不在于教育本身，而在于教育所处的历史阶段。在国际战争、资本主义没

① 叶青.民生本位教育的哲学基础[J].民生教育,1937(1):14

② 陈振鹭.民生本位教育的社会基础[J].民生教育,1937(1):33-34.

③ 张少微.本生本位教育之社会基础[J].民生教育,1937(1):37-38.

落、国内战争与穷困到了极点的局势下，中国人民的民族自决心被促醒，都努力于民族复兴运动。在教育方面，“职业教育”“生产教育”等新理论应时而生，“民生教育”同样也是为了这一历史阶段下的经济建设。①

葛绥成②和王成组③在运用大量篇幅论述地理环境与民生的密切关系的基础上，强调了地理学科知识的重要性以及民生教育遵循因地制宜原则的重要性。王成祖认为，由民生着眼的教育不能超脱因地制宜的原则，无论课程的名称、教材的编制、设备的繁简、规模的大小，都应当以当地的需要与便利为根据。

《民生教育》杂志的特约撰稿人萧孝嵘从心理学的角度阐述了人的心理和能力因素对工作和生产效率的影响，提醒推行民生教育工作时应该注意受教育者的心理基础。④

提倡生产教育的人士指出：近代中国的穷，不是根本上的穷，而是“有田不能种，有矿不能采，有山不能造林，有物不能制器的‘穷’，目前中国的急务在救‘穷’，救穷之要道在生产，生产之训练在教育”⑤。李楚材批评近代中国的学校只是知识的贩卖场所，不是生产能力培植的场所。因此，学校毕业生只向分利的事业上去竞争，或者流为无业游民。受教育者大多不事生产，而劳力者视学问为无用之物，劳心者又视劳动为微贱之事，因此造成人们手脑分家、身心异用。“生产教育就是要力矫积弊，使在民力穷困的时期中，能负起积极造产的责任来，学生个个有谋个人生计、团体幸福的力量。”⑥

乡村教育家杨效春主张，我们的教育应该是全民教育，不是阶级教育；是全人教育，不是片段教育；是人本教育，不是书本教育，也不是物

① 梁园东.民生本位教育的历史基础[J].民生教育，1937(1)：48.

② 葛绥成.民生本位教育的地理基础理论[J].民生教育，1937(1)：49-60.

③ 王成组.民生本位教育之地理基础[J].民生教育，1937(1)：61-67.

④ 萧孝嵘.民生本位教育的心理基础[J].民生教育，1937(1)：69-71.

⑤ 徐士鉴.生产教育之意义与目的[J].江西教育旬刊，1933(1)：57-58.

⑥ 李楚材.生产教育的我见[J].申报月刊，1933(4)：71.

本教育；是“人中人”或“社会人”的教育；是科学的教育，不是玄学的教育，亦不是宗教的教育；是现代的最新教育，不是古代的复演教育，亦不是未来的梦幻教育；是知行合一的教育，不是空谈的教育，也不是盲干的教育[①]。总体来说，杨效春所主张的教育，是人的生活的教育，是解决人生的困难、适应人生的需要的教育，既合于教育的本质，也合于人生的道理。

总之，在这一时期，数不胜数的教育民生理论，突破了传统的教育体制和内涵的束缚，把教育从贵族请回民间，不仅使教育民生实践具有了合法性与合理性的基础，而且为教育民生提供了具体的实践参考。

二、教育家办学的兴起

(一)社会对新式人才的需求

鸦片战争不仅破坏了中国的政治秩序，也破坏了中国传统的经济秩序。伴随着军事侵略，西方资本家还对中国的经济进行疯狂的压迫与掠夺，除了向中国市场大量倾销商品并掠取廉价的农副产品外，还在中国开设大量工厂，剥削廉价的劳动力，致使中国传统农业和手工业受到严重摧残。面对社会经济的突变，中国急需大批具有先进科技知识和管理经验的人才，以重振中国的经济。然而，向来轻视自然科学知识的传统教育却无法担当这种重任。

(二)改良派教育舆论与实践的影响

早期改良派首先发出培养经世致用人才的呼声，疾呼“不拘一格降人才”。维新派勇奏朝廷，倡导变革，教育变革是重中之重。康有为在《长兴学记序》《请开学校折》《请开农学堂地质局折》《大同书》等一系列文

① 杨效春.我们的教育[J].中华教育界,1933(7):35-41.

章或奏折中均提出了变革科举制度、广开学校的主张。梁启超更是把开民智作为强国的第一要义。他指出，“世界之运，由乱而进于平，胜败之原，由力而趋于智，故言自强于今日，以开民智为第一义”；“智恶乎开，开于学；学恶乎立，立于教。学校之制，惟吾三代为最备，家有塾，党有庠，术有序，国有学，立学之等也”①。维新派不只是停留在口头上的呼吁，还身体力行，相继创办了万木草堂、时务学堂、通艺学堂、时敏学堂、务本女学、经正女学等。同时，他们还拟定了一个涵盖学前、初等、中等和高等教育的教育制度，为近代教育家办学提供了思想和制度上的支撑。

（三）政府政策的支持

清末颁行的癸卯学制使得各级各类新式学堂有了制度和法律上的保障，从而有力地推动了近代教育的发展，新式学校无论在数量上还是规模上都得到了空前的壮大。清政府学部总务司编“教育统计图表”和民国政府教育部公布的统计数字显示，1907年，全国各级各类学校总数为35544所，在校学生数为1013207人，1909年学校总数上升到52837所，在校学生数达到1635031人。②但是由于清末经济的衰败，政府无力承担教育事业的巨额经费，所以在政策上鼓励富绅创办各级各类学堂。1904年公布的《学务纲要》规定：“小学堂应劝谕绅富广设”，“各省经费支绌，在官势不能多设，一俟师范生传习日多，即当督饬地方官，剀切劝谕绅富，集资广设”。1910年2月，学部《奏京师试办私塾改良办法情形折》称，京师“此项改良私塾172处，共发名誉金1370两，实得简易小学生徒4300余人，需款无多，而成就颇众，实于普及教育，不无裨益”，“通行各省，按照本地情形，参酌增减，切实举办”③。在政府政策的鼓励下，新式私立学堂如雨后春笋般建立起来，并且呈递涨趋势。据统计，1905年私立学校数比

① 璩鑫圭，童富勇．中国近代教育史资料汇编：教育思想[G].上海：上海教育出版社，1997：188.

② 刘英杰．中国教育大事典（1840—1949）[Z].杭州：浙江教育出版社，2001：32.

③ 刘英杰．中国教育大事典（1840—1949）[Z].杭州：浙江教育出版社，2001：46

1904年增长1.87倍，1906年比1905年增长1.68倍，1907年比1906年增长0.34倍。[①]

民国建立后，即在蔡元培的主导下，厘定了与共和国政体相一致的教育宗旨，人们的受教育权利进一步扩大，普及教育、女子教育受到空前重视，再加上共和国建设伊始，迫切需要各行各业掌握科技知识的实用人才，所有这些都要依赖教育的大力发展。然而由于政治动荡和经济崩溃，面对发展教育的需求，政府既无力也无计，因此必须依靠社会力量来满足这个需求。民国时期的北京政府、南京国民政府等都出台了鼓励捐资兴学的政策。北京政府教育部于1913年7月公布、1918年7月呈准修正公布的《捐资兴学褒奖条例》规定："人民以私财创立学校或捐入学校，准由地方长官，开列事实表册详情褒奖。华侨在国外以私财创立学校或捐入学校培养本国子弟，准由各驻在领事开列事实表册详情褒奖。其以私财创办或捐助图书馆、美术馆、宣讲所、有关于教育事业者准照前项办理。"[②]同年8月，又规定"僧人捐资兴学一律给奖"[③]。该规定不仅把捐资兴学的期望寄托于国内经济条件较好的私人或团体，而且还把期望投向了僧人甚至国外有着较好条件的华侨。由此可以看出，政府在办教育方面是心有余而力不足。在这种情况下，只能出此对策。根据捐资力度大小，褒奖分为各种档次，如金色褒章、银色褒章、匾额、褒辞、奖状等。南京国民政府分别于1929年、1934年和1947年公布《捐资兴学褒奖条例》和《捐资兴学褒奖条例补充办法》，鼓励各界人士或团体捐资兴学。

（四）教育家办学的涌现

在上述因素的共同影响下，众多怀有教育救国救民理想的知识分子凭

① 王炳照.中国古代私学与近代私立学校研究[M].济南：山东教育出版社，1997：308.
② 刘英杰.中国教育大事典（1840—1949）[Z].杭州：浙江教育出版社，2001：46.
③ 刘英杰.中国教育大事典（1840—1949）[M].杭州：浙江教育出版社，2001：46.

着赤子之心投入轰轰烈烈的办学事业中。

上海巨贾叶澄衷，斥巨资兴办了澄衷学堂。在上海，该学堂是中国人创办的第一所洋学堂，胡适、竺可桢、白莽等人均毕业于该校。

深切体会到自己和乡邻子弟幼年失学之苦的杨斯盛，在民族危机日益加重的时刻，决心毁家兴学以救国，捐出绝大部分家产创办了浦东中学，培养了张闻天、范文澜、钱昌照、王淦昌、罗尔纲等著名政治家、科学家和历史学家。

中国近代著名的教育家、实业家、社会活动家、立宪运动的领袖张謇认为，世界各国皆以经营国计民生为强国之本，而其根本之根本在教育。因此，他终其毕生精力与财力，将实业与教育紧密结合，以实业促教育，以教育引领实业，在南通不仅创办了医学、农学、纺织、商业、交通等各种专门学校数十所，还创办了涵盖普通教育、特殊教育、成人教育、幼儿教育的学校数百所。经过几十年的努力，把南通从贫穷落后的江北小城变成人文荟萃、人杰地灵之地。

秉持“启发民智，教育救国”理想的马相伯，一生矢志不渝，倾其所有，创办了震旦大学、复旦大学、复旦公学和向明中学，培养了蔡元培、黄炎培、邵力子、胡敦复、李叔同、于右任等一大批人才。

把“教育救国”作为毕生信念的张伯苓一生创办了南开中学、南开大学、南开女中、南开小学和重庆南开中学等学校，倡导“公”“能”教育宗旨，并认为不应该以贫富作为区分教育对象的标准，培养了包括周恩来在内的大批人才。

欲通过“办学校来唤醒民众”的黄炎培，青年时期便创办了川沙小学堂、开群女学、广明小学、浦东中学等学校。随着职业教育思想的形成，他联络教育界、实业界知名人士在上海发起中华职业教育社并创建中华职业学校、重庆中华职校、南京女子职业传习所、镇江女子职校等，为当时的社会培养了众多实用之才。

教育家办学的例子不胜枚举。据笔者统计，仅在徽州地区，从19世纪50年代至20世纪20年代，有史料记载的办学者就多达40人，其中较著名的有许承尧、胡晋接、陶行知、程本海等。在这些办学者中，涌现了不少动人事迹。

吴甲三，清末民国时期歙县人，早年就读于歙县三中，因代表同学提出改进教学意见被除名。民国十二年（1923年），说服其妻江志鸿变卖陪嫁首饰，创办徽州六邑中学，吴甲三任校长，教育学生不要死读书，要关心大众，提倡民主办学，男女地位平等，为歙县南乡培养了一批人才。

陶行知，歙县黄潭源人，自幼家贫，但发奋苦读，在大学毕业论文中就指出，“人民贫非教育莫与富之，人民愚非教育莫与智之”“舍教育则共和之险不可避，共和之国不可建”，表达了其教育救国济民的思想。后与晏阳初等发起成立中华平民教育促进会，并和朱经农合编《平民千字课本》，致力于平民教育。他指出，这种教育是要用最少的时间，最少的经费，教导年长人民读书识字爱国做好人。他抛家不顾，奔走于冀、苏、浙、赣、豫、鄂、皖等省，要把平民教育输入到军队里、善堂里、工厂里、监牢里、尼姑庵里、济善所里，让黑暗的地方大放光明。从1926年开始，他认识到中国是以农立国，全国八分之七的人口在农村，故将注意力转向农村教育。他提出“建设适合乡村人际生活的活教育”的目标，为此先必须培养具有“农夫的身手，科学的头脑和改造社会的精神”的“活的乡村教师”。遂与赵叔愚等在南京创办晓庄师范学校，自题所住草屋名“五柳村”，给学校的茅草礼堂题名“犁宫”，并配以“与马牛羊鸡犬豕做朋友，向稻粱菽麦黍稷下工夫”的对联。他遵循生活即教育、社会即学校、教学做合一的教育原理，与学生一起挑粪劳作，被称为“挑粪校长”。陶行知矢志办学，不治家人生产，或至饮食不给，常典冬衣以度夏，当春衣以越冬，往往到期无钱赎取，遂成死当，亦不顾也。

姚文采，歙县九砂人，家贫，幼与陶行知同学于崇一学堂，亲如兄弟。后与陶行知同考入南京汇文书院，攻读生物学，1927年，兼任晓庄师范学校生物教员。1930年，晓庄师范学校遭查封，陶行知被通缉，姚文采等数十名师生被捕入狱，受到严刑拷打。旋被张治中保释，接任安徽中学校长，曾变卖私人房产补充办学经费。①

总之，在中国近代，教育家办学的兴起不仅弥补了公立教育的不足，而且因为这些教育家的先进办学理念、科学的组织方式和教学方法，使得教育更加民生化、民主化与科学化。

综观近代办教育的教育家，绝大多数都是睁眼看世界或受到西方先进教育理念熏陶的饱学之士。他们无不注重教育在改变社会和民众生活中的实用价值。他们的教育思想和理论来源于生活及教育实践，并在教育实践中逐渐成熟和完善。

（五）教育家办学的社会影响

1.扩大教育的受众范围

中国近代教育家办学的目的无不在于救国裕民，处处为民着想，因此受到广大民众的欢迎与支持。例如，对于张治中先生投资创办、杨效春先生负责管理的黄麓师范学校来说，教育的第一个目标是实施人生教育。杨效春先生认为要为人教“人”，不是要为书教“书”，要以“人”教人，不要单单以“话”教人，更不要单单以“书”教人；第二个目标是推进乡村建设，共图生活之向上改善。学校要求教师和学生会做农村建设、普及教育的工作，如铺设黄麓农村合作网、农村保卫网、农村交通网，为乡村修筑公路，设立黄麓农村互助合作社、挖塘借米联合会，开展禁烟、禁赌活动，等等。烟、赌禁得颇有成效，不但一般民众乐意服从，各村庄的绅士，也心悦诚服地愿受约束。1935年，黄麓附近大旱，灾民流离载道，他

① 万正中.徽州人物志[M].合肥：黄山书社，2009：205-222.

们做了查灾救灾的工作，劝人挖塘、筑坝、种植、养鱼、养牛、造林等。黄麓教育最大的特色就是政教养卫合一。学校设立了“农闲青年教育班”，主要目的是为各保训练能自行捍卫村庄的领袖青年，而黄麓卫生院是负责本校及附校各村庄之公众卫生，并为个人治疗疾病。学校尊重每一个人的受教育权利，不分男女老幼贫富，只要是愿意学习的，均可接受教育。因此，学校的学生形形色色，有的是拔菜的，有的是打鱼的，有的是讨饭的，有的是拾粪的，有的是做木匠、瓦匠的。学校成立不过一年时，附近民众已有一万多人接受教育。黄麓有两句联语：男女老幼皆为学众，民众失学应怪我们失教。

各村庄的士绅民众，非常爱护学校，爱护教职员和学生，对学校里所计划所举办的事业，都热心协助。普及教育的工作不仅是学校所注重的职责，各村庄的士绅也很有诚意地认为这是他们要共同负担的责任。周邦道曾经走访过黄麓师范学校附近的几个村庄，据周邦道所说：“所有士绅民众和学校教职员、学生，似已打成一片，变成了一家人。”军徐村有位方先生，曾经当过旅长，一向有吸烟的嗜好，当学校在村庄进行禁烟活动时，这位方先生便不再吸烟，用他自己的话说：“杨校长这样热心禁烟，我不便再吸，所以下决心戒除了。”①由此可以看出黄麓在民众心中的分量。

梁漱溟创办的山东邹平乡村建设研究院是中国成人教育辽阔领域里的一颗明星。俞庆棠曾经在1932年参观了这所研究院。据俞庆棠的记录，当地老百姓对这所学院的老师和工作极其拥护。“从车站到学院的路上，我极随便地和司机及本地乘客交谈。无疑地，他们都知道这个学院。我问他们：‘你们觉得这所学院办得怎样？’一个人告诉我：‘学院里的人讲民主，他们对穷人和富人一样看待。’‘我们穷村庄的农民，现在有地方学习了。’‘我们不但学孔孟之道，也领会怎样组织地方民兵，以便保卫我们的村庄；

① 周邦道.一个异军突起的乡村师范[J].教育杂志，1936(8)：47-59.

领会怎样打井，以利灌溉。'‘梁先生是一个圣人，你知道吗？’一个灰发妇女对我耳语。”[①]教师的高尚品格和为人民服务的精神明显地影响和激励着朴实、善良的人们去努力学习、追求美好的生活。同时，民众的拥护也为教育民生工作的开展提供了良好条件。

教育民生思想的初衷是为广大民众的生活、生计服务，而教育家的办学实践又为教育民生思想的成熟、完善继而理论化和系统化奠定了群众基础，只有受到群众的支持并与群众打成一片，教育者才能真正发现民生所需，继而开辟以教育解决民生问题的路径，从这一维度来说，教育民生思想的确是“从群众中来，到群众中去”。

2.丰富教育民生思想的内容

中国近代教育民生思想植根于社会，发展并充实于实践。政治沉沦、经济贫困、文化下行和精神贫困是导致中国近代教育民生思想形成的现实依据。中国近代教育家办学的目的均在于帮助民众走出政治沉沦、经济贫困、文化下行和精神贫困的境地。教育家们往往在办学实践的过程中，更清晰地认识到这几种贫困达到的程度，使得他们愈加重视教育民生思想的重要价值的同时，针对纷繁复杂的问题，生发出更丰富、更重要的教育思想，从而有效解决教育中的以及民众生活中的现实问题。

1919年，陶行知在南京高等师范学校任教期间，针对传统教育、教学分离的痼疾提出了“教学合一”的思想，为生活教育打下了理论基础。当认识到中国教育改造的根本问题在农村时，陶行知便于1926年开始了轰轰烈烈的乡村教育活动，提出要建设适合乡村实际生活的教育。1927年，在晓庄师范学校的开学演讲中，陶行知希望借其推行自己的生活教育思想，他指出：“我们的实际生活，就是我们的全部课程；我们的课程，就是我们的实际生活。”从而把教学内容和乡村实际生活联系在一起，并时时提

① 茅仲英，唐孝纯.俞庆棠教育论著选[M].北京：人民教育出版社，1992：61.

醒学生必须以农村生活为己任，学生要学习农业、园艺、集资、会计、木匠、织布、做饭、印刷等实用技能，由此，产生了“教学做合一”的新式教学方法。“教育即生活”“社会即学校”的生活教育思想和理论也在晓庄师范学校的办学实践中形成。20世纪30年代，陶行知创办的山海工学团，是在生活教育理论指导下的继续探索，其教育民生思想更加丰富。在对工学团的定义进行解释时，他说：“工是工作，学是科学，团是团体。说得清楚些是，工以养生，学以明生，团以保生。说得更清楚些是，以大众的工作，养活大众的生命；以大众的科学，明了大众的生命；以大众的团体的力量，保护大众的生命。工学团是一个小工场，一个小学校，一个小社会。在这里面是包含着生产的意义，长进的意义，平等互助、自卫卫人的意义。它是将工场、学校、社会打成一片，产生一个富有生活力的新细胞。”[①]以工学团命名，表达了他试图从形式和内容上改造旧教育的理想。陶行知继而指出：“一般办学校的是抱着书本而忘了人生；一般办工厂的是抱着黄金而忘了人生；一般社会运动者是抱着标语而忘了人生。从这样改到那样，从那样改到这样，若忽略了人生的大前提，都会使你失望。我们的工学团只是以人生为大前提，在我们心目中，人生是超过一切。因为要培养合理的人生，所以反对学校、工厂及一切忽略人生之组织，而要创造出一种富有人生意义的工学团。”[②]在这里，陶行知把人生视为社会的主体，人的生活、生命被视为世界上最宝贵的东西，体现出其对民生的高度关怀。

工学团的办学主体和教育对象是本村全体农民，包括男女老少。在生产训练中，开设了木工、瓦工、藤工三个手工工厂，聘请工匠做技术指导，师生学手工，工匠学文化。工学团还设立诊疗所，免费为农民治病。为了丰富精神生活，每周五晚上举行同乐会，师生农友欢聚一堂，演节

① 陶行知.陶行知全集:第2卷[M].长沙:湖南教育出版社,1985:636.

② 陶行知.陶行知全集:第3卷[M].成都:四川教育出版社,1991:105.

目、讲故事、做科学游戏。陶行知及其弟子同当地群众同甘共苦，在做中教农民科学种田，发动农民修桥铺路、抗旱救灾，发展生产，移风易俗。其办学方针是“来者不拒，不来者送上门去”[①]，体现了其普及教育的思想。工学团的教学方法：会的教人，不会的跟人学。师生跟农人学种田，农人跟师生学科学，即相师相学。陶行知说：“我们还可以教大徒弟去教小徒弟，七十二行都有资格做先生，都有资格做太上先生。先生既多，学问自广。”[②]显然，其倡导的是民主的师生关系，重视的是学生的主体性。

中华职业教育社于1917年成立，在最初几年，除了在理论上宣传职业教育外，还设立职业学校，通过学校教育进行职业培训和指导。不过，中华职业教育社的注意力只是投向城市的工商社会，几乎完全忽视职业教育与乡村社会之间的联系。直到1920年后才发现中国是一个传统的农业大国，农村和农民问题是个关键问题，因此，职业教育的发展必须走下乡之路。对这种思想的变化，曾任中华职业教育社办事部主任的江问渔说过：本社“自民国六年成立后，即便着手试验工商职业教育，而没有及农。到了民国九年，已感觉当时农业教育的失败，而没有认清失败到什么程度和怎样挽救，乃设‘农业教育研究会’”[③]。1925年，在中华教育改进社第四届年会期间，中华职业教育社负责人黄炎培在演讲中系统地阐述了“划区试办乡村职业教育”的思想，计划使所划乡村职业教育区内男女学童一律就学；年长失学者得补习之机会，人人就业；有志深造者获得升学准备与指导；年老或残废者得所养；疾病得所治；人人有卫生知识；人人有自卫能力；区内无旷土，无游民；生产日加，灾害日减；自给自享，相辅相成；最终养成该区与他区合作的精神，以完成对群、对省、对国的责任。[④]在划区施教的思想形成之时，黄炎培又提出了“大职业教育”的新

① 熊明安，周洪宇．中国近现代教育实验史[M]．济南：山东教育出版社，2001：434.

② 陶行知．陶行知全集：第2卷[M]．长沙：湖南教育出版社，1985：594.

③ 江问渔．农村改进与农村教育[J]．中华教育界，1934(4)：3.

④ 熊明安，周洪宇．中国近现代教育实验史[M]．济南：山东教育出版社，2001：384.

思想，主张职业教育与社会的沟通。

因此可以说，这些思想都是在教育实践中形成、发展并充实起来的，是教育家的办学实践丰富了教育民生思想。

1920年，著名爱国民主人士、乡村教育家王拱璧，在河南省西华县孝武营村创办青年公学，旨在改变广大农村缺学少教的状况，并探索新村建设和普及农村教育的具体道路。青年公学开设农民补习班和职业高等补习部，前者进行扫除文盲教育，后者培养小学教师、校长和新村干部。在“把学校和农村建设成为幸福的乐园”①理想的指引下，根据农村和农民的实际需要，把农民生产生活的知识增设为教学内容。为了切实提高学生的生产能力，青年公学设置了“劳动工作部”和“农村种植部”，指导和安排学生在农林实验场从事作物栽培和种桑养蚕活动，学校还聘请有实践经验的老农、老圃和能工巧匠作顾问，教学生农作、养畜、养蜂、磨粉、制糖、种瓜菜、做木工、做铁工、烹调、缝纫等实际知识和技能。此外，学校还经常组织学生参加村民的植树造林、修桥修路、整治坑塘等公益劳动，使学生既学到科学文化知识，又习得实际操作技能。

1923年，晏阳初、陶行知与朱其慧在北京发起组织中华平民教育促进会，先后在湖南、浙江、山东、河北推行平民教育运动，把平民教育看作改造社会环境与建立和平、民主、平等国家的重要措施。在定县实验区，中华平民教育促进会把教育与政治、经济、文化、生活有机结合，为一般失学的青年和成人男女老幼开展了文字教育、生计教育、公民教育和卫生教育，以诊治广大农民中存在的愚、穷、弱、私四大病症。

1928年3月，俞庆棠与江苏省立教育学院同仁在苏州创办民众教育学校；1929年3月，创设黄巷民众教育实验区；1930年，创设惠北民众教育实验区和丽新路工人教育实验区；1931年，开办江阴巷实验民众图书馆；1932年，创办无锡实验民众学校；1933年，创设北夏民众教育实验区；等

① 窦克武.王拱璧文集[M].开封:河南大学出版社,1991:9.

等。除民众教育学校和实验区外，还创设了卫生模范区、农村社会服务处和各种合作社。在民众教育学校和实验区内，根据民众生活需要，实施识字教育、生产教育、公民教育、健康教育、家事教育和休闲教育。

1931年，山东乡村建设研究院成立，邹平县被辟为实验区。1933年，梁漱溟任院长。在实验区内，研究院同仁创办了乡村学校，除进行识字和基本的文化知识教育外，还开设养蚕、种棉、织布等课程，向广大农民宣传和推广农业科技知识。同时，设立了各种乡村合作社，包括美棉运销合作社、蚕业合作社、林业合作社、信用合作社、购买合作社等，在一定程度上带动了当地农民的增产增收。在乡村改造和社会改良方面，不仅提倡禁烟、禁赌、放足，还重建邹平地区的卫生新秩序，设立卫生教育委员会和医学实习委员会、卫生所等公共卫生机构，除了开展预防、保健和医疗工作外，还招收学员，进行医疗卫生训练，使当地医疗卫生条件有所改善。

1933年，雷沛鸿在广西全省推行普及国民基础教育运动，把儿童教育与成人教育相结合，使学校教育与社会教育融合为一。为配合基层经济建设，大力推行生产教育，通过村街公所办理村街造产、合作事业及其他经济设施。在国民基础教育运动取得成效后，雷沛鸿继而又创立了国民中学。在教学内容和课程设置方面，要求与生活实际需要相结合，以人文科学、自然科学、生产劳动和地方建设为内容，采取互教共学、从做上学的教学方法。为使教学切实有效，还专门开设工厂和垦殖学校，以供学生实践练习。

三、教育民生实践此行彼效

需要指出的是，中国近代教育家从来都不是闭门造车、各自为政的，相反，他们常常互相学习、互相借鉴、互相批评、互相仿效，甚至互为对方学术团体的成员。

1928年3月，俞庆棠邀请晏阳初、汤茂如、程柏庐、陈筑山等各届领袖到苏州共商实验民众教育问题，并就迅即办理民众学校和民众教育的旨趣等事项达成共识。

1929年2月，梁漱溟参观了由黄炎培、江问渔创办的徐公桥乡村改进区、平民教育促进总会负责的华北试验区工作和山西村政建设，并撰写《北游所见记略》一文，对所见所闻发表了自己的看法。首先，他对黄炎培、江问渔领导的职业教育运动转变为乡村改进运动表示赞许，因为黄炎培、江问渔和自己的着眼点不谋而合。同时，梁漱溟也批评了中华职业教育社在乡村改进运动中只从教育和文化上下功夫，而不知发展产业才是根本。其次，对于平民教育促进会把平民教育转向农民，并扩充其内容意义，培养当地农村村民备作村中自治之后起人才，进行社会调查及农业和畜牧改良实验与表证法给予赞扬，但对中华平民教育促进会以办教育的方法来推行乡村改进运动和公款开支的方式进行了质疑，认为此举最终会导致人财两空。最后，毫不留情地批评山西村政建设实属劳民伤财。[①]

1932年冬，俞庆棠分别前往河北定县和山东邹平参观了晏阳初领导的平民教育工作和梁漱溟、梁仲华领导的乡村建设工作。俞庆棠十分欣赏定县成人学校的学习气氛和工作人员在平民教育运动中选择的教学内容和采取的教学方法，认为方法既科学又实用。关于梁漱溟、梁仲华和乡村建设研究院的同仁，俞庆棠最为感动的是他们的奉献精神，她说："两位梁先生和一些热情的工作人员，放弃了一切人世间的享乐和舒适，放弃了诱人的地位和高薪，正全心全意地为人民美好的生活和重建乡村而工作。"关于乡村建设的成效，她评价道："那里的人民，极其谦恭、愉快和仁慈，意气相投。在不到两年的时间里，教师的品格和成人教育的效果明显地影

① 梁漱溟.北游所见记略[M]//梁漱溟全集：第4卷.济南：山东人民出版社，2005：881.

响激励着人民的社会生活。”[①]在教育组织形式上，俞庆棠在借鉴定县的平民阅报室、平民读书团、平民校友会、轮回图书担和影剧团的基础上创办了阅览室、共学会、读书班、校友会、流动图书馆、剧场等。另外，据熊贤君介绍，俞庆棠受梁漱溟的社会教育思想影响极深，梁漱溟的每一篇关于乡村建设社会教育的论文，她都要全文拜读；梁漱溟所领导的菏泽改革的每一项举措，她都密切观察审视。在俞庆棠的扛鼎之作《民众教育理论的探讨》中，除了引述梁漱溟的《社会本位的教育系统草案》关于教育如何尽其社会功用的观点，还对陶行知有关文字教育的重要性的观点表示赞同。

尽管邰爽秋不同意陶行知有关生活教育的某些观点，认为：“生活教育内容宽泛，无论各种生活教育，无轻重缓急之分。”[②]但在教学组织形式上，却仿效陶行知的“工学团制”，建立了民生本位教育的“经济分团制”。

中国近代教育家并不因为相互之间的批评而产生怨气，相反，他们把这种学术批评看作推进教育民生事业进步的动力，他们之间的关系是友好和互助的，甚至在身份上，互为对方学术团体的成员，如：晏阳初、梁漱溟都是俞庆棠发起成立的中国社会教育社的成员，陶行知为中华职业教育社的重要成员，等等。总之，他们是为了一个共同的目标——广大人民群众美好而富足的生活而奋斗。这一点，从高阳的《参观平民教育定县实验区及乡村建设邹平试验县区之心得》中可以得到验证：“平民教育！乡村建设！定县实验区！邹平试验县区！我的亲友听了，莫不啧啧称羡。尤其听说我要去参观，好像我似唐僧到西天佛国去取经的一样，再三叮嘱我回来后给他们一个真确报告。这种热情，不禁使我有深刻的感想。感想何为？‘人之欲善，谁不如我？中国复兴，寤寐求之，民众教育救国，几乎

① 茅仲英，唐孝纯.俞庆棠教育论著选[M].北京：人民教育出版社，1992：61.

② 邰爽秋.民生本位教育与各种教育之区别[N].革命日报，1938-05-09(4).

人同此心矣……归途自思，果然不虚此行，心得甚多，不知不觉的狂喜起来。”①

第三节　教育民生思想的式微与转轨（1937—1949年）

1937年7月7日，卢沟桥事变，标志着日本全面侵华的开始，同时也是中国人民全面抗战的开始。在此后的八年时间里，中国不仅在经济生产方面遭受重创，教育文化也惨遭破坏，正常的教学秩序被打乱，教育民生实践同样未能幸免于难。在中华民族最危险的时候，抗战救国教育思潮跃居主导地位。尽管许多教育民生实践活动移居中国的大西南，但也是勉强维持。抗日战争胜利，国内战争开始，致使实践活动举步维艰。随着共产党领导的新民主主义革命的胜利，绝大多数教育家开始朝着新民主主义教育民生思想的方向转化，也有一些教育家的教育民生思想转向了国际主义教育民生思想。

一、抗战教育思潮云屯席卷

全面抗战爆发后，面对民族危亡的客观现实，思想界、文化界和教育界的爱国人士无不积极投入抗日救亡运动中，他们一边发表抗日救国言论，一边和群众共赴国难。整个教育界都把提倡和推行战时教育当作首要任务。淞沪战争的爆发，促进了国共两党的再次合作，一切为抗战服务成为全国人民的共识，抗战教育思潮达到制高点。骨子里原本就爱国爱民的教育家们，更是以极大的心力投入战时教育中去。他们到处发表抗战演讲，撰写大量抗战文论，并在教育实践中培养战备力量，发动群众积极参

① 田晓明.高阳教育文选[M].苏州：苏州大学出版社，2012：75.

加工农业生产，用以支援前线。

1937年10月11日，晏阳初撰文指出，中国三万万的农民是抗日战争的生力军，也是全民族中最具坚忍性、足以负起长期抗战的伟大使命者，因此，应该把全体农民武装起来，同仇敌忾。[①]该月，晏阳初领导的中华平民教育促进会发起组织“农民抗战教育运动”。11月6日，第一届农民抗战教育讲习会举行始业典礼，晏阳初主持典礼并致词。他说，农民抗战教育的使命，是“去开发，去指导，去教育，去培养，去组织，去运用，去抗战，去复兴中华民族”[②]。23日，晏阳初又在长沙广播电台做了《关于我们为何发起农民抗战教育》的讲话，讲话共分为五个部分。第一部分，强调全民抗战教育的重要性。要取得抗战的最后胜利，非集合全民的力量不可。第二部分，关于什么是“全民”的分析。由于我国的民众平时缺少教育，无知无识，也没有些微的国家观念，常被敌人利诱，因此有一部分人做了汉奸，令人痛心。第三部分，指出民众不是不可教，而是无教。尽管汉奸、走狗令人灰心失望，但广大的民众是大有希望和能力的，只要进行一点教育，便会涌现出无限力量。第四部分，重申农民是全国民众的重心，是民族的维系者与整个国家的依存者，中华民族的复兴必须依靠农民潜力的开发。第五部分，关于实现农民抗战的途径。要铲除榨取、欺压百姓的做法；朝野上下对于农民抗战既要有深刻的认识，又要有坚定的信念；要改革地方政治，使亲民的县政机构臻于健全；社会上的有钱人要真能出钱；要有千万青年志愿者献身农村工作，使整个农村国防化。[③]中华平民教育促进会还与湖南省政府合作，更广泛地组织民众训练团，向民众宣传抗战要义，并训练组织民众，六个月训练约一百万人。其中合格的再接受军事训练，成为地方自卫队。[④]

① 宋恩荣.晏阳初全集：第2卷[M].天津：天津教育出版社，2013：38-40.

② 宋恩荣.晏阳初全集：第2卷[M].天津：天津教育出版社，2013：42.

③ 宋恩荣.晏阳初全集：第2卷[M].天津：天津教育出版社，2013：70-78.

④ 吴相湘.晏阳初传：为全球乡村改造奋斗六十年[M].长沙：岳麓书社，2001：311.

1938年4月，俞庆棠对湖北民众教育工作人员作了题为“努力推进民众教育，加强抗战力量”的演讲。她指出，近代战争军事的力量必与民众的力量打成一片，才有胜利之希望；要动员民众，必须组织民众，训练民众。要组织与指导民众，需知识分子下乡，民教同志努力；民教同志在战时应在战区从事秘密工作、在前线参加实际抗战工作、在后方从事增加抗战力量的工作；要指导民众增加生产力量，以充裕军饷，改善民生；要切实施行民众教育中的文化工作；在战时民众教育中，要重视口号的作用；战时的民众教育，方法要灵活，不拘形式。她还希望各位民教工作人员能够深入湖北省的民间，组织民众，指导民众，以加强抗战的力量。俞庆棠不仅重视抗日宣传，而且亲自参与对广大民众的抗战教育和支援抗日前线的工作。她在自己主持的教育学院各研究实验单位，都增设了抗日救亡的教育内容。她还主持编辑了《民众抗日救国读本》，成为各地民众学校进行抗战教育的教材。1938年，俞庆棠担任妇女指导委员会生产事业组长，到重庆推动妇女生产工作，提出“前线兄弟流血杀敌，后方姊妹挥汗做工”①的口号，动员妇女积极开展生产劳动。同年8月，她在四川松溉创办了纺织实验区，先后招收一千多名农村妇女，一面教给她们文化知识，一面指导她们参加生产。

以邰爽秋为首的中国民生教育学会编制了《青年从军歌》，号召青年奔赴战场，破敌杀虏；完成了《三兄弟踊跃从军》及《荣誉军人》两种木刻图书；编写了《士兵教育纲要》；印行了《土货抗战论》等。并与上海慈善团体联合救灾会、救济战区难民委员会合作，利用爽秋普及教育车，在各难民收容所，施行巡回教育，受教育者先后约有200人。②

中国近代教育家顺应时代发展和国家、人民的需要，因时制宜地把民众抗战教育运动作为教育工作的重中之重，体现了以国家和人民的核心利

① 熊贤君.俞庆棠教育思想研究[M].沈阳：辽宁教育出版社，1997：42.

② 雷志松.学术、社团与社会：中国民生教育学会研究（1936—1949）[M].北京：社会科学文献出版社，2012：95.

益为教育的最高准则和灵活的教育策略。

二、教育民生实践举步维艰

随着日军的进一步入侵，多数教育民生实验区相继沦陷。1937年9月24日，定县沦陷，平民教育实验被迫停止；1937年11月，上海沦陷，无锡危在旦夕，俞庆棠领导的江苏省立教育学院被迫撤离；1937年底，日军侵占山东以后，梁漱溟领导的乡村建设工作被迫停止；1938年，邰爽秋领导的沪西民生教育实验区被毁，该实验区的民生教育实验趋于消沉。为了继续发展教育民生事业，教育家们不得不跟随院校西迁潮流，历尽千辛万苦，纷纷把教育实验基地迁往江西、湖南、贵州、四川、广西等地。西迁后，晏阳初在湖南创立了衡山乡村师范学校，在四川设立了华西实验区；俞庆棠将江苏省立教育学院迁往桂林后，又到重庆创办了战时民众教育实验区；邰爽秋在四川省巴县创办了中国民生建设实验院。在这些新的实验区所进行的实验，基本上是对原实验的赓续。

抗日战争胜利后不久，蒋介石不顾全国人民的反对，悍然发动内战，广大百姓再次陷入战乱之中。晏阳初在1946年9月12日写给美国友人德曼法官的信中描述道："因为内战，到处都有人因病致死；数百万人正在遭受饥饿的折磨。"[①]再加上通货膨胀和经济崩溃，致使本已因为经费和人才双重短缺而惨淡经营的教育民生实践雪上加霜，一些研究、推广和教育工作遭受挫折。从晏阳初在1947年3月31日写给甘雅德夫人的信中可见一斑："由于我国糟糕的状况，我们没能继续把教师派往贵处进修。最近几个月来，飞机已经停飞；因为船只短缺，内河航运极其困难；重庆到上海间的火车停运；最不走运的是，因为通货膨胀和学生游行，政府已经全面

① 中华平民教育促进会负责人晏阳初与国外各界来往信件，第二历史档案馆，全宗号：11，案卷号：11850.

停止签发护照。”[①]

1946年，中国民生建设实验院东归上海，沪西民生教育实验区得以恢复。在邰爽秋的指导下，实验区的各项工作得到了积极开展，但这时的沪西民生教育实验规模已不如抗战爆发前夕。[②]

1948年10月，国民政府为了阻止“不服从管教”的俞庆棠继续从事民众教育事业，施行调虎离山之计，派其去美国考察战后难童与成人补习教育。

所有这些表明，中国近代教育民生实践正在走向尾声。

三、教育民生思想的转轨

（一）三民主义教育民生思想向新民主主义教育民生思想的转轨

本书在第一章指出，孙中山的民生思想是中国近代教育民生思想产生的渊源之一。中国近代教育家，如黄炎培、梁漱溟、陶行知、晏阳初、俞庆棠、邰爽秋等，其教育民生思想与实践无不以孙中山的三民主义为指导。三民主义中的民族主义，就是要取得国家与民族的独立；民权主义即是实现人民的权利；民生主义就是要建设一个大同的理想社会。孙中山晚年认识到帝国主义是中国革命的主要对象，工农大众才是革命的主要力量，因此，对三民主义重新做了解释。在民族主义层面，增加了反对帝国主义的内容；在民权主义层面，强调普遍平等的民权；在民生主义层面，强调改善工人和农民的生活，而要实现这些目标，就必须唤起民众。在《国事遗嘱》中，孙中山提出：“必须唤起民众及联合世界上以平等待我之

---

① 中华平民教育促进会负责人晏阳初与国外各界来往信件，第二历史档案馆，全宗号：11，案卷号：11850.

② 雷志松.学术、社团与社会：中国民生教育学会研究（1936—1949）[M].北京：社会科学文献出版社，2012：156.

民族，共同奋斗。”①

1935年，俞庆棠在江苏省立教育学院和广东省社会教育讲习会上所作的《中国民众教育之演进》中提道：“民国十六年国民政府奠都南京后，鉴于‘唤起民众’之重要，于是便有民众教育之提倡。民众教育名词之正式产生，实始于此时。”②

抗日战争胜利后，俞庆棠在上海悉心办理了一百多所实验民众学校，这些学校沿袭了抗战前的教学方式及内容，主要的教育对象是积极进取的工人和其他劳动人民，民众学校的教师和主任大都是有民主思想的青年，学校里民主气氛很浓。随着内战的爆发，国民党政府倒行逆施日益猖獗，他们把实验民众学校视为眼中钉、肉中刺。1947年1月，上海市第二届参议会提出了撤销实验民众学校，改办实验国民学校的议案。在全校师生的支持和中共地下党组织的帮助下，俞庆棠同上海市参议会展开了护校斗争，文化界和教育界的著名人士也以写文章或发表谈话的方式，支持这次斗争。最终，上海市参议会被迫“尊重民意”，撤销了提案。③在俞庆棠极为困难的时刻，中国共产党及时地伸出了援手，党的关怀和鼓励，使她重新看到希望之光。1949年9月，中国共产党邀请俞庆棠担任中央教育部社会教育司司长一职，她愉快地接受了邀请，志愿“以微薄的经验和能力，为人民服务，为新中国建设而努力”④，最终为新民主主义教育民生建设贡献了生命。

邰爽秋认为，教育是实现政治理想的工具，健全的政治理想即健全的教育理想。三民主义为最适合于中国国情的、健全的政治思想，亦为最适合于中国国情的、健全的教育思想。三民主义以民生为中心，三民主义教育亦应以民生为中心。建设之首要在民生，教育建设之首要，亦应在

① 李松林.中国国民党史大辞典[C].合肥：安徽人民出版社，1998：280.

② 茅仲英，唐孝纯.俞庆棠教育论著选[M].北京：人民教育出版社，1992：166.

③ 熊贤君.俞庆棠教育思想研究[M].沈阳：辽宁教育出版社，1997：48-49.

④ 唐孝纯.人民教育家俞庆棠[Z].无锡：《江苏文史资料》编辑部，1998：245.

民生。[①]

1946年，沪西民生教育实验区恢复以后，邰爽秋专程去南京谒见周恩来，请求前往苏北解放区调查，但是受到顾祝同的阻挠而未能成行，从此逐渐认识到阻碍社会发展的生产关系不被打破，一切实验和教育主张无异于白日做梦。于是，他投入“反内战、反饥饿、反迫害”的斗争中，走上社会，组织“上海市各级学校学生联合会”和“上海市各界抢救教育危机联合会”，提倡自学制度。1949年4月16日，中国民生教育学会的领导邰爽秋、欧元怀、吴俊升等人，联合众多学会会员及教育界知名人士在《大公报》上发布《发起创办大众大学暨大众中学告社会人士及青年大众》，以补救青年大众失学与毕业后失业的遭遇。在同一天，《申报》上也发布了《邰爽秋等发起大众大学》的消息。9月，中国民生教育学会会员刘景琛等人向上海市政教育处申请准予试办大众中学，并呈送了《大众中学组织规程》。上述公告和该规程中明确提出，创办大众中学的目的是推行新民主主义……提高职工之文化水准及基本知识，增进业务上之技术，劳资两利，又可使工人子弟之小学毕业者，继续上进……[②]这反映出邰爽秋和中国民生教育学会成员在新的社会背景下政治立场的转变。

俞庆棠和邰爽秋希望通过自身的努力而实现三民主义理想，使全国人民过上幸福美好的生活。但是，通过数年的实践，他们深刻地体会到，现实中的国家只有三民主义之名，而无三民主义之实。国家的一切教育机关都被操纵在大地主、大资产阶级手里，实行的是反动的、愚民的教育政策，不但打击被压迫阶级的革命思想，而且剥夺了工农群众的受教育权利。因此，真正的三民主义的教育事业在国民党政府的统治之下是不可能顺利开展的，而反独裁、争民主的中国共产党代表了国家和人民的希望，这就决定了他们的三民主义教育民生思想最终转入新民主主义教育民生思

① 邰爽秋.民生本位之学校系统及各种教育之实施[J].教育通讯周刊,1938(36):15.

② 雷志松.学术、社团与社会:中国民生教育学会研究(1936—1949)[M].北京:社会科学文献出版社,2012:65-67.

想的轨道。

（二）三民主义教育民生思想向国际主义教育民生思想的转轨

晏阳初曾在孙中山诞辰纪念会上的演说中指出："我们平教会虽非国民党，但十多年来却天天干的是唤起民众的工作……现在是国家最危难的关头，是民族复兴与开始的首页，希望大家把中山先生的精神和主张，深加思索，身体力行，庶几对得起这位伟大导师……"①

1922年，晏阳初在发起全国识字运动时，便提出"除文盲，做新民"的目标。随着平民教育事业的推进，他发现"愚、穷、弱、私"的问题并不是属于中国所特有，而是广泛存在于世界上许多国家，如亚洲的菲律宾、印度尼西亚、泰国、印度、巴基斯坦，非洲的加纳，美洲的古巴、哥伦比亚等。1943年后，晏阳初屡屡呼吁世界各国团结起来，形成合力，解决人类共同的敌人：愚昧、贫困、疾病和腐败的政府。他指出：人类渴望一个美好的世界，而美好世界的实现有赖于更好的人民，正如人民是国家的基础一样，人民也是世界的基础。若此基础坚固，则世界可幸运地享受和平。因此，人们不仅要为和平而组织世界，也要为和平而教育世界。他强调："在这个世界上任何一个角落的人，都应该享有最低限度的教育，最低限度的生活及最低限度的健康保护及自治。"②从此，他把"除文盲，做新民"拓展为"除天下文盲，做世界新民"，先后到亚非拉第三世界访问并指导平民教育运动，充分体现出其国际主义精神，被誉为"世界平民教育之父"。

中国近代教育民生思想从萌芽到蓬勃发展，再到式微与转轨，其间经历了抗日战争和国内战争，在中华人民共和国获得新生。从其演化的历程可以看出，一方面，教育民生思想始终受到政治和经济的制约，同时也是

① 宋恩荣.晏阳初全集：第2卷（1937—1949）[M].天津：天津教育出版社，2013：65.

② 晏阳初.中国与世界和平[J].新中华，1946（2）：18.

政治和经济在教育思想领域里的反映；另一方面，中国近代教育家的教育民生思想始终以民众的利益为准则，在不同时期做出适当调整：当劳苦大众因国内社会矛盾而饥寒交迫时，教育家们把济民、养民作为教育工作的重中之重；当国家濒临灭亡的边缘时，教育家们把拯救国家和民族作为教育的当务之急；当国民党反动派再次把人民大众拖入战争的泥潭时，教育民生实践也遭到了灭顶之灾；而当反动势力被进步力量取代后，教育家们能够顺应社会发展的潮流，从而与时俱进，与民同心。

第三章　中国近代教育民生思想的内涵及实践探索

中国近代教育民生思想在整个发展演进过程中，形成极为丰富的思想内涵，并体现在其各种观点主张和丰富的实践之中。有的主张生活即教育，有的强调职业教育……尽管不同的教育家在表述民生观点时存在着差异，但是在本质上却殊方同致。即，在教育的宗旨上都坚持教育为民众的生产、生活服务；在教育的对象上无不呼吁恢复天赋人权、民主平等，坚持教育为全体民众服务且更加关注弱势群体的需求；在教育的内容上均坚持所学为所用、所用即所学；在教育的实践方式上皆注重教育与生产和生活的密切联系；等等。

教育是一种培养人的社会活动，在社会生产和生活中产生，反过来，又是社会生产和生活不可或缺的动力。社会生产是人类最基本的实践活动，社会生活在本质上是实践的，这就决定了教育与人的生产生活之间的内在联系。

马克思主义认为，实践创造了人所生活的现实世界，并不断地推动着人类社会向前发展。思想是人们在实践的基础上对客观存在的反映，并且有力地反作用于客观现实。正确的思想一旦形成或者被掌握，就会变成改造世界的巨大力量。

第一节 中国近代教育民生思想的内涵

本研究通过梳理发现，中国近代教育民生思想的内涵大致体现为宗旨观、对象观、内容观、路径观几个系列，从晏阳初、俞庆棠、邰爽秋的教育民生思想就可窥见一斑。

一、教育民生宗旨观

一般来说，人们的生活包括经济生活、政治生活和文化生活三大领域。中国近代的有识之士，在民生凋敝、政治沉沦、文化与教育滞后的社会背景下，决定运用教育的力量改善人们的经济生活、政治生活和文化生活，因此，改善民众生活成为中国近代教育民生思想的不二宗旨。

教育改善民生的宗旨深受当时客观社会环境的影响和制约，同时也是教育家们理论思维创新的结果，反映了教育家们勇于变革和探索的精神。教育原本就是基于人类生产、生活和生存的需要而产生的，换言之，人类对自身生存和发展的需要是教育产生的最根本原因，教育自然地发挥着改善人类生存条件和生活水平的功能。但是到了奴隶社会和封建社会时期，教育被统治阶级独占，无论是教育的目的还是教育的内容，都是为统治阶级服务的，也就是说，教育只是发挥着培养治术人才和统治阶级的顺民的作用，其改善民生的功能被消解。到了近代，统治阶级的腐败堕落达到了无以复加的地步，但是西方世界早已跨入科学昌明的时代。当西方资本主义国家把贪婪的魔爪伸向中国时，一部分开明人士方如梦初醒，而绝大多数生活在最底层的民众由于无教、无权、无钱，依然处于愚、穷、弱、私的状态，并且伴随着帝国主义的步步紧逼和国内军阀战乱，民众的生活愈加悲惨。基于对劳苦民众极大的同情、对劳苦民众失去受教育机会的义愤填膺和教育脱离生活实际的强烈不满，教育家们以教育改善民生为宗旨，试图使广大民众通过接受教育获得谋生和提高生活质量所必备的智识和技能，既反映了教育家们对教育的政治功能、经济功能、文化功能和个体功能的认识与重视，也反映了他们理论联系实际的作风。

（一）晏阳初的教育民生宗旨观

在平民教育家晏阳初看来，受过教育者，其自给自养自寻生路的能力要比未受过教育者高得多。而在我国，不识字的人占全国总数的80%以上，只有一小部分人读书。他批评新文化运动都是少数学者的笔墨运动，其中虽亦有关于改进平民生活、免除平民受压迫的问题，但平民的生活依然日益堕落，各种压迫亦日趋严重。不论是城市的工人还是乡村的农民，他们的终年忙碌所得都被政府、地主剥夺殆尽，自己则“乐岁终身苦，凶年不免于死亡”。由于没有知识，便缺少改进生活的方法；对于外界的压迫，亦没有免除的能力；社会上种种切身关系的运动，也不知道参加。因此，晏阳初极其痛心地把“为吃饭而劳动，为劳动而吃饭”①的工人和农民比喻成牛马。为了改变这种现状，晏阳初决心先从提高民智做起，以“使我国牛马奴隶生活的民众一变而为有知识有头脑的国民”②。在此基础上，晏阳初提出平民教育运动的宗旨：除文盲，做新民，即通过教育，使民众成为具有智识力、生产力、强健力和团结力的“整个的人”。这“整个的人”，是具有较高政治素养的新民，其物质生活充裕而健康，精神生活充实而向上，是晏阳初所领导的平民教育运动矢志不渝的追求。

---

① 宋恩荣.晏阳初文集[M].北京:教育科学出版社,1989:27.

② 宋恩荣.晏阳初文集[M].北京:教育科学出版社,1989:27.

（二）俞庆棠的教育民生宗旨观

熊贤君指出：俞庆棠“推行民众教育，是要为民众‘谋解决穷的问题’”[①]。俞庆棠强调：“办民众教育，不仅是识字的人教不识字的人，还要用民众教育的力量，解决民众的生活问题，要充实其生活力，培养其组织力，发扬整个民族的自信力，这是教育领域里的一个重大改革。”[②]俞庆棠曾反复强调运用民众教育的力量解决民众的生活问题是教育领域里的一个重大改革，说明在民不聊生的社会现实面前，她不仅青睐教育的经济功能，而且决心改革往日只注重教育的政治功能的教育宗旨，把经济功能、政治功能和文化功能结合起来，以最大限度地发挥教育改善民众生活的作用。俞庆棠这里所说的“充实其生活力，培养其组织力，发扬整个民族的自信力”，正是对人们的经济生活、政治生活和文化生活这三大领域的重要考量。

（三）邰爽秋的教育民生宗旨观

1937年，邰爽秋在《本会成立大会宣言》中指出：“①就发展人民生计来说，民生本位的教育，是发展民众的经济生活，使各个人皆能在丰衣足食下接受教育。②就改进民众生活来说，民生本位教育不仅发展民众的经济生活，使各个人皆能丰衣足食，还要在发展经济的过程中，改进民众其他各种生活（文字生活在内），达到美满人生的目的。③就扶植社会生存来说，民生本位教育，不仅使各个人皆能丰衣足食、生活改善而已，他还使全社会的民众集合而成为一种有机的生命单元——活动的社会——永远地生存，不断地进步。④就保障民众生命来说，民生本位的教育，不仅使各个人皆能丰衣足食，生活满足；不仅使一个社会永远地生存，不断地

① 熊贤君.俞庆棠教育思想研究[M].沈阳：辽宁教育出版社，1997：86.

②《中国现代教育家传》编委会.中国现代教育家传[M].长沙：湖南教育出版社，1987：161.

进步，还要使全社会民族里的群众生命，得到安全的保障，使民族的生命得以延续。[1]这层层递进的教育目标，体现了民生本位教育的旨趣——改进民众生活。尽管其表述的最终目标是达到民族的复兴，但因为民族是人民的民族，民族复兴意味着人民生活的繁荣昌盛。

在多灾多难的中国近代社会，国家支离破碎，社会动荡不安，百姓饥啼号寒。“民为邦本，本固邦宁”，百姓是国家的根本，没有根本的稳固，就没有国家的安宁。因此，教育家们希望运用教育的力量来拯救处于水深火热中的黎民百姓，欲拯救百姓，就要改善民生。人们对教育宗旨的确立受制于时代的特征，在一个以内忧外患为特征的时代，教育家们出于对社会和人民生活的综合考量，运用教育的力量改善民生便成为中国近代教育民生思想的根本宗旨。

二、教育民生对象观

教育对象是指在各种教育活动中从事学习的人，是学习的主体，也是构成教育活动的基本要素，缺少这一要素，就无法构成教育活动。

在原始社会中，由于公有和全民的社会性质，也由于教育在内容和形式上是和社会生产、生活紧密结合在一起的，因此决定了氏族公社中的每个儿童和青年都享有同等接受教育的权利，只是在学习内容与方式上有一定的性别差异，所以说教育是全民的和平等的。但是到了奴隶社会和封建社会时期，教育却呈现出鲜明的阶级性和等级性，只有统治阶级及其子女才享有学校教育的权利和机会，普通的劳动民众只能在家庭生活和生产生活中接受简单的教育。直到17世纪，捷克伟大的民主主义教育家夸美纽斯才发出教育公平的最强音，呼吁“把一切知识教给一切人”。18世纪末19世纪初，瑞士著名的民主主义教育家裴斯泰洛齐也强调每个人都有与生俱来的发展潜力和受教育的权利。19—20世纪，美国实用主义哲学家和教育

① 中国民生教育学会.本会成立大会宣言[J].民生教育，1937(1)：4.

家杜威一再明确指出："无种族隔阂、无阶级隔阂的自由平等的社会，不容许少数人垄断教育机会，要通过教育使人人发挥其开拓创新的才能。过去那种少数文化贵族和广大愚昧文盲彼此对峙的时代，是不许存留的。"随着民主观念的传播和伴随而来的对社会问题的觉醒，人们开始认识到，每个人，无论他属于哪个阶层，都有接受教育的权利。中国近代民族民主主义革命的开拓者孙中山曾对中国封建教育的不平等性进行抨击："圆颅方趾，同为社会之人，生于富贵之家即能受教育，生于贫贱之家即不能受教育，此不平之甚也！"①在民主主义者们看来，无论家庭的经济状况和社会地位如何，每个人都有平等地接受教育的权利。

(一)晏阳初的教育民生对象观

晏阳初认为，人的人格本来平等，没有上下高低之分，是不良的社会制度导致一部分人失去受教育的机会，因此人的学问和德行呈现差异，而学问和德行又是判断人格高低的标准，要解决这一矛盾，只有依赖教育机会的平等，使人人所蕴含的无限能力都有发展的机会。正是基于这些认识，在他所制定的关于平民教育的六个原则中，第一条原则便是：全民的——"即凡一般已过学龄时期，而不识字或已识字而缺乏常识的青年和成人，不分男女、老少、富贵、贫贱，都有领受平民教育的必要"②。他把"平民"界定为"占全国人民大多数的民众"，他认为，"无人不是平民，所以平民无阶级之分，他是包括了人民的各类型。我们可以说都是平民，就是那自命为达官贵人，也不能不承认他是平民种"③。他曾解释，"平民"的"平"，就是"平等"，是"生而平等"的意思。他所拟就的中华平民教育促进会的会徽即是一个"平"字，他说："这就是时时提醒为平民教育运动的人们：用你学术上的头脑；用你两眼，为平等和公正而张

① 广东省社科院历史研究所，等．孙中山全集：第2卷[M]．北京：中华书局，1982：523.

② 晏阳初．平民教育概论[M]．上海：商务印书馆，1928：30.

③ 宋恩荣．晏阳初全集：第二卷[M]．天津：天津教育出版社，2003：371.

望；用你的同情怜悯的心去为受苦难的人奋斗。农民不是缺乏智慧，只是历代传统不给他们读书的机会。因此，平民教育运动就是为全国人民教育机会平等。每个人都受过教育，才可以平天下的不平，才可以达到天下太平的理想目标。”[①]千百年来，中国的广大民众终日艰辛劳作，却只能像牛马一样地任人驱使、宰割，晏阳初对他们满怀同情之心。因为社会制度不良，使得广大农民缺少接受教育的机会，才导致了他们的孱弱与不争。晏阳初早期所规划、主持的平民教育运动多数开展于城市地区，如长沙、烟台、嘉兴、杭州，教育对象为工人、工匠、学徒等。之后，因为考虑到中国大部分的文盲不是在都市，而是在农村，农村是中国80%以上人民的着落地，要想普及平民教育，应当到农村去，因此将工作重点转向农村地区。实际上，不管是工人还是农民，他们都有接受教育的强烈愿望，“他们中大部分人都喜欢平民教育，尽管他们为了生存而顽强地奋斗，但却有成千上万的人自愿地来学习”[②]。

(二)俞庆棠的教育民生对象观

在中国，到了20世纪30年代，不要说青年的学校教育不发达，连儿童的学校教育也还没有普及。早在17世纪初期，西方国家便开始实施义务教育，而我国义务教育的出现比西方国家晚了近三个世纪。1904年清政府颁布的《奏定学堂章程》，第一次提出了义务教育的概念，但由于政治、经济等各种原因，义务教育只是纸上谈兵，儿童受教育的机会非常有限，青年失学的情形更加严重。俞庆棠对广大劳动民众失去受教育机会表示深切同情与关注，她说：“中国的教育，只顾到一部分学龄儿童，踏进学校大门的，在城市大都是中产以上的子弟，在乡村大都是地主的子弟，至于

①宋恩荣.晏阳初全集:第1卷[M].天津:天津教育出版社,2013:27.

② 宋恩荣.晏阳初文集[M].北京:教育科学出版社,1989:43.

劳苦大众和他们的子女，绝大多数被拒于学校大门之外。”①她认为，理想的民众教育应该把最优良的教育，扩充于整个社会，普及于人人。生活是整个的，社会是整个的，教育是整个的，教育的最大功能是将整个生活继续予以指导。因此，民众教育的对象是失学的儿童、青年和成人。

俞庆棠不仅把全民众作为教育的对象，而且非常重视弱势群体的教育，例如对女子教育的重视。几千年来，中国女子在封建专制统治下，所受压迫最重，专制政体下愚“民”、愚“妻”、愚“女”政策流毒最深。“三从四德”“女子无才便是德”“头发长，见识短”等几乎成为普遍的社会心理。在专制政体、传统观念和森严礼教的重重压迫下，造成女子不思进取、不易进取、百般忍受，不能享受真正的教育。即使有女子教育，也是奴隶教育。女子天赋的权利，被剥夺得一干二净，只能驯服地过着枯燥而无意义的生活。因此可以说，广大女子属于弱势群体中的弱势。俞庆棠指出：“教育，是启发人类理性的一种工具，其最终的目的，在实现人类生活的改善，故最进化的民族与最文明的国家，即是教育最发达的区域；凡是一个‘人’，都应该享受这天赋的教育权利。自然，女子不能例外！不过，过去的时候，因为一般人对于女子观念之错误，强把她们丢在教育圈外。故现今女子教育之实施，实在是和广大的女子群众重新夺回一个‘人格’。”②在此，俞庆棠从人格的高度阐明了女子和男子拥有同样的受教育权利，并且认为这种权利是天赋的，是天经地义的，体现了俞庆棠对人的生命尊严的关照。她领导的江苏省立教育学院非常关注农村女子教育，在各实验机关都有专设的妇女学校，农村中的女子和男子能够同样地获得教育机会。

在《我之女子教育观》一文中，俞庆棠指出：一个女子“是一个‘人’。人有‘人’的需要与‘人’的义务。是一个‘国民’，国民有‘国

①《中国现代教育家传》编委会．中国现代教育家传：第四卷[M]．长沙：湖南教育出版社，1987：160.

② 茅仲英，唐孝纯．俞庆棠教育论著选[M]．北京：人民教育出版社，1992：95–96.

民’之责任与‘国民’之权利。”[①]她进而指出：“在教育普及之国家，凡属国民，无论男子女子，均须强迫入学四年至九年”[②]。在封建社会中，妇女没有任何地位可言，她们只是男子的私人财产或奴婢，可以随意买卖，妇女个人的命运与国家无关。俞庆棠不仅以人道主义精神尊重妇女的人格和尊严，而且把妇女的地位提升到国民的高度，这就使得妇女有了一定的政治地位和法律地位，享有和男子同样的政治权利和法律赋予的权利，其命运也与国家的命运息息相关。

俞庆棠在对民众教育的本质进行揭示时，指出：“民众教育的最高理想，是全民众在整个社会生活中，智能道德的前进和向上。”[③]1938年，俞庆棠先后在四川创办了松溉纺织实验区和乐山蚕丝实验区。松溉实验区主要招收当地和附近乡村的青年妇女，其间专门招收了一期抗战军人家属。青年妇女们在学校接受培训，半天学文化，半天学纺纱织布，生产布匹、毛巾、纱布、药棉、军毯等，来松溉妇女培训学校学习的前后共有1000多人。一次，有一个人拐弯抹角托人向俞庆棠说，某某人因为生活所迫，当了“老二”（当地人对土匪的称呼），还希望允许某某的妻子来松溉妇女培训学校学习。俞庆棠听了不假思索地表示：“不管‘老二’‘老三’，我们对穷苦的妇女来读书、做工，一概欢迎。”[④]由于俞庆棠的宽大为怀和一心一意为穷苦百姓办好事，使得当地妇女不仅能识字写信，还在一定程度上解决了生活上的困难。尽管俞庆棠领导的民众教育实验区主要设立在农村地区，为农村服务，但也有实验区设立在城市中，如丽新路工人教育实验区，为城市中的工人阶层提供服务。

---

① 茅仲英，唐孝纯.俞庆棠教育论著选[M].北京：人民教育出版社，1992：67.

② 茅仲英，唐孝纯.俞庆棠教育论著选[M].北京：人民教育出版社，1992：66.

③ 茅仲英，唐孝纯.俞庆棠教育论著选[M].北京：人民教育出版社，1992：122.

④《中国现代教育家传》编委会.中国现代教育家传：第四卷[M].长沙：湖南教育出版社，1987：165.

(三)邰爽秋的教育民生对象观

在邰爽秋看来，教育是全社会、全人类的共有物，无论何人，均应有享受的权利。[①]中国拥有广大的农村地区，所以他所推行的民生教育实践和实验主要面向农村进行。在具体的实施对象问题上，邰爽秋主张："以实际参加或力能参加民生经济活动的男女老幼民众为教育之对象。"[②]也就是说，凡是经济活动相同的民众，不分男女老幼，便可在一起受教育，不区分儿童教育、成人教育、青年教育与妇女教育。此外，邰爽秋还非常关注特殊教育。据邰爽秋估计，在当时的中国，低能、瘫、跛、盲、哑、聋及其他生理或心理不健全者，约占全体儿童数的百分之四十，"如不设法教育，便变为社会上的蠹虫，为其个人及社会幸福计，当受特殊之训练"[③]。除了强调特殊教育的重要性外，邰爽秋还就特殊教育的教学组织形式、课程设置、师资管理、经费筹措与管理等问题进行过详细的思考与设计，不仅体现出最大限度实现教育机会均等的理想，同时也体现出他对一切人的生命给予的关怀。

在封建社会里，统治阶级一方面鄙视劳动，一方面把教育视为自己的特权。他们自身脱离劳动，贪图享受，为学习治术而求知。相反，劳动人民却做"苦差"和营"鄙事"。这些"苦差"和"鄙事"依靠手工和体力就可以完成，其中涉及的简单的生产知识和技能可以依靠口耳相传和模仿的方式而习得。到了近代社会，科技获得了长足的发展，生产方式发生了变化，人权也日益受到重视，因此，必须人人接受教育才能够满足社会发展的要求。

教育面前人人平等的思想反映了中国近代教育家对人的生命和人权的尊重，不分男女老幼和高低贵贱都能够接受教育。教育机会的平等，代表

① 邰爽秋，黄振祺，等. 中国普及教育问题[M]. 北京：商务印书馆，1938：1.

② 邰爽秋. 民生教育刍议[J]. 民生教育，1937(1)：87.

③ 邰爽秋. 特殊教育之实施[J]. 教育杂志，1922(2)：43.

着人的生命尊严的平等，预示着每个人将在接受教育之后获得平等的社会地位，从而开启美好生活的第一步。同时，中国近代教育家们本着对人民生存、生命、生计和生活的关注与热爱，既极其推崇并践行人人平等的教育理念，积极致力于教育权利的“平民化”，让整个平民社会获得求学的机会，又能够注意轻重缓急，更加关照弱势群体的教育需求，把急需救助的人优先确立为教育民生的对象，为他们的民生改善做出了贡献。

三、教育民生内容观

教育内容是教育活动的媒介，是教育者借以实现教育意图、教育对象借以实现发展意图的中介，是经过选择和加工，具有发展价值的人类文化。教育内容的选择主要受人类知识、社会和教育对象状况的影响，也就是说，教育内容的选择，“从现有的人类知识（文化）出发按照一定社会条件以及学生要求进行筛选，确定一定数量的适合学生学习的教育材料的过程”[①]。教育内容的选择既要考虑知识的有效性和重要性，又要符合教育对象的特点和社会现实的需要，并与教育目标相一致。

从产生之日起，教育便与生产劳动和社会生活紧密结合，教育的内容是向年轻一代传授生产知识和生活经验，如，燧人氏教人“钻木取火，教民熟食，养人利性，避臭去毒”；神农氏教民“播种五谷”；有巢氏教民“构木为巢”等。但是到了奴隶社会时期，随着剩余产品和阶级的出现，一部分人脱离了生产劳动，专门从事教与学的活动，教育逐步从生产劳动和社会生活中分离出来，沦为统治阶级培养政治人才的工具，广大劳动人民失去受教育的权利，导致“惟官有书，而民无书；惟官有器，而民无器；惟官有学，而民无学”。教育内容也从之前的生产生活经验转变为宗教礼仪、军事训练以及统治阶级的治人之术，再加上统治阶级鄙视劳动和

① 王本陆，王永红. 简论中小学教育内容选择的价值基础[J]. 华南师范大学学报(社会科学版)，2001(5)：108-109.

劳动人民，因此很少传授生产和科技知识。到了19世纪中叶，随着资本主义的发展，人类社会进入了机器大工业时代，机器大工业取代了手工工厂，客观上要求劳动者掌握机器大工业的科学原理和生产技能的同时，也就必然要求教育与生产紧密联系，把教学、科研和生产结合起来，创造新的科学技术，促进生产力的不断发展，从而维持人类社会的延续与进步。

至20世纪二三十年代，尽管封建王朝已被推翻，但是，封建教育思想的遗毒依然存在，人们进学校接受教育的目的依然是为了追求功名利禄，学校教育的内容仍旧与生产生活相脱离。

晏阳初、陶行知、俞庆棠、邰爽秋等中国近代教育家无不对学校教育中落后的教育内容提出严厉的批评。

（一）晏阳初的教育民生内容观

晏阳初对当时学校教育所教知识的空疏无用提出了批评，认为是学非所用和用非所学导致了“人才荒”。他把“以平民需要为标准”①作为平民教育运动的原则——平民是因为缺乏某种常识，或需要某种技能，才来上学。是故所学当为所用，所用即为所学而后可。他指出，中国式的古董教育，与民族生活不相干，只能造成三家村的乡学究；西洋式的舶来教育，与民族生活不相应，只能造成外国货的消费，只有实验的改造民族生活的教育，才能造成国家有作为有创造的民族。而平民教育是“实验的改造民族生活的教育”，“这种教育，以培养民族的新生命，振拔民族的新人格，促进民族的新团结新组织新目标，以适应实际生活，改良实际生活，创造实际生活为内容”②。这种教育显然是与民众生活密切相关的生命教育和生活教育，是有中国本土特色的教育。这种教育“绝不是在书本上言语上的教育可以做得到的，教者与学者，都要在实际生活上去实地历练

① 晏阳初.平民教育概论[M].上海：商务印书馆，1928：30.

② 宋恩荣.晏阳初文集[M].北京：教育科学出版社，1989：70.

才成”[①]。

教育要遵循受教育者的身心发展规律，要满足受教育的需要，否则，再好的教育，如果不是受教育者所需，也不会收到良好的教育效果，反而造成了教育资源的浪费。“适合的教育，才是最好的教育”现如今已被写进我们国家的教育规划纲要。晏阳初对这一点有着深刻的认识。通过对民众的生活进行详细的调查与研究，晏阳初发现，中国最大多数的人民，尤其是农民，普遍存在愚、穷、弱、私的问题。在此基础上，选择了“四大教育”即文艺教育、生计教育、卫生教育和公民教育作为平民教育的内容，这是一种根据生活需要而确定民众教育内容的典型做法。其中，文艺教育以文字教育为出发点，从文学艺术着手，培养人们的文艺兴趣，发扬他们的民族精神，培养科学的头脑，以解决“愚”的问题；生计教育向民众传授农业生产、养殖、手工制造等能够提高家庭收入的科学技术知识，以解决“穷”的问题；卫生教育向民众施以普及卫生常识、养成卫生习惯、建设卫生环境、医疗救助等，以解决“弱”的问题；公民教育开展良好公民训练、国族精神教育、乡民公约教育、自治自卫教育等，以使人们具备最低限度的公民常识，养成公共心、团结力和法治精神，以解决“私”的问题。

(二)俞庆棠的教育民生内容观

俞庆棠和晏阳初所见略同，她认为，凡是可以积极充实民众的生活力、培养其组织力、发扬整个民族的自信力的知识，都是民众教育的内容。在终其一生所从事的社会教育、民众教育的运动中，俞庆棠的教育民生思想逐渐成熟。本来，她领导的民众教育最重要的目的是扫除文盲，但当她对民众的现实生活状况进行调查后发现，由于国际经济的侵略、国内政治的动乱、金融投机者的垄断、商人的榨取，再加上旱灾、水灾等自然

① 宋恩荣.晏阳初文集[M].北京：教育科学出版社，1989：70.

灾害的暴发，导致农村经济急速崩溃，农产品的价格下跌，农产品的输出减少，农民的购买力锐减，因此农村负债和失业人数陡增，甚至因饥寒交迫而死亡的人也不在少数。残酷的现实给了她很大的触动，她深深地懂得：劳苦群众的求生比求知更紧急，生计比文字更紧急，适应生活迫切需要的教育比装饰休闲分子文化的教育更紧急！于是她提出："现在民众教育的主要任务，在认定民众现实的生活环境，以教育的力量来解决他们的生活问题，使教育与生活，的确能够打成一片。尤其是现时服务于民众教育者的共同的新信念。"①

俞庆棠把文字看作个人生活和团体生活的重要工具，而扫盲识字是立国安邦之基，因此，民众教育最基础的工作是识字教育。生计教育是民众教育的重中之重。俞庆棠对民众的劣根性和传统美德有着深刻的洞察和透彻的分析，因此主张以公民教育改造民众身上"愚的、私的、懒的、不肯负责的"等劣根性，达到"唤醒民众"的目的，同时把民众身上的传统美德发扬光大。在旧中国，农村健康卫生状况十分恶劣，缺医少药，农民卫生知识匮乏，百姓体弱多病，传染病流行。俞庆棠指出："民族之实力，不仅以人口之多寡为准，尤须视民众之健康程度而定。忽视人口之质的陶炼问题，是吾国民族很大的缺点。"②健康卫生教育不可或缺地成为民众教育的重要内容。家庭是社会的细胞，家庭生活稳定，国家才可以富强，天下才得以太平，人们才能幸福安康。自治自卫教育主要是培养民众办理地方自治和抵抗土豪劣绅及日寇的意识和能力。家事教育的主要任务是帮助成年人治理家庭，发展家庭经济，提高家庭生活水平。俞庆棠领导的民众教育中最有特色的部分，是休闲教育。近代休闲教育出现于西方工业社会，俞庆棠认为其可以"使生活向上而丰富"③，因此，在民众教育中应该占有一席之地，通过闲暇时间对民众进行正当的娱乐教育和道德品质教

① 俞庆棠.普及教育与民众教育[J].教育杂志,1935(3):55.

② 俞庆棠.民众教育[M].南京:正中书局,1935:145.

③ 茅仲英,唐孝纯.俞庆棠教育论著选[M].北京:人民教育出版社,1992:354.

育，必能改造民族的劣根性、改良社会风尚、丰富民众生活。

(三)邰爽秋的教育民生内容观

邰爽秋和其领导的中国民生教育学会会员对学校教育内容脱离实际生活的现象提出过激烈的批评。邰爽秋本人一针见血地指出当时学校教育内容的三大特点：消费的教育、书本的教育和治术的教育。他分别用“以提高消费享受的程度为能事”“以教者教死书与学者学死书为能事”和“以养成治术人才为能事”来阐释这三大特点的本质。[①]会员徐锡衔非常赞同邰爽秋的观点，他说：“自学校教育诞生以来，所直接得到的结果，是为社会造就了大批的消费者。学校设立愈多，这一种教育愈发展，这一种教育愈发展的结果，愈是增高青年放浪的精神和物质享受的欲望，为社会增加分利失业的份子。……我们是一个穷的国家，而我们的教育却在助长穷的发展，这就是因为中国教育助长消费的意味太浓厚的缘故。……我们的教育一切以书本为中心，教师以为捧着书本教书，已尽教育之能事，学生以捧着书本读、写、记忆，亦已达到求学的目的。……现在的学校教育与从前的科举教育都犯了同一的毛病，只是在书本上做工夫，大学如此，中学如此，小学亦复如此。……这种书本教育的毒素，到处发生影响，结果把学生训练成四肢不勤、五谷不分、文弱不堪、目光如豆的废物。……我国教育受了科举教育和‘学而优则仕’一类传统思想的束缚，一向以养成治术人才为目的……而受教育的目的，在企图个人地位之显达成为治人阶级。直到现在，所谓新教育也者，始终还是在这个圈子里逗留着。”[②]

为此，在中国民生教育学会成立时，邰爽秋把民生本位教育的内容划定为：“以发展民生的经济活动为经，以文字、公民、卫生、休闲、自卫、救国、种种的教育为纬。”其中，经济活动包括提倡土货、养殖种植、手

① 雷志松.学术、社团与社会：中国民生教育学会研究(1936—1949)[M].北京：社会科学文献出版社，2012：108-109.

② 徐锡衔.劳动生产教育[M].上海：文化供应社，1948：1-2.

工生产、消费节约等。在中国民生建设实验院成立以后，邰爽秋和同仁把民生本位教育的内容，划分为养、教、卫、管四个方面：①养，包括生产知识、生产技能、合作方法等。②教，包括小学基本科目，尤其是史、地中与民生有直接或间接关系部分之知识与能力，注意忠、孝、仁、爱、信、义、和、平，以及“明礼仪”“知廉耻”“负责任”“守纪律”等美德，劳动服务之兴趣、习惯与技术。③卫，包括体育卫生、国防训练、自卫训练以及严守纪律、服从命令、团结一致等美德。④管，包括人事、事物、时间及土地之管理，特别注重自治能力之培养。

总之，晏阳初、俞庆棠和邰爽秋几位教育家对教育内容范围的界定，是从民众的实际生活和受教育者本身的条件出发做出的适当选择。归纳起来，这些教育内容即是我们今天所称的德育、智育、体育、美育和劳动教育，都是事关人的全面发展不可或缺的教育内容。

四、教育民生路径观

（一）教育民生的方法选择

教育方法是实现教育目标的桥梁，好的教育方法会产生好的教育效果。不同的时代，不同的社会条件，教育方法会有所区别。教育方法的选择还受到教育目的制约。中国近代教育民生的目的是改善人民群众的生存、生命、生计和生活的质量，这就要求教育家们要在人民群众的生计与生活中寻找恰当的教育方法。晏阳初指出：“定县的实验工作，意在深入民间，根据一般人的生活需要，继续不断地创造新民教育的内容；根据一般人的生活习惯，继续不断地制度新民教育的方法，并根据社会的演变，民族的进展，继续不断地创制新民教育的方案。”[①]由此可见，教育民生的方法不是预设的、僵死的，而是在教育实践中，根据人们生活的需要不断

① 宋恩荣.晏阳初全集:第1卷[M].长沙:湖南教育出版社,1989:308.

地被创造出来的。教育家们创造的教育方法灵活多样，数不胜数，正如俞庆棠自己所说的那样：有时用动的，有时用静的，有时动与静兼用；有时用固定的，有时用不固定的，有时固定与不固定的兼用；有时用个别的，有时用团体的，有时个别与团体兼用；有时用理智的，有时用感情的，有时理智与感情兼用；有时用身教的，有时用言教的，有时身教与言教兼用。方法多端，变化也多端，应用也是多端、灵活的。[①]但不论应用何种方法，从实际出发、理论联系实际、从做中学、教育生活化、学校社会化一直是教育民生方法的应用思路。

在中国近代教育家用自己的智慧创造的一系列行之有效的教育教学方法中，最典型的有导生制、团体活动法、实际生活指导法等。

1.导生制

导生制又称导生传习制、贝尔-兰卡斯特制，是19世纪初英国国教会的贝尔和公益会的教师兰卡斯特创造的一种互教互学制度和方法。所谓导生，即年龄较大或成绩较好的学生，由教师挑选出来对其进行教学，每个导生不仅负责把自己刚刚学到的知识教给一组学生，而且还负责检查全班学生的学习情况，维持教学秩序。

这种教学方法的特点在于它对经济条件的突破，一位教师可以同时教授很多贫困儿童，使教育可以保持很低廉的成本和费用。中国近代的社会现实使得教育家们对这种教学方法情有独寄。中国广大的农村基本上都是零碎散漫的村落，社会经济条件不允许每个村都设立学校，即使联合若干村，办一所学校也很困难，再加上师资极度欠缺，一个教师很难教授太多学生。导生传习不仅可以施之于儿童，对于青年、成人也同样适用，这就很好地解决了普及教育中的经费短缺和师资短缺问题。

---

① 江苏省立教育学院校友会.人民教育家俞庆棠与江苏省立教育学院[M].苏州：苏州大学出版社，1987：80-81.

(1)晏阳初的导生制。甄成德在参观和实习报告《导生制在定县》[①]中，详细介绍了导生制在定县的应用情况：完全实行导生制的小陈村乡村小学，共有62名学生，这些学生以大队为组织，全校儿童组成一个大队，设大队长一人，大队副一人。大队之下设两中队，各中队设中队长一人。每中队之下设有两分队，共四分队，每分队除有一分队长之外，尚有政治、经济、文化、卫生四个工作队员，其余为普通队员。队长及工作队员，多是高年级学生，也有从低年级选拔上来的优秀学生。导生即是工作队员和队长。教师先教他们，他们再传给大多数的普通队员。这个乡村小学不只对于学校内成员施教，对学生的家庭也进行学业传习。学生把每天在学校学到的知识介绍给自己的家庭成员，同时又把家庭成员的反应报告给学校。学业传习的目的，在于使学校文化与社会经验能起一种微妙的对流作用，双方共同进步，传习的内容是学生每日在学校所学的卫生、公民、社会、自然等各种常识。对于社会，小陈村乡村小学也是同样关注。它在社会方面主要的工作是设立“传习处”与“传习网”。设立传习处的目的在于普及全民教育，使农村大众都获得受教育的机会。

谈到普及教育，在20世纪二三十年代的农村中，有两个现实中的困难，第一是师资缺乏，第二是经费问题。在此两种困难情境中，欲谋普及全民教育，非采用导生制这个“穷办法”不可。设立传习处的步骤，先由教师选择学校中的高年级学生，予以服务训练，培养其服务的中心信仰，使其把握住“即学即用”的信念，然后教以成立的步骤、招生的方法，并备置传习处应用的工具，即令各导生分别自动招生，每导生一人能招到学生2~10人，可成立一个传习处。传习处的学生，6周岁以上未满16周岁者编入儿童组；6周岁以下之幼童编为幼童组；16周岁以上者编入青年成人组。待成立后，再做教学技术上的指导与研究，以求实质的改善。合许多“传习处”，则为一“传习站”，合许多“传习站”，又为一“传习总站”。

---

① 甄成德.导生制在定县：参观并实习报告[J].民间，1937(22)：9-13.

传习站大概以一村为单位，管理全村的传习处，同时受传习总站的命令，传习总站在传习站的中心处，指挥各传习站。传习的内容基本上为文字、基本知识、基本训练（包括青年男子和成人男子的军事训练和女子的救护训练、各方面的组织活动，如植树、种痘、扑灭病虫害、选种等）。甄成德在报告中还指出：小陈村乡村小学的管理训练，完全依附于学生大队之下，分队有了事找分队长，分队长解决不了找中队长，中队长解决不了找大队长。在甄成德参观的十二天中，没有看见过一次小孩子为了争吵而找教师，他们整天生活是紧张的，有事情做的。之所以很少发生争吵，主要原因在于把训管的事情交给他们自己，使他们动起来。同样在实行导生制的东建阳村，一年多的光景里，不但男性识字的多了，而且女性识字的人数也是很惊人的数目，这种成绩，是绝非旧日学校只能顾及少数而又少数所可比的。在吴咬村，导生都是十几岁的女孩子，她们说话的能力、教学的技术，都令甄成德感到惊奇。

（2）俞庆棠的导生制。1938年4月，俞庆棠在对湖北省民教工作人员所作的《努力推进民众教育，加强抗战力量》的讲演提纲手稿中，对导生制教学方法进行了详细的安排：①把一区或一乡识字和不识字的民众都组织起来，师资和学生都有了。②把各种不同职业中的识字分子组织起来，同工教同工，使教育容易普及。师傅教徒弟，马夫教马夫，矿工教矿工，老板教学徒。③把各个家庭的识字分子组织起来，使丈夫教老婆，儿子教父母，识字教育易于普及。二人即可成一组，三四人更可成一组。④儿童及青年应有集中的班级教学。采用小先生制及导生制，一乡至少有一学校。

（3）郃爽秋的导生制。1939年，郃爽秋等人在四川巴县创设中国民生建设实验院，以“运用教育力量，推进民生建设”为该院宗旨。为了完成民生建设的使命，该院先后设立了实验国民学校、实验教育团、实验教育合作社等机构。实验国民学校在其服务区内，由年龄较长的学生负责对失学成人进行教育，教师巡回指导。实验教育合作社一经设立，便吸纳了数百名社员。该社的社员规则规定，社员必须参加一种长期的教育活动，其知识程度较高者对程度较低者负有教育责任。社员同时是学生、业务员，并同时担任教导之职，所以又叫作“业务教师”。[①]这里的业务教师，其实质就是导生。

中国近代教育家们采用的导生制，既适应了当时一穷二白的中国乡村社会，也为复兴中华民族积聚了力量，因为在学校实行军事的大队组织，从儿童时代起就养成团体的习惯，灌输军事的常识，并且负有训练全村民众、组织全村民众、建设全村的责任。此外，这种导生制，不仅是解决单级复式教学训管困难的好办法，也是普及教育的快车。在单级复式教学中，最主要的困难是训管，教师常常因为学生的争吵等小事耗费大量的时间和精力，但是在导生制下，这些事情全交给导生，教师只站在辅导地位，便省去了这些麻烦。在采用导生制的地区，教育的对象是全村民众，教师就像投入池中的石块，其波纹以导生为媒，而后波及全村，大大提高了教育的效率，实在是普及教育的好办法。

2. 团体活动法

运用团体力量解决民生问题，既是中国近代教育民生的目的之一，也是教育民生采用的方法之一。

（1）晏阳初的团体活动法。平民学校毕业同学会即是一个团体组织，会员都是一个学校的同学，年龄在14至25岁，他们本身既是受继续教育的团体，又由于受过一定的基本教育，所以认识文字，具备生计、卫生等基本知识，拥有强烈的求知与活动欲望，能领导别人上进，再加上会员间具备友谊基础和合作训练的经验，对于村中公益、建设、自治、自卫各事项，可以切实推动。他们的口号是：求团结，讲互助；目标是：①继续不

① 李定开．重庆教育史：第二册[M]．重庆：西南师范大学出版社，2006：512.

断地求知识；②团结起来改造乡村。到1932年，在定县范围内，组织比较健全的男女同学会达72个，乡联合会4个。[①]各村同学会根据农村的现实需要与条件，设计了一系列推动四大教育的活动：①文艺教育：读书会、演说比赛、习字比赛、家庭教学、灯笼识字、看新剧。②公民教育：成立息讼会、成立禁赌会、扫雪运动、修路、修桥、自卫、抗日运动、植树。③卫生教育：保健、种牛痘、防疫注射、拒毒运动、成立武术团、越野赛跑。④生计教育：成立合作社、推广波支猪、推广改良种子、生计巡回学校、成立农产展览会、成立自助社。

（2）俞庆棠的团体活动法。俞庆棠十分崇奉团体的力量，认为团体活动是推行民众教育的极好方法。她在《如何使学校社会化》一文中指出："师生间的关系，学生与学生的关系，以及学校与社会间的关系应成为一种大结合；而学生对于这个伟大的合作，自愿贡献他们的热情与力量。"[②]俞庆棠还对学校中的团体组织做过专门分析，指出："学校中团体的组织可分三种：①自动的团体活动；②经过指导而组织的团体；③教室以内的团体方法。学生自动的团体组织，教师宜加以鼓励与指导。如学生举行一个游艺会，建筑一个小花园，搜集材料设立一个小小博物馆，组织参观旅行团，学生在这里可以得到教科书中得不到的团体精神。教师如能运用此种团体精神，犹如大政治家之不肯放松民众兴奋的情绪。和军事领袖之善用士兵抗战精神，发挥之，使有更大的效用。"[③]通过学校中的团体组织促进学生个体的社会化及学校的社会化，从而使教育成为促进个人全面发展和社会生产的工具，正是俞庆棠推展民众教育的目的所在。俞庆棠不仅强调学校中团体组织的重要性，还非常重视组织发展民众学校毕业生的活动团体，其目的与晏阳初领导的中华平民教育促进会组织发展的同学会不谋而合——"一方面供给民众学校毕业生以继续进修的机会，一方面指导有

① 吴相湘.晏阳初传：为全球乡村改造奋斗六十年[M].长沙：岳麓书社，2000：176.

② 茅仲英，唐孝纯.俞庆棠教育论著选[M].北京：人民教育出版社，1992：357-358.

③ 茅仲英，唐孝纯.俞庆棠教育论著选[M].北京：人民教育出版社，1992：358.

活力的青年农人做各种乡村建设的活动”①。正如熊贤君所指出的：“民众学校毕业生的活动团体，通过自身的活动，可使社会形成良好的类同于教育的环境，使社会成为一个大学校，为民众更多地提供受教育的机会。”②在北夏实验区各分区，俞庆棠利用学校民众毕业生组织起了读书会，后又派在该区实习的云南同学王顺君指导成立了查家桥工学会。这些团体活跃在乡村各个方面，所到之处产生了良好的影响。会员们不仅教授当地民众阅读和写作，还介绍优良的农作物种子及蔬菜，并帮助试行栽种。对于农村经济的知识，并不以理论来灌输，而是引导青年农人自己去解决，例如因蚕桑衰败而觉悟到改良育蚕，成立养蚕指导所，共同催青，共同烘茧；因农民高利贷的苦痛。而发起信用合作社和借款联合会，以流通本地农村的金融；因米商的操纵市价，而组织合作仓库，共谋救济；因山麓荒地的废弃，而成立垦殖团，合作造林。最值得注意的，是工学会助成普及教育的活动。查家桥民众学校曾经遇到过招生困难，尽管校方挨户劝导，跑了许多村庄，报名者还是寥寥无几。后来工学会全体动员，以会员们的深切感情，诚挚的语言，而且现身说法，终于引得大群的人来上学。会员们还有做“小先生”的决心，常常能给予自己村巷在民众学校肄业的学生以必需的帮助。他们因此成了民众学校的辅导员，随时将民众学校修业状况报告于学校，学校也将学生成绩通知辅导员。学校便与肄业的学生之间建立了密切的联络。

（3）郃爽秋的团体活动法。郃爽秋非常重视团体的力量，他认为，在国家存亡之秋，教育者的任务是团结国民，救济农村，复兴民族。而教育的工具，则是力量，前进的力量，反抗的力量。但是，在散沙堆里，不可能发掘出雄健的力量。所以教育者们急需要做的工作，“是在全国各分子内，加入一种坚强有力的士敏土——一种彻头彻尾彻上彻下的团结的大力

① 俞庆棠.普及教育与民众教育[J].教育杂志，1935(3)：60.

② 熊贤君.俞庆棠教育思想研究[M].沈阳：辽宁教育出版社，1997：255.

量"[①]。此即邰爽秋和同仁用"团"这一名称来命名各个生产单位的用意，如：藤工团、洗衣团、种植团、纺织团。邰爽秋指出，团里各份子间的心理一致应该成为集团的特征。金家巷的村路年久失修，崎岖不平，每逢下雨，便泥泞不堪。该村村民虽早有重修之意，但都怕麻烦，且要赔钱，因此，无人理会这事。邰爽秋组织成立念二社后，便召集各团团员，开筑路大会，到会者26人，短时间筹备后，35名团员齐上阵，3天时间便筑成两条大道，花费仅15元。另外，该村卫生状况极差，念二社又召集各团团员，开联席会议，讨论夏令卫生问题，并划分清洁任务。团员们通力合作，有的清扫道路，有的迁移垃圾，有的迁移粪缸，金家巷的村容焕然一新。

3.实际生活指导法

（1）晏阳初的实际生活指导法。作为"改造全生活的实验"[②]又或"实验的改造民族生活的教育"[③]，"绝不是在书本上言语上的教育可以做得到的，教者与学者，都要在实际生活上实地历练才成。举两个例子来说：譬如教农村青年选择良种，驱除病虫，其方法不重在教室内黑板上的讲演，而重在田地里的实际工作。其目的不光在增加生产，而要在输入科学知识，造成科学头脑，启发人类可以'赞化天地''征服自然''人定胜天'的观念。这正是在改良实际生活的实验中，培养民族的新生命，振拔民族的新人格。又如在农村里提倡办合作社，其目的不仅在增加农民的收入，而要在养成他们的合作精神，合作习惯，合作技能，以促成民族的新组织新团结。"[④]晏阳初还把这种启发农民智慧、造就新民的教育称为"新民教育"。实际生活指导法是晏阳初与同仁最常用的方法，他们给予了实验区农民各方面实际生活知识的指导，如：指导棉花栽培、小麦育种、生

① 邰爽秋.念二社在民众教育上之新试验[J].江苏教育,1941(9):112.

② 宋恩荣.晏阳初全集:第1卷[M].长沙:湖南教育出版社,1989:309.

③ 宋恩荣.晏阳初全集:第1卷[M].长沙:湖南教育出版社,1989:297.

④ 宋恩荣.晏阳初全集:第1卷[M].长沙:湖南教育出版社,1989:297-298.

猪改良、鸡舍改建、水井与厕所改良、借贷、购买、运销、农民自卫等，使农民受益良多。

（2）俞庆棠的实际生活指导法。俞庆棠指出，民众教育的实施，不能用一套呆滞刻板的方法，必须从当地社会环境里寻找，以实际生活为指导。在民众教育实验区，俞庆棠与民众教育工作人员，结合民众生活的实际，为改善当地民众的生活做了大量的指导工作。无锡南门一带为客家籍贫民建筑蓬屋集居区，南门民众教育馆是教育学院专为蓬户教育而设立。蓬户民众籍贯不同，职业复杂，因此散漫异常，而且时常闹纠纷，南门民众教育馆工作人员便实施保甲制度，使他们组成严密组织，并培养其团结精神。农村每遇旱灾时，田土都会出现龟裂，农民无法莳秧，只能坐视其枯萎。北夏实验区西仓支部，便指导该处农民，组织浇灌合作社，协助租购戽水机器，从事戽水，数千亩的田禾得以复苏，该乡因合作戽水而获利六七万元；民众的纠纷和诉讼以及疾病，都是对他们精神和肉体的折磨，民众教育工作人员分别指导民众组织息讼会及调解委员会。农村没有好的医生，没有急救的药品，因此工作人员帮助设立诊疗所、卫生所和民众药库，这些都是指导民众解决生活困难的设施，得到民众极大的拥护。[①]

（3）邰爽秋的实际生活指导法。邰爽秋把“各种教育的实施，务求与生产场所及生活环境相配合”[②]作为实施民生本位教育的方针，其领导的民生本位教育实验，“以民众的生活为中心，以民众的利害为出发点”[③]，在生活中，对各种生产集团实行就地指导，对凡是能够增进农民生产知能的活动进行指导，包括造林、筑路、家事、卫生、地方自治、纺织、洗衣、拉车等。

① 俞庆棠．民众教育[M].俞庆棠．民众教育[M].南京：正中书局，1935：183，188.

② 邰爽秋．民生本位之学校系统及各种教育之实施[J].教育通讯，1938(36)：15-18.

③ 王秀南．十年来中国实验教育的回顾与展望[J].中华教育界(复刊)，1947(1)：72.

(二)教学组织形式的运用

在政治沉沦、民生凋敝、文化落后的国家开展教育民生工作，采取整齐划一的教育组织形式是不现实的，这就决定了必须要用灵活的、非固定的教育组织形式，否则难以收到实效。

中国近代教育家开展的教育民生实践活动，不仅强调教育内容应贴近民众生活，而且在教学组织上，也是与民众的生产和生活紧密相连。

1.晏阳初对教学组织形式的运用

晏阳初和中华平民教育促进会同仁一起，将教育组织深入学校、家庭和社会之中，按照全村就是学校的原则进行教育实验，乡村生活体现在学校课程和教材里，并把教育与乡村建设结合起来，通过“统一的村学”（“村学统一”这一建制的实验正是晏阳初“把教育打进生活里去”理念的体现）和生计巡回训练学校的教学组织形式，教授村民一千多个常用的简体汉字；在“统一的村学”实验中，中华平民教育促进总会力求乡村小学能与中华平民教育促进会特有的成人教育和青年教育打成一片。在初级平民学校实验中，教授村民一千多个常用的简体汉字；在高级平民实验学校，为一部分有继续向上要求的青年农民，设计一种培养乡村建设领袖人才的训练计划，授予社会政治学、经济学、农学和卫生学课程；他们为解决一般乡村小学所面临的诸多现实问题，如师资的缺乏、乡村的贫困等，设置了适合乡村需要的本土课程和本土教学法；在生计巡回训练学校实验中，中华平民教育促进会按季节的先后顺序，在研究区内分区轮流巡回训练，传授切实的农业生产技术，如植物生产的训练、动物生产的训练、农村工艺及合作方面的训练等；中华平民教育促进会将自身的宗旨定位为：“适应失学人民的实际生活，研究并实验平民教育学术，协助国家教育民众，培养全民修齐治平的真实能力，发扬中国文化，促进世界大同。”[1]为

① 宋恩棠.晏阳初全集:第1卷[M].天津:天津教育出版社,2013:438.

了培养群众的阅读习惯和提高其阅读能力，中华平民教育促进会还设立了平民阅报室，并组织平民读书团，甚至为了方便群众阅读，还发明了巡回文库和轮回图书担，把图书送上门，一副担子装着合于民众需要的几百本读物，由一个较有知识的农民挑着在村子里到处跑，民众随时可以向他借书看，有不懂的，他可以随时指导。晏阳初还把影剧团看作是平民教育的重要形式，他说："戏剧具有很大的吸引力、感化力，比读书听演讲，效力大得多。它能使人潜移默化，这种不自觉的教育，不勉强的教育，是最理想的教育方法。培养知识力而能利用戏剧，更可以打破文字障碍。所以如能使教育娱乐化，把教育做到雅俗共赏，这是戏剧的新生命。"①为了改良和推广种植和养殖的先进品种及办法，在村子里设立了表证农家，表证的结果如果满意，不需中华平民教育促进会宣传，农民早已看在眼里，并会主动地去模仿、取法。

2.俞庆棠对教学组织形式的运用

俞庆棠在哥伦比亚大学师范学院留学期间，欧美国家的新教育运动给她留下了深刻的印象，新教育运动中五花八门的组织形式和教育机关，如各种演讲会、讲习会、展览会以及巨大的博物馆、图书馆、美术馆、动植物园、体育场等，也令俞庆棠大为赞赏。在她领导的教育实践中，对欧美社会教育的组织形式进行了借鉴与再创造，"为着要实施切于民众生活及社会需要的各种教育"，俞庆棠特别提出要求："民众教育以全民众的整个生活为范围，其实施机关及组织亦有注意之必要。"②在她的带领下，共发展了20多种组织形式，其中包括民众教育馆、农民体育馆、妇女教育馆、民众学校、图书馆、体育场、识字处、问字处、补习学校、盲哑学校、感化学校、博物馆、美术馆、古物保存所、通俗讲演所、阅报处、公园、音乐会、剧场、无线电播音台、电影场、公共娱乐场、民众茶园、说书

① 宋恩棠.晏阳初全集:第2卷[M].长沙:湖南教育出版社,1992:41.

② 俞庆棠.民众教育[M].南京:正中书局,1935:95.

处等。

3.邰爽秋对教学组织形式的运用

一直强调"教育与生产不应分离而应结合"的邰爽秋，批评当时的中国把教育办成了消费的教育、书本的教育、治术的教育，而与民众的需要相脱离。为了改革教育的这种弊端，拯救濒于破产的农村经济和生活于水深火热中的民众，必须实施以发展人民生计的经济活动为脊干，改进民众生活，扶植社会生存，保障民众生命而达到民族复兴的民生教育。他的教育实践，无论是"念二运动"，还是其他教育实验区的教育实验活动，无不与民众的生活打成一片。他主张教育与教育实验的开展均要围绕民生进行，"各种教育之实施……务须顾及国民经济之能力；务须与生产场所及生活环境相配合；务须贯彻国民经济家统制之精神；务须融合中国固有文化之优点；务须尽量运用科学之方法与知识"[①]。民生教育寓一切教育于民生建设之中，在教学组织形式上，取消离开了民生经济活动的关系而施教的办法，而是选择在经济活动上教，在经济活动上学。民生教育的基本主张是："教育与生产合而为一。"[②]邰爽秋及中国民生教育学会核心会员欧元怀、潘公展、唐茂槐等人在实验区内进行的民生教育实验，坚持与民生建设相结合、与生产劳动相结合，并为生产劳动服务，建立了"经济分团制"的教学组织形式，分为分团的教育和共同的活动。其中分团的教育，是依据各种生产集团，而分为纺织团、洗衣团、编藤团、种植团，在生活的利害中分别给予教育。邰爽秋认为，实行这种教学组织形式，打破了教育对象的年龄界限，（团员）学生一面做工一面读书，做什么学什么，学什么做什么，教育与生产合而为一，有利于克服传统教育读书做工两分开、教育脱离生产的弊端。其基本方法是：运用教育车，以开会、访问、集练、展览四种方式，把教育送到民间去；分期进行，从唤起民众、训练

① 邰爽秋.我们的信仰和要求[J].民生教育，1939(4)：4.

② 李定开.重庆教育史：第二册[M].重庆：西南师范大学出版社，2006：494.

民众、组织民众，达到归还民众为止；就地活动，在马路、茶园、弄堂、田间、祠堂、庙宇、树下等处指导；因时而教，分露天、室内、纳凉、月光、挂灯等。

脱离生产劳动和民众日常生活的教育只能使受教育者获得片面发展，而教育本身因为离开了生产与生活这个生命的源泉，其发展也是畸形的、失去活力的。只有与生产劳动和生活相结合的教育，才能够充分发挥它的经济、政治和文化功能，从而改善民生。中国近代教育家在教育民生实践中，始终努力于教育与生产劳动和生活的密切结合，把教育理念渗透到民众的整个生活中去，此类事例不胜枚举。在教育实践中，教育家和同仁们废寝忘食、脚踏实地，穿土布，住茅屋，与民众同甘共苦，他们本身就是教育与生活密切结合的最好例证。同时，这些群众喜闻乐见的教育组织形式，也能够给他们带来有形或无形的教育，不能不说是中国近代教育史上的创举。与我们当代学校所实施的德育、智育、体育、美育、劳动教育和普遍采用的班级授课制相比，他们的教育才是真正意义上的从生活实际出发、与生产劳动相结合的教育。

(三)教学手段的应用

教学手段是指为完成教学任务，提高教学效果而采用的用具和设备，包括教学用书、教具、技术媒体、视听工具等各种用来传递信息的媒介物及发展学生能力的操作物。

1.晏阳初采用的教学手段

在晏阳初看来，“工欲善其事，必先利其器”，因此，他非常重视教学手段在教育活动中的作用，表现在他对课本的开发和当时比较先进的教具的利用上。由于发现用又繁又难的国文课本去教目不识丁的群众很难奏效，晏阳初便根据教育原理和经验，从当时国内各种平民课本和多种白话文的书报中，选取日常用字，结合陈鹤琴以科学方法从古今白话文中搜集的文字，编为《平民千字课》，并进行教学实验，取得成功。为了解决师资贫乏而受教者众多的难题，晏阳初想到在法国青年会时期曾经利用幻灯片开展平民教育，于是尝试着在中国使用。在浙江嘉兴试用幻灯片教授，一个教员可教两百多个学生。幻灯片还有另外两个好处：一是引起兴味；二是给学生甚多影响。在用课本之前，先用图画，课本分三层，即图、课、字。图为已知，课为未知，故合原理。图画能引起兴味，幻灯白布上的字甚大，人所得的知识，85%自眼而入，如使学生口念，则眼能受影响，播放幻灯片之后，叫学生习字，又受一种影响，有眼、耳、喉、手、口五种影响，因此，无不能学之人。

2.俞庆棠采用的教学手段

俞庆棠认为，电影、无线电广播、幻灯片等技术是推行民众教育的利器。江苏省立教育学院成立不久，就在每个星期六晚上于院内大礼堂举办同乐会，同乐会结束后就放映无声电影，如《盲童》《灭蚊蝇》《马浪荡》《水的循环》及卓别林主演的滑稽片，内容健康，知识性强，受到民众的欢迎。在俞庆棠看来，欧美民众教育获得成功，与其“口讲耳听的教学”有密切的关系。国外的口耳教育的主要形式是演讲。俞庆棠将此法进行改造，易之而成民众教育广播电台。1932年初，俞庆棠主持的研究实验部意外地得到无锡工商界捐赠的一套50瓦的无线电广播设备。不久，得到南京政府交通部的广播许可证。由于人力及节目内容不足，民众教育广播电台暂定每日广播三次：上午7：30—9：00，播送音乐唱片、天气预报、当天的报纸新闻及常识等；下午4：30—5：30，播送歌曲唱片、教唱歌、儿童节目、专题讲话及无线电问答；晚上6：30—9：30，播送平剧及曲艺唱片、教育及学术讲座、时事报告等节目。[1]此外，俞庆棠在幻灯片的制作

---

① 熊贤君.俞庆棠教育思想研究[M].沈阳：辽宁教育出版社，1997：251.

与使用方面，也做了一番努力。如，用图片、幻灯片宣传氮肥、磷肥、钾肥及肥料用途与堆制法。

3.邰爽秋采用的教学手段

在邰爽秋领导的民生本位教育中，除了采用广播、电影、书报室、国乐等教学手段外，为了把教育送到百姓面前，邰爽秋还创造性地发明了“普及教育车”。该车外形是一长方形木箱，底有三轮，车前身和后身两块漆板可做黑板，又可变成长桌，作为陈列展览、打乒乓球等活动之用。上有铁架，平时置于车内，用时取出，可搭成篷架，悬挂黑板、图表、油灯、书籍、算盘等物。其上又可撑起布幔，以防强烈日光或雨水。车架及车辕均有量尺，为量身长和量布之用。车内备有活用普及教育箱五只，箱壳张开，可代替黑板，箱内备有卫生、教学、娱乐、工艺及农业展览用品。用时可就需要任取一箱，背于肩上，登山涉水。车内又有活节教育凳四只，占地甚小，张开后可供八人就座。可见，该车设计精密，全身各部均可利用，总起来说，有12种功用，分别是：流动书库、游行教坛、巡回展览、代用会场、平民书案、临时医院、合作商店、简便工场、农业指导、娱乐场所、露天茶园。普及教育车造价低廉，仅七八十元，加上教材、医药用品等费用，也不过百元左右。①

普及教育车的发明，使固定式教育，变为流动式教育。与学校教育相比，优势明显。学校教育有固定地址，只限于校内，享受其利益者，仅限于少数儿童或中产以上阶级。对于一般民众来说，或因职业所困，或因交通不便，前往受教育者寥寥无几。而普及教育车，虽羊肠小道，也可通行，无论穷乡僻壤，凡人迹所至之地，教育均可送达。

由此可以看出，中国近代教育家把已发明的科学技术作为推行教育民生事业的有力手段。

① 空前之新发明：普及教育车[J].文化与社会，1936(7-8)：44.

中国近代教育民生思想的内涵，体现在宗旨观、对象观、内容观、路径观中，既是西方先进教育理念、观点、方法、手段与中国传统民生观相结合的产物，同时也是中国近代教育家智慧与心血的结晶。在这些观点的指引下，中国近代教育家们以教育改善民生为宗旨，以全体民众为教育对象，通过教育研究与实验，将教育与民众的生产与生活相结合，使实验区民众的生活得到了切实的改善。

第二节　中国近代教育民生思想的实践探索

教育的主要功用，是适应最大多数民众最迫切的需要，即民生的需要，任何教育都离不开民生，民族教育、乡村教育、民众教育、生产教育、生活教育等，都应该以民生为归宿，以服务民生为根本宗旨。在透彻分析国情和民情的基础上，中国近代教育家们怀揣改善民生的愿景，决定通过有智识者的领导，把智识界的思想及学问与民众的经验和美德通力结合，从而培养出世界新民。

无论是晏阳初领导的平民教育运动、俞庆棠领导的民众教育运动，还是邰爽秋领导的民生本位教育运动，无不将他们的教育民生思想付诸实践，甚至可以说，中国近代教育民生思想史，更是一部教育民生实践史。

一、开展教育研究与实验

研究—实验—推广，是中国近代教育民生实践遵循的基本模式，但研究与实验往往是合二为一进行的。中国近代教育民生实践，是改造民族生活的教育实践，在国内无旧规可援引，在西洋无前例可模仿，在东洋无标准可抄袭。推行这种创造性的教育，不能光靠喊几句口号，但是真正实施起来，却又千头万绪，极其复杂。例如：教育的对象在哪里？使用什么样的教材？运用何种教学方法？教授什么样的知识？等等，这些问题都需要进行研究与实验才能找到答案。

欧洲新教育运动兴起后，众多实验学校如雨后春笋般建立，如英国教育家雷迪创办的阿博茨霍尔姆学校、德国教育家利茨创办的乡村教育之家、凯兴斯泰纳创办的职业学校、美国“进步教育之父”帕克领导和主持的昆西学校、约翰逊创办的“有机教育学校”、柏克赫斯特设立的道尔顿中学实验室等。

受到西方新教育运动的影响，结合中国社会的现实状况，中国近代教育家更坚定了对“研究—实验—推广”这一模式的选择。黄炎培主持的昆山徐公桥农村职业教育、陶行知领导的南京晓庄师范和上海山海工学团生活教育、梁漱溟领导的邹平乡村建设等，无不是以教育实验的方法所推动。

以一个区域的民众为教育对象，把全部社会生活作为教育内容，对非常复杂而又不确定的理论与方法，逐步进行试探、演绎、归纳——教育研究与实验，是中国近代教育民生实践赖以存在的形式，在教育的研究与实验中发现教育民生的实际问题，寻觅民众的实际需要，提出解决的计划和方案，是中国近代教育家开展教育民生研究与实验的宗旨。

晏阳初和同仁选择了河北定县作为“社会实验室和示范场”，以寻求合理的教育内容和制度，并希望把研究与实验的结果推广到全国各农村，贡献于社会。为此，中华平民教育促进会设立了调查统计、平民文学、视导训练、公民教育、生计教育、直观教育、妇女教育、健康教育八科，每科直辖若干门，分担一切研究事宜。晏阳初建立了实验室后，自豪地说：“科学早就认识了实验室的需要，中国平民教育运动通过开辟‘社会实验室’，应用了实验室概念。”[①]在这里，他们决定向百姓学习，从学习中认

① 宋恩荣.晏阳初全集：第2卷[M].天津：天津教育出版社，2013：290.

识问题，研究问题，解决问题。

对欧美近代教育发展状况了如指掌的俞庆棠认为：“没有教育实验，也就没有杜威的教育思想。”[①]在杜威看来，作为系统化的求知手段的实验方法，虽然其重要性被认为属于某些技术的和仅仅是物质方面的事情，但同样适用于社会和道德问题中观念的形成和检验。他指出：“认识论必须来源于实践，实践是获取知识最成功的方法，然后用这个理论来改进不很成功的方法。”[②]在其创办的芝加哥实验学校中，杜威进行了新型课程的实验、与之相适应的教学法的实验、自由与合作的教师工作模式实验、共同生活的学生培养方式的实验等。克伯屈的设计教学法实验和桑代克建立在心理实验基础上的教育原则、方法及教育实验理论，同样给俞庆棠深刻的启迪。因此，她视实验为理论建设或改造的必要阶段，而理论假设能否成立，则必须经由实验效果的检验。其领导下的江苏省立教育学院成立之初，便设有研究部和实验部，后合设为研究实验部，其任务是：依据科学方法，从事研究实验工作，以期建立民众教育之学术；在学的方面，要探讨民众教育原理及民众教育哲学；在术的方面，要寻求民众教育的实施及推行所有的适当方法及进行程序。[③]

邰爽秋领导的民生本位教育实验，既顺应了当时国际和国内的教育实验潮流，也使自身成为弄潮儿。1933年冬，邰爽秋等人组织大夏大学师生30余人，在上海梵王渡创立“农村念二社”机构。沪西念二社同仁为推行民生本位教育实验，创立了梵王渡普及教育实验区。1934年春，大夏大学副校长欧元怀与教育学院院长邰爽秋、前社会教育系主任马宗荣等人，在大夏大学附近乡村创设大夏民众教育实验区，指定该区之金家巷农村念二社为实施民生教育的中心实验地，由大夏大学教育学院院长邰爽秋主持。

① 熊贤君.俞庆棠教育思想研究[M].沈阳：辽宁教育出版社，1997：216.

② 杜威.民主主义与教育[M].王承绪，译.北京：人民教育出版社，2001：357.

③ 无锡市政协，文史资料委员会.无锡文史资料：第25辑[Z].无锡：无锡市政协文史资料委员会，1991：100-108.

1935年春，梵王渡普及教育实验区及大夏民众教育实验区合并，改为“沪西民生教育实验区”。

晏阳初、俞庆棠、邰爽秋在教育民生活动中开展了不计其数的研究与实验，名目繁多、数不胜数，但总体上可以归为以下几类。

（一）教育心理研究与实验——解决谁可以受教育的问题

不管是晏阳初推展的平民教育，还是俞庆棠领导的民众教育以及邰爽秋领导的民生本位教育，都把广大民众作为教育对象，不分男女老幼。不过，首先，几千年“礼不下庶人”的封建思想，使得广大农民心甘情愿地被剥夺受教育的权利，认为自己既不必读书，也没有能力读书；其次，关于成人学习，社会上往往存在很多偏见，认为较大年龄的人已错过学习的最好时机，因而不适合学习，正如谚语所说“老来学打拳，自讨苦吃”、“少壮不努力，老大徒伤悲”；最后，在20世纪二三十年代的中国，有80%左右的青年和成人都没有受过教育[①]，他们深感年龄已大，对学习失去信心。俞庆棠强调，研究民众教育者，除研究普通教育学术外，还须做成人学习心理的探讨，抱着虚心研究的态度，从实验中找出言论的根据，而不能单凭主观的意见去判断。为了证明成人到底能否接受教育，中华平民教育促进会及江苏省立教育学院都开展了细致、严谨的成人教育心理研究。

晏阳初及其同事把本土教育心理学调查研究与西方国家的教育心理学、社会心理学等知识结合起来，对青年与成人的学习能力、大多数农民的智慧、文盲的标准及对天资聪颖的农民的教学方法等进行分析研究。自1927至1934年，共编制并应用了44种测验、26种方式，其中使用方式较多的有“听读默写”“辨别是非”“填字造句”“默读了解”“听读认字”“看图识字”“辨别字形”“改正错字”与“选择答案”。被测验过的班数有1601个，人数达到36602人，在这36000余人中，选拔出452个成绩优良

① 茅仲英，唐孝纯.俞庆棠教育论著选[M].北京：人民教育出版社，1992：121.

者，以备研究农村运动领袖之用。从44种测验中，还得到另外一个结果，即识字能力与年龄之间的关系不大。在识字、注音符号与珠算方面，15—45岁的人，学习能力差不多，这个事实同美国教育心理学家桑代克的结论，说25岁至45岁成人学习的能力与15岁至20岁的青年差不多，是完全一致的。[①]因此，中华平民教育促进会决定：文艺（文字和艺术）教育不仅可以施予平民学校中的学生，同样也可以施予他们的父辈和祖辈。

对于我国女子教育极不发达的原因，俞庆棠从社会背景、经济背景和政治背景出发，研究分析了我国女子普遍的教育心理，指出：古代社会，曾一度以女子为中心，子女亦从母姓，只因妇女要养育子女，家务繁多，于是转变成男子中心之社会。既然不能与男子在社会上负同等责任，自不能与男子享同等地位与权利。又因男子的自私自利，以男子观点及便利为出发点，来决定女子教育的目标与内容，于是便形成对女子的种种偏见，如“三从四德”“女子无才便是德”等；我国农村大多数妇女，均参加生产工作，但经济并不独立，经济权仍操纵于男子之手；中国女子受几千年专制政府的压迫，所受愚“民”、愚“妻”、愚“女”政策之流毒最深，造成女子不易进取，百般忍受，缺乏自信心。虽然民初学制确认了女子拥有受教育权，五四运动后，各大学、专门学校大为开放，然而女子教育的成效仍不理想，最主要原因在于妇女界缺少觉悟。

在对女子教育心理分析研究的基础上，俞庆棠提出：“欲求女子教育机会之普遍，莫如使现行学制中之学校教育，与民众教育联络进行，成效可速。为最大多数之人谋最大之幸福起见，更为救济农村经济崩溃起见，务须注重乡村建设与乡村妇女教育。盖欲求推进整个社会，必须男子与女子共同参加公共事业，庶几社会有生气，而事业易见成效也。”[②]俞庆棠不仅亲自研究学习者的心理，而且在授课时着重介绍桑代克关于成人学习的

① 宋恩荣.晏阳初全集:第1卷[M].长沙:湖南教育出版社,1989:340-342.

② 俞庆棠.我之女子教育观[J].江苏教育,1933(4):14.

一系列心理学实验。如：成人与儿童学习能力的比较、优异智力成人的学习、低能成人的学习、普通智力成人的学习等。这些实验的结果证明了人类学习的能力，不因年龄的增长而有极大的退步。俞庆棠借此呼吁增加成人的学习机会，以民众教育来发展成人隐而未发的能力，为社会之用。

此外，江苏省立教育学院还于1931年冬专门设立成人学习心理研究室，聘请陈礼江分管研究室工作。该研究室做了多项关于成人心理的调查、研究与实验。如：阅读习惯的调查；学习意见的调查；乡民社会心理调查；成人学习能力实验，包括镜画实验、各年龄左手书写能力的比较实验、民众学校国语测验编造研究、成人用非文字团体智力测验的编造研究。其中，成人学习能力实验的结果表明：年龄对于书写一类筋肉运动的学习，没有显著的相关；无论被试为已受教育或未受教育者，其学习成绩，以20—39岁的一组为最优，年龄在30—40岁及以上，仍可获得进步，其优势亦大致与30岁以下者相同，但比较之下稍迟稍少。①

随着平民教育运动、民众教育运动等各种教育运动的兴起，普及教育的重要性已被人们所认识，而特殊教育，却为一般人所忽略。邰爽秋把特殊教育纳入民生本位教育学校系统，是其教育思想中的一个亮点。在特殊教育实施方法及特殊儿童分班问题上，邰爽秋都做了细致的心理学研究。他认为，首先，在低能儿童未入班之前，就应该调查他的身体状况、个人的历史、所受的物质与社会环境的影响等；其次，应制定分班标准，根据不同智力水平的儿童，把班级分为低能儿班、智慧查验班、聋儿班、哑儿班和语言矫正班。凡智商低于30%的儿童，都编入低能儿班，凡普通智商在65%—90%的儿童都归入智慧查验班；全聋或差不多要聋的儿童，编入聋儿班，聋儿中有近似低能的嫌疑者，当经适当的心理检查；全盲儿童、天生的翳眼或患有角质不明等眼疾的儿童，都编入盲儿班，并用大号的印字、小黑板及口述法教授，其中智力薄弱的儿童，应当通过心理的检查；

① 陈礼江.四年来成人心理研究工作述要[J].中华教育界，1936(1)：203-209.

凡发音不全、鼻里发音、话不清楚、语言杂乱、口吃、讷舌一类的儿童，如尚可设法矫正补救，都归入语言矫正班，有些说话缺陷的儿童，在入班之前，当经过正当的身体及心理的检查。[①]邰爽秋除了对特殊儿童的心理状况特别重视，把其作为分班与教学方法的依据外，还非常注重对心理学知识的研究与介绍，编写了《心理学的派别》《儿童心理学》《心理卫生》等著作，给教师的教学提供了重要的参考。

这些研究为实施成人教育和儿童教育奠定了科学的心理基础，确认了教育民生的对象——男、女、老、幼、弱、病、残，激发了成人参加学习的热情。同时，为选择教材、确定教育方法、考核成绩、实施训练、指导择业等提供了依据，有力地推动了教育民生工作的开展。

(二)文艺研究与实验——满足民众日常生活所需，提供民众接受教育的工具

文字是传播知识的工具、寻求知识的钥匙，因此，文字教育是一切教育的基础。在近代中国，80%以上的民众都是文盲，他们既不会写信，也不会记账，更看不懂报纸。为了满足民众日常生活对文字的需求，在较短时间内扫除既无钱又无暇的文盲，是一个千头万绪的问题：应该教会他们多少字、教什么字、如何教，并且中国的大多数汉字笔画较多，既难认，又难写，能否取得效果，等等，所有这些，都是要通过研究与实验才能找到答案。

1.文字研究与实验

（1）教材用字研究与实验——挑选生活中的常用字。第一次世界大战期间，晏阳初在法国为华工服务、教授华工识字时便根据经验选订常用基本词汇，编行教材《识字课本》。回国后，偶然发现儿童心理学家陈鹤琴在研究《语体文应用词汇》，并取得初步结果，陈氏从554489个字中总结出1000个常用字，而这1000个常用字中竟有800多字与晏阳初在法国编订

① 邰爽秋.特殊教育之实施[M].上海：商务印书馆，1925：1-13.

的《识字课本》中的字相同。之后，晏阳初和同仁一起，开展了浩繁的选字工作，从搜集来的90种平民书报和25种平民应用文件中，共统计出单字504609个，根据其出现频率的大小，排列先后顺序，选出3420字作为通用字。但通用字并不代表人人必须掌握的基本字，于是，先把基本字假定为1000字左右，再从教育部国语统一会出版的《国语字典》中选出1144字，在此基础上，参酌陈鹤琴的研究成果，编出《平民千字课》四册，每册24课，每课10—11个生字。[①]课本出版后，便在长沙、烟台两地试用，招生的学生年龄从9岁到42岁不等，课程结束后举行考试，合格率达80%。晏阳初并不满足于已取得的成绩，而是随时随地根据各地教学实验的结果加以改良修正。从1922年2月初版至1928年3月，共修订13版。

俞庆棠对于教材和民众读物的选字、用字同样十分考究，参与并主持了江苏省立教育学院研究实验部关于汉字基本字的研究工作。研究实验部收集了大量书报，研究统计出1496个常用基本汉字，作为编辑民众读物用字的参考。[②]

在选字途径上，邰爽秋与晏阳初的做法不同。邰爽秋反对从广泛文字材料中统计单字，并依其出现次数多少为标准而决定是否为常用词汇，他更主张从儿童及工农大众的口语材料中统计“单语”，根据其出现次数的多寡，确定各种“语汇”，而且，个别职业词汇应先编入教材。他还从心理学的角度，把字分为难学和易学两类，他指出，具体的字比抽象的字较易认识，与民众切身相关的字，才是最具体的字，也是最容易学会的字。因为民众学会这些字以后，马上就能应用，所以会引起他们的兴趣，从而更加努力学习。他还指出，抗战期间，后方民众加紧努力于生产工作，因此，没有必要给他们教授不急用、不实用的字，而应该教授与民众生活切实相关的字。如邰爽秋及其同仁所编的《稻作活动》教材，其中有一课的

① 宋恩荣，熊贤君．晏阳初教育思想研究[M]．沈阳：辽宁教育出版社，1994：47.

② 熊贤君．俞庆棠教育思想研究[M]．沈阳：辽宁教育出版社，1997：233.

内容是："发奉稻种五合，每合贰拾元，计国币壹佰元正。此上，某某学校第一种稻团，道圃合作社条。×年×月×日。"这种与民众生活密切相关的文字与知识，深受工农民众的欢迎。[①]

（2）汉字注音探索——民众识字的捷径。汉字是象形文字，其单位字符包含的信息量，是世界上其他文字无法比拟的，因此也具有了难认、难写、难学的特点。为汉字注音，成为帮助读者掌握生字的一个好办法。我国古人早就开了汉字注音的先河。注音的类型，主要有四种：譬况法、读若法、直音法和反切法。譬况法是用譬喻或描述的方法，说明被注字的发音方法及发音部位，常见描述用语有：急言/缓言、短言/长言、内言/外言、以舌头言之、以舌腹言之……这种方法只是说明某字应该如何发音，因此不能算作真正的注音方法；读若法即以一个同音或近音字来标注，其缺点是不能做到完全准确；直音法虽然读音准确，但完全同音的字并不是很多，有时注音字比被注音字更生僻难认；反切法需要用两个字的音来为一个字注音，分别取前一个字的声，后一个字的韵，例如：贡，古送切，这种方法对于不懂音理的人来说，困难很大。

传统的注音方法对于平民的识字来说简直如天书一般，毫无用处。晏阳初和同事们决定研究新的、极为简便的注音方法，以便帮助平民认识更多的生字。晏阳初指出，中国字的读者全靠死记，在字的本身上没有音标，即使有音标，读音也因地区不同而各异。在字上既无音标，同一个字又有几种读法，因而给教学带来了阻碍。注音符号笔画简单，一共只有四十个字母，学习起来格外容易。认识了注音符号，读物只要字字注音，就可以字字发出正确的音。[②]直到今天，在所留存的晏阳初主编的《平民千字课》中，读者依然可以清晰地看到每一个生字的上方所注的拼音字母。

（3）汉字简化研究与实验——化解识字难题。汉字的笔画繁多是造成

---

① 爽秋自传诗（手稿本）第77-78页，转引自：李定开．重庆教育史：第二册[M]．重庆：西南师范大学出版社，2006：503-504.

② 宋恩荣．晏阳初全集：第2卷[M]．长沙：湖南教育出版社，1992：39-40.

难认、难写、难学的主要原因，初学者尤其是年龄较大者往往因繁难的笔画对其望而却步。为了给平民实施简易的教育并收到宏效，养成平民不仅能读而且能写的习惯，晏阳初决定开展汉字简化研究。他说："教授平民识字固为重要，若仅能读而不能写，又属无用，以汉字笔画之繁难，平民学习颇不易，故拟将单字笔画多者，改用通行之简写法。"[①]晏阳初与同仁首先调查农村社会中已经通用的简单字，作为底稿；又以都市间商业社会中已经通用的简笔字，以及文人社会中通用的简明行草，加以补充，如"觀"简化为"观"、"歡"简化为"欢"、"勸"简化为"劝"，即"雚"字旁一律改为"又"字旁。不过，"艱"简化为"艰"、"難"简化为"难"，"堇"字旁也都改为"又"字旁，然而"雚"又不等于"堇"，因此，晏阳初认为这是不科学的，必须慎重从事，先加系统研究，方可提倡。

晏阳初和同仁制定的简化汉字的法则在推行过程中，受到了社会的非议，认为简写字尚未在社会通行，如果过于简化，即使是从平民学校毕业的优等生也不知是何字。

晏阳初对汉字简化的研究尽管没有被广泛地推行，但他的有关思路和技巧却为后来的文字改革提供了很好的借鉴。

2. 文学研究——创编民众易于接受的内容并移风易俗

晏阳初主持的中华平民教育促进会通过文字研究，得到平民使用的字和词，在平民文学研究中，对平民所用语言的文法构造、描述技术、篇章组织及其表达的思想和环境进行了深入细致的研究，最终取得丰硕的研究成果，编成《定县秧歌选》50余万字、采集鼓词60余万字、歌谣200余则、歇后语300余则、谚语600余则、故事笑话等100余则。其中，秧歌是定县人民普遍的爱好，因为它能把定县农民的生活真实生动地表现出来，它的表演既简单又接近实际，唱出来的词句非常清晰动听。平民文学部邀

① 宋恩荣.晏阳初全集：第1卷[M].长沙：湖南教育出版社，1989：99.

请了县内几个唱秧歌的名角进行演唱，工作人员边听边记录。经过整理后，共搜集了48回，分为六类，分别是：爱情类、节孝类、夫妻关系类、婆媳关系类、谐谑类和杂类。在编辑这些文艺作品时，平民文学部的同志把其中带有陈腐思想、淫秽粗俗的内容进行删改，力求留下健康向上、具有教育意义的部分，故事力求合理，在可能的情况下，再加入一些新名词，并分词注音，印成平民读物。

俞庆棠指出，来源于民间并且为大多数人所修正而乐于传诵的文学，可以启发民族的精神。[①]由她主持的江苏省立教育学院研究实验部收集了民间读物400多种进行研究分析，根据立意，可分为讽世、劝善、艳情、游戏、其他五类，其中，在社会上流行最多的为艳情类；根据体裁可分为故事、歌曲两大类，其中故事又可分为小说、神话、传说、寓言、笑话等类，在社会上流行最多的是歌曲和小调。字句全为白话文，土白最多，版本以木板为多，纸张以油光纸为多，价格多为一分钱一本。[②]俞庆棠把民间文学和合于民众需要的民众读物作为影响民众行为和发扬民族精神的工具，并要求著作家们深入民间，编写出合于国家情况、民众需要、乐于传诵、感动民众肺腑的民间文学作品，以取代民间不正当的娱乐，移风易俗。

中国近代教育家所实施的文艺研究与实验既为民众学习文字扫除了障碍，同时也给民众生活带来了新的风尚，并丰富了民众的文化生活。

(三)生计教育研究与实验——改善民众物质生活

晏阳初认为，中国社会存在愚、穷、弱、私四大问题，要相应地用文艺教育、生计教育、卫生教育和公民教育解决之，中华平民教育促进会特设平民文学部、艺术教育部、生计教育部、卫生教育部、公民教育部，各

① 茅仲英，唐孝纯．俞庆棠教育论著选[M]．北京：人民教育出版社，1992：44.

② 无锡市政协，文史资料委员会．无锡文史资料：第25辑[Z]．无锡：无锡市政协文史资料委员会，1991：100–108.

司其职，分工合作。

生计教育的具体目标，不仅要向农民传授生计方面的科学知识和技术，以增加其生产，还要创设农村合作经营组织，以养成国民经济意识和提高控制经济环境的能力，这就决定了生计教育工作要与农业科学研究和生计训练实验密切结合。由于农业知识牵涉面较广，因此晏阳初主持下的中华平民教育促进会开展的农业科学研究和生计训练可谓是五花八门、应有尽有，通过梳理，大致可分为以下几种。

1. 育种研究与实验

棉花是华北地区重要的农作物，定县很适合被打造成产棉区，因此中华平民教育促进会对棉花育种工作格外重视，收集了130多种美国棉种，与中国棉种进行比较实验，实验结果优良，比南京脱籽棉产量增加40%。①

小麦是北方人的主食，小麦收成的好坏直接关系到农民的温饱问题，因此，做好小麦的育种工作尤其重要。研究人员从华北各实验场收集46个品种，再加上自己实验场的20个品种，做实验。此外，中华平民教育促进会还开设“作物选种”课程，传授选种育种知识。平民学校毕业生刘玉田按照所学方法从20多亩地里挑选出5000穗没有病虫、不怕风、成熟早、产量大的无芒白小麦，作为种子播种在一亩实验区，实验结果非常喜人，比一般小麦每亩多收了2.5斗，而且出粉率高，口感亦好，被中华平民教育促进会定名为“定县刘玉田号”，经过权威机构的化验，被认定为华北小麦的珍贵品种。②

谷物、高粱、玉米也是华北地区的主要粮食作物，中华平民教育促进会也都进行了选种与育种、杂交实验，均取得良好成果。

俞庆棠认为，农作物的栽培，要竭力应用科学的方法；优良品种的推

① 宋恩荣.晏阳初全集:第1卷[M].长沙:湖南教育出版社,1989:268.

② 杨华军.教育家晏阳初研究[M].济南:山东人民出版社,2015:96.

广，必须先经科学的地域性之实验，才可从事。为了进行农业实验、农事指导与推广人才，江苏省立教育学院专门开设民众教育与农事教育两个学系和专修科，并配置农场以供实验之用。经过几年的选种、试种，培育成一种“光头黄”优良稻种，每亩产稻550斤，比普通农家每亩平均产量多出150斤。①

2.园艺研究与实验

中华平民教育促进会的园艺研究开始于1930年，研究内容有：白菜品种培育及栽培方法改良；梨树整枝设计，调剂果树发育、促进果实产量、改良果实品质，修剪树枝，以便于管理采收及病虫害防除；葡萄栽培设计，采集10余品种，进行实验，尤其是设架实验，以期得到简单易行的方式。研究结果：白菜改良品种，每亩产量增加25%；已整枝梨树比对照区未整枝梨树产量增加24.3%。

邰爽秋主持的沪西民生教育实验区专门举办特约农场，以培养优良蔬菜种苗和树苗花卉。

3.畜牧改进研究与实验

中华平民教育促进会开展的畜牧研究工作，包括种猪改良、华北各地种猪比较实验和鸡种改良实验。种猪改良工作开始于1928年，用纯系繁殖法尽量繁殖引进的波支猪种，将波支猪与定县猪及第一代改良猪进行饲养比较，并实行猪种五代改良研究。实验结果：在同一饲养与管理下，比本地猪多产肉18%。关于华北各地种猪比较的实验，从河北行唐、大名、百宝镇、河南项城、山东曹州、山西太原等地收集优良猪种，进行实验，以期得到中国良种。在鸡种改良研究方面，引进红洛岛鸡、力行鸡和来航鸡等鸡种，培育出来克杭一代杂交种，并改良鸡舍，由泥制成，通光又干燥。

---

① 茅仲英，唐孝纯.俞庆棠教育论著选[M].北京：人民教育出版社，1992：156-157.

江苏省立教育学院所设民众教育实验区，也开展猪种和鸡种的改良研究。研究人员向各地购买土种鸡（如狼山鸡、鹿园鸡等）和猪（如武进猪、金华猪等）达十余种，并向美国购买中波、杜洛吉西、杰西特白及盘克县猪数种，做杂交研究之用。此外，还成立养蚕指导所，进行育蚕改良，对农户进行育蚕指导，和农户共同催青，一起烘茧。

4.农村手工业和副业研究与实验

在晏阳初看来，我国农民一年当中会有三至五个月的农闲时间，如果利用这个时间从事手工业的生产制造，即可以在平常的年景增加家庭的收入，又可以在天灾人患、收成无望的时候，补救生计的一部分。因此，农村工业在我国整个国民经济上，应占据重要地位。我国农村原有的手工业品，被资本主义势力侵入以后所倾销的机器制造的工业品所替代，以致生产没落、生产者失业。尽管中国未曾且将来也没有理由走入工业资本主义道路，农村仍可以保持经济自足的局面。如果把分散的小手工业联合起来，共同经营，再加以技术方面的研究与改良，农村经济的复兴依然会有希望。在定县对农民实施的生计训练的工作中，农村工艺内容占18%，并根据基本生活需要发展了不同形式的乡村家庭工业。此外，中华平民教育促进会还建立了一座实验车间，购买了全套先进的手工织布机器，利用当地生产的棉花和羊毛编织衣物，且将这种实验车间推广到本地其他小区。

俞庆棠敏锐地观察到工业对于解决生计问题和提高生活质量起着举足轻重的作用，她指出："从民众生活方面来说，有工业的地方，人民的生计比较宽裕；有了经济的条件，教育及其他社会事业也容易发达。从保障民族的经济生命线来说，大规模的工业区易受侵略者的毁坏，分散于农村的小工业易于保全。"①江苏省立教育学院在各实验机关中都提倡籐工、竹工、草席、地毯等手工艺品的制作。另外，在中国农村，"谷贱伤农"现

① 俞庆棠.民众教育[M].南京：正中书局，1935：190.

象层出不穷，农产品价格低廉，甚至常常滞销。俞庆棠认为，农产品加工是提高农产品价格的一种方法。例如，蚕丝的合作烘茧，把谷碾成糙米、糙米再碾成白米，棉花轧去其籽，水果制成罐头等。为此，她专门制订了发展农村副业的计划："第一年对于城市民众及乡村农民之副业，须尽力提倡与指导。第二年须使基本施教区之住户，凡原有职业之收入，不足以供支出者，每家至少有一种以上之副业。"①

以增进生产为急务的民生本位教育，更是千方百计发展经济，以尽快改善民众的生活。邰爽秋要求，民生本位教育，"务须顾及国民经济之能力，务须与生产场所及生活环境相配合"②。在《民生教育刍议》一文中，他指出，一谈到生产的方法，国人论及最多的是发展农产方面，而对于农村工艺问题，却很少注意。尽管中国是农业国家，发展农产自然很重要，但土地生产是有限制的，而且可耕地面积人均很少，专靠农产改良，不能够救济民生，如果农民有农产以外的收入，会有助于农业生产。此外，民生主义尚未实现、分配问题未解决之先，机器生产只能使少数人发财；中国新式工业，只能容纳八百万人，而其余三万多万的民众，尚须直接或间接靠手工生产维持生活；发展新式工业，需要大量的资本，政府既无充分的资金帮助民众，民众又无力自筹，与其束手待毙，不如利用已有的手工生产。基于这几点理由，邰爽秋提出"以工裕农"的主张，而这里的"工"，是指民族固有的手工艺。但他强调"我们并不拘泥于陈腐的手工生产方法，一成不变，我们同时还主张：'改良手工生产'！"③在民生本位教育实践中，他要求，训练青年时，要注意教授生产技术，增进其职业知识及技能；训练妇女时，应注重教授家庭工业生产知识与技能，以促进社会生产。在他领导和主持的沪西民生教育实验区及巴县民生建设实验指导区，设有纺织团、洗衣团、编藤团、种植团、拉车团等各种生产集团和教

① 俞庆棠．民众教育[M]．南京：正中书局，1935：136．

② 邰爽秋．我们的信仰和要求[J]．民生教育，1939(4)：3．

③ 邰爽秋．民生本位教育刍议[J]．民生教育，1937(1)：91-93．

育化工厂、教育藤工厂、教育织篾厂、教育织巾厂等，添置织布机3架，纺纱机10架，有线篾机9架、丝篾机2架，织巾机5架。生产的产品有毛巾、藤包、藤箱、藤椅、藤篮、线篾、丝篾、电池、火漆、肥皂等。[①]

5.办理各种经济合作组织

普通的农民虽然勤恳，却没有商人的头脑和理财知识，因此，只向农民传授生产知识和技能，还不能够使他们完全得到实惠，因为即使收成增加，也会受到商人的剥削，经济收入并没有增长。

基于这种情况，晏阳初及中华平民教育促进会同仁一面帮助农民生产，一面帮助他们组织合作社，如生产合作社、消费合作社、信用合作社等，使他们既成为农业生产的行家，又成为打理经济的能手。在晏阳初看来，组织合作社，不但能够改善民众的经济生活，而且能够培养他们的合作精神，因此具有深刻的教育意义。截至1935年4月，中华平民教育促进会在定县共设立信用合作社78个（不包括新成立者和训练中者），其中兼营购买组者69个，兼营运销组者35个；生产合作社10个，各社资金总额为7293.30元，借入款数为44745.05元，放款总数为50143.81元，购买组营业量38432.50元，棉花运销共计711包，计14000斤，储蓄总数为5398.76元。[②]

在俞庆棠主持的实验区，她和同仁总是指导有共同经济需要的民众，组织各种合作社，以解决他们的经济困难。无锡高长岸一带盛产茭白，但因历年来受到商人的垄断，市场价格低落，无利可赢，民众教育馆遂指导民众组织茭白运销合作社，自行运销，实行以后，民众获利陡增；蓬户民众的食粮，一向都是按零售价从商店购买，受中间商剥削很大，民众教育馆乃指导蓬户民众，成立粮食消费合作社，大量批进，分配于蓬户应用；

① 雷志松.学术、社团与社会：中国民生教育学会研究（1936—1949）[M].北京：社会科学文献出版社，2012：167，172.

② 宋恩荣.晏阳初全集：第1卷[M].长沙：湖南教育出版社，1989：416.

蓬户民众中有一部分是以拉车为业的，所拉车子需向车行租来，租金昂贵，占车夫收入的三分之一左右，致使车夫生计日益困难，民众教育馆便指导车夫，组成人力车利用合作社，使车夫能有其车；高长岸有荒弃的河沟，民众教育馆即指导农民组织养鱼合作社，以增加收入。

邰爽秋不仅指导民众组织成立纺织团、洗衣团、编藤团、种植团、拉车团等各种生产集团，而且还在巴县民生教育实验中创办实验经济活动教育团，教育对象为应受民生本位国民教育的某种集团经济生活的民众及对于某种生产技术特具学习兴趣的民众。

(四)卫生教育研究与实验——增强民众体质,改善民众生活环境

在中国近代，政治和经济的沉沦、文化的落后以及帝国主义国家的入侵给中国人民带来的灾难是多重且恶性循环的，国弱民穷、蒙昧无知……既是前述原因带来的恶果，又是一系列不幸产生的原因。

19世纪末20世纪初，中国农村因为缺医少药，再加上农民没有卫生常识，导致健康卫生状况极差，人们普遍体弱多病。中华平民教育促进会开展识字运动的初期，平民学校中经常有学生因为身体有恙或家人生病等而不能正常学习。为了改变这种状况，晏阳初领导的中华平民教育促进会成立了卫生教育部，首先对农民的健康卫生状况进行了调查。结果发现，人们的清洁习惯、环境卫生、妇婴卫生、传染病的处置水平等都堪忧，定县全县无一所合格医院，新生婴儿死亡率达到57%，结核病、猩红热、麻疹与天花、沙眼、霍乱等传染性疾病广泛流行，农民的人均寿命很短，往往在四五十岁年富力强的时候便百病缠身，甚至生命走到了尽头。晏阳初感叹，若不普及医药卫生知识，这不但是个人寿命的屈冤，也是国力的莫大损失。晏阳初和同仁决定在向农民开展卫生教育的同时，实验建立卫生保健制度，以促成公共的卫生并使人人成为健康的国民。卫生教育以学校式教育和社会式教育两种方式进行。学校式卫生教育的知识大部分都穿插在

教材之中；社会式卫生教育主要通过演讲、戏剧、标语图画等方式向农民宣传卫生知识。卫生保健制度由保健员、保健所和保健院三级组织构成。每村设保健员一人，负责报告死生、水井改良、普及种痘和救急治疗四项工作；保健所是联村组织，设医师和助理各一人，负责训练并监督各村保健员、卫生教育、预防注射和逐日治疗四项工作；保健院是全县卫生教育与管理总机关，具体职责为培训、治疗、指导与管理，以确保卫生保健制度高质量发挥作用。此外，卫生教育部还试验推行节制生育方法并承担了地方病的研究工作。

无锡，是江苏省立教育学院所在地，其周围的卫生状况和民众的健康状况与定县相差无几，俞庆棠对此心急如焚，因此，对卫生教育十分重视。1929年，在社桥设立的农民教育馆内，即悬挂有关卫生知识的挂图、标本和模型，以供农民参观和学习。在农民教育馆西侧，设立民众医院一所，配备医生和护士各一人，除为省立教育学院师生治病外，还为一般民众免费治病，并于每日下午到各实验机关巡回出诊。南门蓬户区居民卫生条件极差，屋前屋后，一家一茅坑，粪便缺乏管理。俞庆棠领导的民众教育馆，积极发动群众，将各家的茅坑填平，并种上花卉和蔬菜。另外，集中建了一个大粪池，一个大垃圾箱，教育民众不乱扔垃圾，使得原本又脏又臭的环境变得既卫生又漂亮。该馆还组织了蓬户区几个妇女学习医药卫生知识，发动群众建了两间草房作为医务所，医治居民的一些小毛病，并及时注射伤寒、霍乱等预防针。①俞庆棠认为，增强民众的体质，仅靠改善环境和医疗条件是远远不够的，还必须向全民普及体育。她指出，忽视人口体质问题，是我国民族很大的缺点。民众体育不仅能够锻炼民众强壮的体质，补充民众的公共卫生常识，增长民众体育知识，还能够改进民众休闲生活，增进民众公共道德并陶冶民族意识，发扬民族精神。无论是在

①无锡市政协，文史资料委员会.无锡文史资料：第25辑[Z].无锡：无锡市政协文史资料委员会：1991：71–76.

江苏省立教育学院内还是在民众教育实验区，都建有体育场，并定期举办运动会，既提高了民众对体育运动的兴味，又在一定程度上锻炼了身体。

邰爽秋领导的民生本位教育以“养、教、卫、管”四种基本训练为中心，其中，“卫”是关于卫生方法、健康教育和公民自卫的训练与教育。沪西民生教育实验区专门开设实验教育卫生馆，利用卫生展览，聚众宣传卫生知识，并为民众施诊，使其认识到卫生知识的重要；此外，还为民众打公共水井，使其吃上较卫生的饮用水。在巴县民生建设实验区，创办实验卫生院，并附设教育医院一所，以义务就诊的方式吸引民众前来学习卫生知识。邰爽秋发明的普及教育车，总是装着卫生教育箱，随时随地为民众施诊并向其传授卫生知识。

(五)公民教育研究与实验——改变民众的精神面貌

中国几千年的封建专制统治使一些民众养成了愚昧、自私、散漫、依赖等劣根性，从而缺乏创新精神、团结精神、组织能力和民族意识。

晏阳初及其领导的中华平民教育保进会决定向民众实施公民教育，以培养他们的公共心和合作精神，提高其团结能力，并唤醒其民族意识。为了实现这一目标，晏阳初和同仁在调查公民的实际生活、搜集历史乡土材料、探讨公民实际生活要求的基础上，开展了一系列的研究与实验工作，包括国族精神研究、农村自治研究、公民活动指导研究等。国族精神研究方面，选择历史上的仁人志士舍生取义的事迹，绘制成图，并配上说明和歌曲，作为公民教育的材料。日本侵占我国东北以后，河北省便沦为我国的国防前线，中华平民教育促进会迅即编印国难教育丛刊，向全国民众宣传抗日救亡的紧迫性，呼吁人们主动地团结起来，有钱出钱，有力出力，击溃日寇，保家卫国；农村自治研究方面，以村自治之内容、制度和进行方案为研究对象，以训练村自治基本人才为目标，在高头村实验训练自治人才。村里成立乡公所以后，指导村中办公人员修改乡公约、清理债务、成立农民训练班等乡务；公民活动指导研究方面，利用农村节日、集会，随时随地因势利导。

俞庆棠既对民众的劣根性有深刻的认识，又极为同情民众的悲惨境遇，因此十分重视公民教育，把其作为实验区标准工作的第一条。她要求，公民教育要以培养民众组织为中心，基本施教区内16岁以上、50岁以下的民众，须有过半数能参加团体生活，并能运用团体力量，解决生活上迫切需要解决的问题。公民教育承担的重要工作有两项，分别是协助推进保甲和实施集团训练。在协助推进保甲方面，务使保甲不仅成为执行的组织，而且还要使其成为会议的组织，讨论推行本区内自卫、地方建设、公共卫生、改良风俗等事项，从而真正成为人民自治团体；在实施集团训练方面，指导民众乡镇改进会、青年励志团、妇女会等团体，以培养民众的自治自卫能力、兴趣、习惯，并利用节日或民众余暇，讨论有关地方生活需要的问题。讲演政治常识、科学常识、卫生常识、公民道德及重要新闻等。①

邰爽秋领导的民生本位教育，以发展民众生计的经济活动为经，以文艺教育、卫生教育、公民教育等为纬，即民生本位教育的目的是发展民生，并使民众在发展民生的活动中同时受到文艺、公民、卫生等教育。中国民生教育学会会员李蒸指出："中国的农民占最大多数……农村教育第一要注重公民训练，使农民晓得中国国家民族在世界上的地位，及救亡方法；并且养成行使四权的能力，以巩固永久和平统一的共和国家。"②中国民生教育学会一致认为，民生教育在推进经济活动的过程中，应发扬中华民族的仁爱精神，灌输天下为公的最高理想，以使民众养成为国计民生而奋斗的心胸与态度。关于公民教育的实施方式，邰爽秋认为不应该把生计教育、文艺教育、卫生教育、公民教育、休闲教育单独划分出来，而是几

① 俞庆棠.民众教育[M].南京：正中书局，1935：134-135.

② 李蒸.中国之农村社会与教育[J].中华教育界，1931(3)：77.

种教育相互融合，你中有我，我中有你。他十分欣赏陶行知的“工学团制”，称其是一个小学校、小社会。在团里，既有生产的意义，也蕴含着长进的意义以及平等互助、自卫卫人的意义。因此，在他主持的教育实验区，“经济分团制”成为最主要的教学组织形式。在各种经济合作团体里，人们通过共同的学习与劳动，养成了互助友爱的道德品质。此外，邰爽秋和同仁还与实验区的说书人一起研究改善说词的内容，以说书的形式向民众宣传中华优秀传统文化；为了更好地陶冶民众的品德情操，实验区购买了各种国乐乐器，聘请专家为民众教授国乐，人们在潜移默化中受到了高雅文化与艺术的熏陶，道德品质获得了提升，社会风气得到了一定程度的改善。

(六)休闲教育研究与实验——丰富民众的精神生活,唤起农民“向上的意识”

休闲教育的目的在于引导人们科学合理地安排闲暇时间，并改善与提高人们的精神生活品质。在中国的广大农村，一年中除去农作物的播种、管理和收获季节，还有三至五个月的闲暇时间。在这漫长的时间里，绝大多数农民都是无所事事，而对于其中的一部分人来说，“无事”就会“生非”，他们往往选择吸烟、喝酒、赌博、举行迷信活动甚至嫖娼，以打发无聊的时光。中国近代教育家深知这种闲暇生活方式的害处，直接可以影响个人的身家，间接可以影响社会的安宁[①]，因此，他们十分重视对民众实施休闲教育。

晏阳初领导的平民教育运动虽然没有明确提出休闲教育，但是针对乡村民众每年几个月的闲暇时间，依然开展了针对性的教育活动，例如：在节日、庙会或农闲期间，举办秧歌、鼓词、大戏和话剧表演，吸引了成千上万的农民前来观看。主持农村戏剧实验工作的熊佛西认为，农民戏剧的内容，一定具有唤起农民“向上的意识”的可能性，包含生产技能的向

① 茅仲英，唐孝纯.俞庆棠教育论著选[M].北京：人民教育出版社，1992:40.

上、科学运用的向上、身心健康的向上、享受与给予的向上、情感满足的向上、集团训练的向上、教育文化传递的向上。①也就是说，秧歌、鼓词、大戏和话剧表演等艺术具有传递科学文化知识、愉悦身心、陶冶心灵、提升道德品质的功能，因此，是推行教育民生工作最有力的工具。定县所有的实验剧本，都以最大限度地发挥这些功能为准则。1932年冬，在公演话剧《屠户》（主角孔屠户平日以高利借贷、欺压良善）演至第三幕孔屠户侵占王大的房屋时，台下一青年农民突然起立，情绪激动，向台上孔屠户指手大骂。这充分说明了这场话剧的内容引起了农民观众的强烈共鸣，激起了他们的反抗意识。由熊佛西创作的话剧《过渡》，于1935年冬在东不落岗村由农民出演。故事讲述了某两个乡村中间横隔着一条大河流，两岸的交通极为不便。河东、河西的乡民不能毫无来往，他们唯一的交通，便是乡绅胡大老爷主持的渡船来搭运客人，来往“过渡”。但乡民深恨胡绅士在过渡船资上勒索，剥削一般农夫村妇。于是有许多有志的青年农民，毅然追随着一个大学毕业而到乡村服务的青年的领导，出群力在大流河上建起一座大桥，以代渡船。这种有价值的建筑，当然引起胡绅士的反对，他除了对这一群青年驱逐外，更暗中鼓动了船夫，于夜半人静时，谋杀这一群可敬的青年桥工。中间经过双方激烈的斗争，正义的维护，这横行霸道的胡绅士终于被官厅拘捕，听候法律的制裁。这伟大的桥梁建筑工作，被这群青年桥工打破了魔障，走上了建设之途，那一群船夫也投向他们的队伍，参加造桥，过渡问题于是解决。剧中有浩荡雄壮的劳工歌，有伟大雄美的力量的表现，有激烈紧张的肉搏斗争，有河流幽静的深夜布景。这部话剧所蕴含的深意在于，中国当时处在过渡的时代，无论是政治、经济、教育等一切社会问题，无不处于过渡时代。起初是黑暗，经过了努力抗争、向上，才走进光明。②这部话剧表面上只是一出戏，实质上却是在

① 吴相湘.晏阳初传：为全球乡村改造奋斗六十年[M].长沙：岳麓书社，2001：191.

② 陈豫源.定县的农村话剧：《过渡》公演参观记[J].民间，1936(18)：7-12.

启发农民团结合作，努力向上。中华平民教育促进会主办的《民间》期刊曾经在1936年第14期刊登一则简评，题为“乡村娱乐的研究”，文章指出，娱乐是人生必需的东西，但是，在农村，人们得不到正当的娱乐，除了工作就是睡觉，真是苦闷极了。文章呼吁从事乡村工作的同志，能够有人专门从事乡村娱乐问题的研究，认为这种研究的价值，决不在农村任何工作的研究之下。①由此可以看出，晏阳初及中华平民教育促进会同仁对休闲教育的重视，他们既把公民的娱乐、休闲看作生活中极其重要的一部分，又把休闲教育作为公民教育的手段，真可谓一举两得。

俞庆棠认为，“休闲的意思原来是合乎理智的运用闲暇，使生活向上而丰富，并含艺术陶冶的意义……艺术上的伟大创作，往往成为社会中的有力刺激”②。由此，她把休闲与健康、职业、公民并列为教育的四大目标，把娱乐（意即休闲）与求学、做工并列为人生活动的三大需要。她指出，当务之急不是谈民众生活的痛苦，而是谈如何规划改良民众的娱乐以敦风化俗。她要求，推行休闲教育，要做好三个方面的工作：一是宣传不正当娱乐的害处，使民众有所警惕；二是改良民众艺术、娱乐的方法，破除烟、酒、赌博等不良的嗜好；三是聘请音乐家，从事研究，怎样可以改良中国的乐器，创造新乐器。③根据民众的闲暇时间，俞庆棠设计了灵活多样的休闲教育方式：浏览名山大川、举行音乐会、提倡民间文学、举行民间同乐会。据江苏省立教育学院第二届毕业生朱若溪回忆，位于社桥的农民教育馆，附设有民众茶园、民众娱乐室和民众图书室各一所，农民可以随时来馆免费参观、阅览和休息。每星期六晚上，在大礼堂举行民众同乐会，节目有戏剧表演、音乐演奏、电影及幻灯片放映。在活动节目中，插入各种生活方面的新知识，寓教于乐。附近民众，扶老携幼，前来观看，熙熙攘攘，热闹非凡。最受民众欢迎的是电影，农民平时很少或根本

① 简评.乡村娱乐娱乐的研究[J].民间，1936(14)：23.

② 茅仲英，唐孝纯.俞庆棠教育论著选[M].北京：人民教育出版社，1992：354.

③ 茅仲英，唐孝纯.俞庆棠教育论著选[M].北京：人民教育出版社，1992：44.

没有看过电影，因此电影最容易引起他们的兴趣。放映时，礼堂内常常人满为患，有时不得不改在大操场上放映。影片大多是从金陵大学租借的有关农业推广方面的，或向上海商务印书馆租借的社会故事片（当时还没有教育影片）。民众在身心愉悦中，既受到了高雅文化的洗礼，又学到了生产、生活方面的知识。

邰爽秋指出：民生本位教育，以发展民生的经济活动为经，以文字、公民、卫生、休闲、自卫救国、种种的教育为纬，[①]道出了休闲教育在整个民生本位教育中所占的地位。陈荩民是邰爽秋领导的中国民生教育学会的会员，他认为休闲教育在民生本位教育中占有重要的地位。在《民生本位教育的科学基础》一文中，他提出了实施民生教育科学基础的两个目标：①发展人民的生计；②改善民众的生活，使每一个人在工作之外都有正当的有益心身的娱乐。[②]在沪西民生教育实验区，每个经济合作团下都设有娱乐股，由股长负责对民众的休闲教育，教育方式有野外春游、民众讲演、大众同乐会、放映教育电影等。该实验区还建立教育茶园一处，备有茶座乐器，是区民高尚娱乐的中心。

以上列举的六种教育研究与实验，只是中国近代教育民生实践中有关社会式教育的重要研究与实验，是众多研究与实验中的较成体系者。其他种类的教育研究与实验还包括家庭式教育研究与实验、学校式教育研究与实验（具体分为：初级平民学校研究与实验、除文盲教育研究与实验、初级平民学校以上教育研究与实验、乡村小学研究与实验、妇孺教育研究与实验、师资训练研究与实验、村单位教育建设研究与实验）、民众学校组织研究、民众学校识字教科书研究、函授学校研究、缩短义务教育年限的研究与实验等，这些教育研究与实验均在一定程度上取得成功，给民众的物质生活和精神生活带来了诸多实惠。需要补充说明的是，为了保证研究

① 邰爽秋.民生教育刍议[J].民生教育，1937(1)：87-88.

② 陈荩民.民生本位教育的科学基础[J].民生教育，1937(1)：21-22.

的科学性并收集思广益之效，中华平民教育促进会、江苏省立教育学院和中国民生教育学会还聘请专家，或与专业组织进行合作，共同探索有关科学真知。如，中华平民教育促进会与国内多个团体合作，进行文字、生计、卫生等教育的研究与实验。（见表3-1）

表3-1　中华平民教育促进会与国内各团体合作事业与团体名称[①]

与合作有关之会内各部	合作团体名称	合作事业
平民文学	国语统一会	文字研究
生计教育	金陵大学 河南大学 地质调查所 华北农产改进社 南开大学 中国银行 金城银行	育种 肥料 土壤 农产改良先从棉花入手 经济研究 农村仓库 农村合作社及仓库
卫生教育	卫生署 协和医院 湘雅医学院	农村卫生技术人才训练
学校式教育	黎川农村服务联合会	协助
教育心理研究委员会	清华大学心理系	研究
社会调查	协和医院	家庭卫生 人口调查
全会	燕大农村建设科	农村建设技术人才训练

二、编写教材和民众读物

教材是教学活动的媒介和工具，承载着教育的内容和目标，是教育的基本要素之一，其质量的好坏，直接影响着学习的效果；而民众读物，一则可以起到巩固复习的作用，二则可以激发民众学习的兴趣并增长知识，亦是教育不可或缺的重要因素。因此，中国近代教育家都非常重视教材和民众读物的编写工作。

① 刘英杰.中国教育大事典(1840—1949)[Z].杭州:浙江教育出版社,2001:81.

（一）编写教材——编辑符合民情的教学内容

《平民千字课》是中国近代民众教育教学活动中使用最广泛的教材。晏阳初曾在演讲、工作报告或撰写的文章中多次提到该教材的编写工作，如：第一次乡村工作讨论会上的报告《中华平民教育促进会定县工作大概》《平民教育三问题的解答》《中国的新民》等，可见，教材编写工作在推行平民教育运动中的重要性。

晏阳初联合当时教育界的知名人士朱经农、陶行知、瞿菊农、孙伏园等，"以实用目标编写教材进行教学"为方针，为解决平民终日忙碌、无暇接受教育以及中国文字较繁、较难的现实问题，编写《平民千字课》。在编写的过程中，他们不仅留心所用之字是否合适，而且还要注意内容的科学性、知识性、实用性和趣味性。该教材共分为四册，每册有96课。每日教授一课，时间为1小时，4个月即可毕业，从而获得基本教育。这样，既没有耽误劳动生产，又简单易学，实为一上等教材，发行仅3年，就售出300余万册。1927年3月，晏阳初在《平民学校教材问题》一文中称："'中华平民教育促进会'委托陶行知、朱经农两先生从新改编，由商务印书馆出版，全国采用。于是中华书局、世界书局、上海书局，接踵而起，各省热心平民教育，亦多自行编辑，但名称内容略有不同。"（见表3-2）

表3-2　《平民千字课》编辑与出版等情况①

名称	册数	编辑者	发行者	出版年月	出版次数	定价	备注
平民千字课	4	晏阳初、傅若愚、黄沦渔	中国基督教青年会全国协会	1922.2	1924.7 三版	每册7分 百册八折 五百册七折	
平民千字课	4	朱经农、陶行知	商务印书馆	1923.9	1924.3 四十一版	每册3分	附有第一册教学法

① 刘英杰.中国教育大事典(1840—1949)[Z].杭州:浙江教育出版社,2001:80.

续 表

名称	册数	编辑者	发行者	出版年月	出版次数	定价	备注
千字课本	4	魏水心、董文、戴渭清、曹芝清	世界书局	1925.4		每册3分	附有教学法全
青年平民读本	4	卓恺泽	上海书局	1925.4		每册3分	
平民课本	4	黎锦晖、刘传厚、陆费逵、戴克敦	中华书局	1924.3	1924.11三版	每册3分	附有教授法全
平民读本	4	李六如	长沙广文书局	1922.10	1924.3四版	每册8.4分	
成人读本	4	曹典琦	长沙文化书局	1921.10	1925.5四版	每册4分	
新千字课	4	曹典琦	长沙贡院西街野村印刷局	1924.6	1924.10再版	每册3.5分	
平民识字读本	1	张思明、戴联荫、高元泽	奉天教科书编审处				

在此后的实践中，又进行了不断研究与调整，课文内容逐渐将文艺、生计、卫生、公民、常识教育囊括其中。据笔者统计，第1册的24篇课文全是文字教育；从第2册开始便包括文艺、生计、卫生、公民、常识教育（当然，每篇课文皆以文字教育为基础）。（见表3–3）

表3–3 《平民千字课》教学内容设计①

书册	文艺教育篇数	生计教育篇数	卫生教育篇数	公民教育篇数	生活常识教育篇数
1	24				
2	8	11	2	6	2
3	5	5	4	9	1
4	6	2	1	12	3

有些课文兼具生计教育和公民教育，所以有重复统计。例如，第二册第九课《工读书》，内容为："金素行年十五岁，天性好学，家贫无钱读书。他每天上午出去卖报，下午到平民学堂里上课。这样半工半读，勤勤

① 根据晏阳初、傅若愚主编，青年会全国协会1925年、1926年出版的《平民千字课》（共4册）整理。

苦苦，后来成了一个名人。”这样的内容，既教给民众谋生的办法——卖报，又帮助民众解决了生计和上学之间的冲突——半工半读，而且还使民众明白了一个道理——只要勤恳，就会有好的生活。

此外，晏阳初和同仁还编辑了《市民千字课》《士兵千字课》《市民高级文艺课本》《农民高级文艺课本》等教材。

俞庆棠指出，编辑民众教材要符合三个原则：一是应适合民众实际生活的需要；二是须能引起民族意识，自治精神，并能与现代生活相适应；三是适合民众之心理。[①]也就是说，教材的内容要着眼于民众的生活需要，脱离了民众生活实际的教材内容，对于民众来说是空泛的、毫无意义的。俞庆棠甚至认为：“社会与日常生活中的事项亦无一而非教材。所以教材不仅是书本，一切社会的实物和现象以至一件事的整个过程都是民校教材。因此教材应作活的看，教科书亦应当活用。”[②]可以看出，俞庆棠除了强调教材内容的生活化以外，还注意到了社会生活环境的育人功能，教师不仅不要教“死书”，还要调动民众的积极性、主动性，不光学习书本上的知识，而且要结合自己的实际情况，掌握解决实际问题的办法，只有这样，才能具备改善生活、建设社会的能力。在这种思想的指引下，江苏省立教育学院先后出版了《混合编制民众读本》(1930年9月)、《妇女读本》(1931年4月)、《民众高级读本》(四册，1931年)、《民众歌曲》一册、《民众学校唱歌教本》一册、《民众学校算术教授书》一册、《民众学校习字帖》一册、《民众学校课本》四册、《短期义务教学混合课本》四册。俞庆棠亲自编写了《师范学校民众教育》《民众教育》(两册，1947年)、《农村妇女基础读本》(两册，1941年)和《农村妇女读本》。《农村妇女基础读本》和《农村妇女读本》两本教材对文字的使用非常考究，依据常用的字选择单字，并注意到单字的联络和单字排列的相属性，特别是单字组成

① 茅仲英，唐孝纯．俞庆棠教育论著选[M].北京：人民教育出版社，1992：203.

② 茅仲英，唐孝纯．俞庆棠教育论著选[M].北京：人民教育出版社，1992：204.

的多样的词，如“生活”“卫生”“便宜”“适宜”“前后左右”“春夏秋冬”之类，且全书生字都具有衔接性。课文力求和口语合一，并酌量采用民间的谚语和歌谣。课文逐渐加长，以增加字句反复使用的机会，同时使得课文的内涵更加丰富。课文之间互相联络，每六课构成一个学习单元。每课和每个单元之后都附有练习题，便于读者熟练掌握。书中内容从乡村妇女的现实生活出发，涵盖爱国主义教育、公民教育、卫生教育、生产教育、历史教育、自然教育等，使读者在认识和使用简单必需之文字的基础上，能够获得关于家庭、乡土、健康、劳动、公民等基本知识，逐渐了解与改进个人与社会生活；从妇女过去所受的痛苦中，了解经济独立，是妇女解放的先决条件；从国家所受侵略的教训，认识为民族复兴而共同奋斗的意义。此外，俞庆棠还与秦柳方、陈礼江合编了《战时国文教材》等教材。

邰爽秋主张，编制教材不应该以科目来教导，而应以经济活动、民生需要和全国各地经济活动来编排课程教材。沪西民生教育实验区根据这一主张，编辑了多种适应民众生活需要的教材，如：种菜教材、合作教材、纱织教材、农业教材、商业教材等。[①]这些教材的内容适应各种不同教育程度的全体民众，并全部采用民众口语，如商业教材用商人常用语言，农业教材用农人常用语言。编写的内容不是以主观地假定民众的需要为根据，而是先调查民众需要，然后决定取材。在编写的过程中，对教材的形式、内容、文字及目标方面都会做出创造性的处理。例如在形式方面：关于插图，因为教材是用油印的，所以插图很难印，于是选择一种比插图更有意义的方法，即在课本内留出空的位置，让教师指导学生去写生，像蔬菜教材的内容，一般都是民众常种的蔬菜，如油菜、白菜、葡萄等，学生有的是实物标本，只要教师予以指导，学生马上就可以描绘出来，这样既可以补充没有插图的缺憾，又能够达到美术教学的目标。[②]

① 雷志松.学术、社团与社会：中国民生教育学会研究（1936—1949）[M].北京：社会科学文献出版社，2012：168.

② 民生教育实验区.民生本位教材的编辑[J].上海教育周刊，1947（2）：12.

（二）编辑民众读物——传播知识，提升道德品质，丰富精神生活

针对如何能满足平民在生活上因识字而增进的愿望，晏阳初曾说："平民教育之主要工作，即在一方面造就识字之人，一方面编制平民能欣赏之读物二者是也。"中华平民教育促进会自1923年9月成立到1926年7月，在不足三年的时间里，就编辑了平民小丛书301种，类目为：公民50种，卫生50种，农艺30种，自然科学20种，社会20种，小说60种，戏曲20种，诗歌20种，传记30种，应用文件指南1种。[①]1934年10月，在河北定县召开的第二次乡村工作讨论会上，晏阳初在报告中说，中华平民教育促进会已完成平民读物340种，并计划完成1000种，书中70%是常识，30%是文艺，[②]所有这些读物，均是以农民需要为标准。

为满足民众学校毕业生及具有一般文化水平的民众阅读的需要，并提高他们的知识水平，江苏省立教育学院研究实验部与有关部门合作，先后编印了《注音民众小丛书》《民众卫生小丛书》《民众科学问答丛书》等有关科学知识的小丛书和通俗读物。其中，《注音民众小丛书》是有关农业方面科学知识的小丛书，《民众卫生小丛书》是有关卫生保健和预防传染病知识的小丛书，《民众科学问答丛书》是有关日常生活中科学小常识的小丛书。（见表3-4）

表3-4　江苏省立教育学院研究实验部编辑出版的小丛书种类及名称[③]

注音民众小丛书	民众卫生小丛书	民众科学问答丛书	通俗读物
《种植中棉的方法》	《苍蝇和蚊虫》	《我们住在什么上面?》	《民众画报》
《种稻须知》	《疟疾》	《月亮》	《图画故事》
《肥料浅说》	《沙眼》	《下雨》	《劝农谈话》
《接木方法》	《痨病》	《雷和电》	《爱国故事连环画》

① 宋恩荣.晏阳初文集[M].北京：教育科学出版社，1989：11.

② 宋恩荣.晏阳初文集[M].北京：教育科学出版社，1989：91.

③ 根据朱若溪的文章《研究实验部的编辑工作》整理。参见：无锡文史资料：第25辑[Z].无锡：无锡市政协文史资料委员会，1991：100-108.

续 表

注音民众小丛书	民众卫生小丛书	民众科学问答丛书	通俗读物
《蚕病预防浅说》	《伤风》	《我们吃的》	《民众文艺剧·新谷登场》
《棉花重要敌害》	《伤风不是病吗?》	《太阳》	《民众文选》
《种树浅说》	《个人卫生》	《吹的风》	
《葡萄栽培法》	《公共卫生》	《生命离不了的东西》	
《种植美棉的方法》	《牙齿卫生》	《我们穿的》	
《小麦栽培浅说》	《眼和耳卫生》	《我们住的》	
《经营果树园须知》	《婴儿卫生》		
《谷类黑穗病的防治法》	《天花和种痘》		
《玉蜀黍栽培浅说》	《疥癣的预防》		
《桑树的重要病害》	《几个普通的急救法》		
《大豆栽培浅说》	《白喉》		
《种桃》	《赤痢》		
《养鱼问题》	《霍乱》		
《养猪问题》	《伤寒》		
《养蜂浅说》	《脑膜炎》		
《养鸡浅说》	《花柳病》		
《农具浅说》			

抗战爆发后，邰爽秋领导的中国民生建设实验院积极从事课外补充读物的创作，完成了木刻故事画《三兄弟踊跃参军》和《荣誉军人》，编写了《国民教育卡通》及《士兵教育纲要》《民生教育语录丛刊》，均起到了很好的教育效果。

这些教材和读物，凝聚着中国近代教育家们的汗水和智慧，体现了他们为改善民生而做出的巨大努力。至今阅读起来，仍能感受到他们在字里行间流露出的对国家和人民的热爱之情。如：

写给妈的信

妈：

我常常想念家里，不知道妈的身体好不好？我们村里开了一个国民学校，村里的弟兄姐妹都去读书，我也去了。

妈，先生不但教我们识字读书，也教我们怎样苦干，怎样改良生活，还和我们讨论国家的大事，和世界的大势。先生常常说："公共的事情，要我们民众合力来干；爱护国家，是我们国民大家的责任。"①

三、出版学术期刊

中国近代以来，新式知识分子为了启迪民智、宣传科学与民主思想，纷纷创办学术期刊，以至于在20世纪二三十年代在全国出现了"期刊热"，仅各类教育团体创办的教育类主要学术期刊就多达67种②。同样是为了满足学术交流和对外宣传的需要，中国近代教育家们也都创办了属于自己学术社团的期刊。

（一）教育理论类学术期刊——传播教育民生思想与理论，交流教育民生工作经验

教育理论类学术期刊是指主要刊登有关教育现象、教育对象、教育旨趣、教学方法、教学方式、教学手段、教育制度、学习心理、课程、教材、教育调查等问题的理论阐释和学术争鸣方面的报纸杂志。

晏阳初领导的中华平民教育促进会于1934年创办了《民间》杂志，其宗旨是：报道各地农村实况、交流各地农村运动的经验并开展批评。自创刊后，该杂志编发了大量关于乡村建设运动和乡村教育的理论文章与农村调查报告，成为全国乡村建设运动的重要理论阵地和信息中心。以第2卷第1期为例，本期刊登了李蒸的《改造中的乡村教育目标》、高践四的《政教合一问题之研究》、陈大白的《洛阳民众基础学校之实验》等文章。李蒸在文章中指出，应该把乡村教育的目标确立为：养成具有国家观念、民族意识的健全国民，矫正过去完全以个人及家族的福利为立场的错误观

① 俞庆棠.乡村妇女基础读本[M].上海：世界书局，1940：7.

② 刘英杰.中国教育大事典（1840—1949）[Z].杭州：浙江教育出版社，2001：83-89.

念；学校课程与训育以及社会式的教育应该养成民众的自尊心、自信力、强壮的身体、劳作的习惯、有纪律的生活、节俭的品质、团结互助的精神、为国家牺牲性命和财产的决心并掌握近代科学的常识和实用的技能；高践四认为，政教合一可以解决社会上的种种问题，使得中国民族能与其他民族并驾齐驱；陈大白详细介绍了洛阳民众教育实验区民众基础学校的招生办法、组织机构、训练内容、教学设施以及事业推广情况；在“农运情报”一栏，刊登了来自定县、邹平、青岛、上海、江宁、涿县、百泉、无锡几个地方的农村运动实况和消息。

俞庆棠领导的江苏省立教育学院主要编有《教育与民众》月刊，是全国定期民众教育刊物。据统计，至1935年，全国有定期民众教育季刊5种，两月刊1种，月刊19种，半月刊4种，旬刊5种，周刊3种，共计37种，其中，历史最悠久的当推江苏省立教育学院研究实验部编辑发行的《教育与民众》。[①]该刊从1929年创刊至1948年停刊，每年发行一卷，每卷10期，原定每期四五万字，因国内外学者纷纷赐稿，从第3卷开始，每期竟增加到十三四万字。[②]历届研究实验部主任为总编辑，作者队伍除了由国内知名教育家构成外，还有一批留学于英国、美国、德国、法国、丹麦、日本、比利时等国的学者，他们专门从事各国成人教育的调查和译述，从而把世界各国的成人教育概况都介绍到国内来。期刊内容丰富、主题多样，如：关于教育目的、教学目标、教育内容、实施方法、教学组织方式、教学手段、教育对象、教育经费、教育对象的身心特点、教育环境、教育设施等的理论阐述或学术批评，期刊的最后往往还进行国内外教育消息的报道。以1930年第6期为例，该期共刊登13篇文章、两则《民众教育最新消息》和一篇《大事记》。（见表3-5）

① 茅仲英，唐孝纯.俞庆棠教育论著选[M].北京：人民教育出版社，1992：170.

② 编者的几句话[J].教育与民众，1930（6）：1.

表3-5　1930年第6期《教育与民众》刊载内容概况①

作者	篇名	主要内容
高阳	《社会教育实施目标及方法之商榷》	社会教育实施目标，应当根据教育宗旨与实施方针来确定，对于个人与社会，当双方兼顾。就个人方面而言，社会教育当使社会各分子，均得有继续不断之生长。不分男女长幼及程度之高下，于知识、能力、精神、身体各方面，均得随时世之递迁，有继长增高之机会。因之国民生计，得以发展；人民生活，得以充实。就社会方面而言，社会教育当以社会各分子，均成社会的能员、负责的国民、健全的公民。因之民族生命，得以延续，社会生存，得以扶植
郑冠兆	《新俄成人教育的鸟瞰》	苏联成人教育的进展情况
马宗荣	《社会教育的理论和实际》	社会教育的理想是以社会全民为对象，以改善社会为理想的教育。社会教育的内容应该包括文化科学、自然科学、保健教育、生计教育和公德教育
王光祈	《德国成人教育》	介绍了德国民众大学讲习班的种类、班次、系别、专业、课程等。德国民众大学讲习班共分为两种，一种设在“大学城”中，所授知识多涉及高深学术；另外一种设在乡间，传授的知识一般都是普通常识。第一种讲习班大多每年开设三个班次，分别为秋季班、冬季班和春季班，有些民众大学所设系别包括哲学系、应用心理学系、体育及养生学系、文学美术系、文化系、自然系、健康学系、数理工业系、法律经济系、语言系等，课程涵盖政治、经济、体育、文学、语言、美术、心理学等二百八十多种，学生可自由选择
李云亭	《民众教育问题》	在训政时期，唯一的目标就是完成训政，训政完成即是人民自治，授政与民，使民众能运用政权，自己管理自己
孟宪承	《民众文学浅说》	介绍了民众文学的内涵、内容和精神，民众文学的研究方法
王契华	《农村青年教育》	农村改进的根本问题，在于改造组成农村之分子，虽然其组成分子中不唯青年为限，但青年为开来继往人物，其特性为习善为善，习恶为恶，在这个时期接受教育已刻不容缓。至于以何种途径、施予何种教育，是值得研究的一大问题。两种可行的教育：补习教育和修养组织
宋作楠	《中国农民经济状况蠡测》	中国农民因耕地不足和佃农制度导致温饱和贫困问题。
李穷知	《幻灯教学》	幻灯教学的最大特点是以最少的经济、劳力、时间，求得最大的效率；什么是幻灯教学、幻灯的构造及使用方法；幻灯教学法是普及教育的捷径

① 根据1930年第6期《教育与民众》整理。

续　表

作者	篇名	主要内容
孟宪承	《关于丹麦民众学校的书六种》	近代以来，丹麦的民众教育发展迅速。1844年，便设立民众高等学校，其教学理念、教学方法与教学内容，纷纷被其他国家所效仿。丹麦以乡村文化和教育作为国家与民生的原动力，而文学又被丹麦民众高等学校作为乡村文化的要素之一，因其不仅能够激发人的求知欲，还能够唤醒人的自觉和自尊并陶冶人格；评述福脱、康博尔、贝屈、奈德等六种丹麦民众学校常用的文学体裁的书籍
秦柳芳	《参观报告》	介绍了苏州青年会普益社开展的民众教育工作
张锡昌 钱俊瑞	《参观通讯》	介绍了黄巷民众教育实验区开展的民众教育工作概况
王本慈	小说《村子与矿夫》	介绍了一个叫"乙君"的知识青年立志投身民众教育的故事
民众教育劳农学院研究调查部	《民众教育最新消息》	介绍了国外民众教育消息和国内民众教育消息
钱艺	《本院大事记》	介绍了江苏省立教育学院当月发生的值得记录的大事

邰爽秋领导的中国民生教育学会成立后不到一年，便创办了《民生教育》月刊（1937年5月），编辑主任蒋建白在《发刊词》中说明了该刊的创办宗旨："为了发挥我们的主张，希冀获得一般热心教育改造运动的先生们对于民生本位教育的扶植，除了实地施行以外，所以又出了这一个月刊，把民生教育的理论和实际加以研究和推行。"①为了提升刊物的质量和水平，中国民生教育学会邀请了31位教育界专家作为特约撰述，包括李蒸、汪懋祖、杨效春、罗廷光、杜佐周等。该刊每期刊登的大致内容有论文、特载、报告、消息、附录等。1938年5月至8月，中国民生教育学会贵阳办事处又先后出版发行了14期《教育与民生》周刊，邰爽秋担任主编。在《发刊词》中，邰爽秋指出，该刊创办的目的是研究民生本位教育

① 蒋建白．发刊词[J]．民生教育，1937(1)：2.

的基本理论及实施方法并促进贵州民生经济与教育的建设。①

中国近代教育民生事业是初创的、特有的事业，往往面临很多问题，这就需要多方讨论与批评，集思广益，才能形成正确的认识，并从中找出一条途径来。这些教育理论学术期刊，为教育工作者和广大民众提供了学习、交流、探索与相互批评的平台，并使教育民生思想得以广泛传播，也正是在这种学习、交流、探索与批评中，教育民生思想才逐步走向成熟。

（二）教学辅导类学术报刊——提高学习效果，传授民生知识

教学辅导类学术期刊是指用于帮助受教育者提升学习效果、增长知识或交流学习的报刊。晏阳初领导的中华平民教育促进会创办发行的《平民教育图画》《平民旬报》《平民社会》《平民千字报》《农民》等，都属于这类学术期刊。其中，《农民》报可以称为典型的教学辅导类期刊。

《农民》是中国历史上第一份专门为农民发行的报纸，创办于1925年，主要由孙伏园担任主编，每年1卷，从初创至第6卷为旬刊，第7—12卷曾改为周刊，之后又改为旬刊，所用字词大多来自《平民千字课》，如果出现超出《平民千字课》范围的字，就会在该字旁边用一个课本中的同音字来注明该字的读音。第1卷第1期头条对本报创办的宗旨与目的进行了说明：一是帮助乡村平民学校的学生开阔眼界、增长知识、开通思想；二是帮助学生温习学过的字、加认没有见过的生字、明白字的用处与造句的方法、习得课本以外的普通常识、引起读书的兴趣、养成读书的习惯。②

根据办报的宗旨与目的，该报主要开设公民、新闻、常识、农艺、卫生、格言、书信、故事、游戏、农谚、诗歌、科学、家庭、本期生字、写给读者的话等栏目。可见，《农民》实际上担负起了推行文字、生计、公民、卫生四大教育的任务。如“公民”一栏，是为普及公民常识而设，刊

① 郤爽秋.发刊词[N].革命日报，1938-05-02(4).

② 中华平民教育促进会总会乡村教育部.本报的宗旨与目的[J].农民，1925(1)：1.

登的文章有《国民对于国家应当怎样》《我们应该自己觉悟》《我们乡间老百姓怎么爱国》《我要对乡下的同胞们说几句话》《为什么要与外国修改条约》等，对农民宣传关于国家、公民的知识，开启他们的民主意识，并培养其公共心、团结力；“仓廪实而知礼节，衣食足而知荣辱”，在温饱问题还没解决的年代，农民最关心的是如何才能吃饱穿暖，如何改善自己的生活，而平民教育的旨趣亦在于此。面对生产力低下、农业科学知识匮乏的农民，向其传授生产知识和农业科学知识便成为平民教育运动的重要任务之一。“农艺”一栏每期都要刊登专门文章，像《农夫多得粮食的法子》《介绍几种有用于我国农夫的农作技能》《养鸡须知》《驱除果木害虫最便宜的法子》等，对有关种植、养殖、生产方面的知识进行了详细的介绍；在定县，经济贫困以及农民缺少卫生知识等原因，导致农民缺医少药，卫生状况极差，环境肮脏，传染病流行。为了改善这种状况，《农民》专门开辟“卫生”栏目，宣传介绍一些卫生常识和常见疾病的预防与治疗方法。在创刊号即刊登《防备生病的法子》，告诉农民在日常生活中要养成良好的卫生习惯，做到爱干净、不能吃坏掉的东西、常开窗换气、常晒被子等。在后续的每一期中，都会刊登相关知识，像《细菌为生病的一种原因》《个人的卫生》《肺痨病》《保养儿童》《简便治病法》等。

《农民》不仅承担四大教育的任务，而且还为丰富农民的生活着想，开设“游戏”“诗歌”“有奖竞猜”栏目，仅第75期参加竞猜者就有38人，其中平民学校学生1人。除此以外，该报还非常注重与农民读者的互动，开设“书信”栏目，刊登读者来信与编辑部的回信；举办“我为什么爱看农民报”征文活动，农民朋友和平民学校毕业生踊跃参加。读者张培基在征文中写道：“我们人类，既为高等动物，就该享高等的幸福；欲享高等幸福，又必有高等知识。报纸流行，一日千计，无处不到，正为增知识、广见闻的一种利器。然所载多属军人政客的事；关于平民农业方面的，实属少数。我每想，平民正是强国的根本，农业又是富国基础，要不积极地把平民知识提高，农业研求精密，国家焉能富强？人民焉有幸福呢？去年春天，我看见《农民》报所载多属农民知识、农业研究。而且又是语体文字，浅而易明，简直口诵就可心得。我们平校方才毕业的人，学业浅显，常看这报，定能帮助我们的学业前进。”[①]可见，《农民》报在一定程度上满足了农民对知识的需求，文章所用语言及难易程度刚好适合农民的口味，深受平民学校学生和农民的欢迎。正如该报在宣传自己时所评价的那样：四大特色——①农民文字估一半以上；②农民参加编辑；③定县土产毛头纸印刷；④采用最新式文体。四大功用——①可以作课本；②可以作课外读物；③可以作全国农民发表意见的机关；④可以作研究农民生活者的参考材料。一展卷准保闻到稻麦香！全国农民不可不看、从事民众教育者不可不看、从事农村运动者不可不看、全国智识阶级和学者不可不看！”

综上，学术报刊对于中国近代教育民生的理论发展和实践探索起到了重要的作用，成为开展教育民生工作的有力推手。

四、推广教育成果

研究与实验是推广的前提，推广是研究与实验的目的，这两步工作是相互连锁的，离开了研究与实验，推广便失去了根据；没有推广，研究与实验便会失去生命。只有把研究与实验的成果推广出去，才能收到教育的实效，实现教育的目的。

(一)实验区内各项教育的推广

1.生计教育推广

(1) 农作物推广

中华平民教育促进会在实践中发明了“表证农家”这一推广制度，表

① 张培基.我为什么爱看农民报[J].农民，1927(6)：10.

即表演，证是证明，意即把研究与实验的结果当众演示，以证明其成效，让农民亲眼看到科学知识在生产中的重要作用。成为表证农家的条件是：年龄在20—25岁的平民学校毕业生，成绩优良，有领导能力，热心农事改良并且家有20亩以上的土地。在定县实验的11年中，中华平民教育促进会生计教育部在农作物研究方面取得的成果有："定县刘玉田号"小麦、22号改良大谷、脱籽棉花、3-3改良红高粱，这些农作物均比本地普通农作物品质好，表现为产量高、出粉率高、口感好、耐旱、抗病力强等。其中，"定县刘玉田号"小麦在1934年被当地28家农户换去11石7斗作为种子，播种耕地199亩，后被中华平民教育促进会与金陵大学分种各地；22号改良大谷的旧存种子于1935年由中华平民教育促进会推广于表证农家，并被计划来年推广10000亩；脱籽棉花于1935年被定县全县棉农纷纷定购，1936年推广至26村，计11473亩，农民因产量增加而增收132000余元，1937年，推广种植114000余亩，预计增收1320000余元，但因日本侵华，定县沦为战场，农作物惨遭破坏。[①]需要指出的是，农民在购买优质种子之前，基本上都已通过表证农家对作物的种植和管理方面的科学知识进行了必要的学习与了解，这就说明，中华平民教育促进会在推广优良种子的同时，也把农业科技知识推广给了广大农民，而表证农家在推广过程中起到了很好的中介作用。

俞庆棠认为，研究的成果一旦实验出来，即可以推广，推广时仍需要抱着实验的态度，以检验实际推行与预订计划是否完全一致。推广时发生的问题，又可以成为实验的材料，所以应该在推广中实验，在实验中推广。江苏省立教育学院一边向民众介绍优良的作物种子，一边推广农作物种植。1934年，推广桑树10000株，白杨、松树等10737株，在北夏造林圃二处，面积30余亩。俞庆棠还把农事展览会作为推广农事研究成果的重要方式。从江苏省立教育学院成立到1932年1月，曾举行四次农事展览

① 吴相湘.晏阳初传：为全球乡村改造奋斗六十年[M].长沙：岳麓书社，2001：193-196.

会。1932年举行的第四次农事展览会规模最大，共计2000余人参加，参加者包括给奖单位代表和乡村改进会代表、附近农民和该院学生。展出的内容有：各种改良稻，各种丰产区的水稻，各种有关水稻的挂图，水稻标本，选种标本，盐水选种效率标本，水稻全株标本，小麦标本，棉作标本，园艺选种区、家庭园艺实习区、桑园简单温室的花卉、蔬菜、庭园树木的种子标本，学院农场栽培的外国蔬菜、甘蓝、萝卜、番茄、葫瓜、美国香橙、苹果、葡萄、烟台苹果、广西文旦、本地南瓜等。四次农事展览会上，推广出的稻种情况为：1929年，曲玉种推广5担，至1930年达20余担，处暑黄（早稻）10余担；小麦良种的推广情况：以金大26号为主，其余有南京赤皮、日本赤皮、美国白皮，1930—1931年，共推广50担。①

邰爽秋领导的中国民生建设实验院特设推广部，以将实验成果推广应用。其采用的主要推广方式为农事展览会和普及教育车。在其存续的前四年中，共推广双季稻种5石4斗2升；向325个机关赠送番茄种子1890余包。②

（2）畜牧推广

中华平民教育促进会于1930年表证力行鸡528只，1931年581只，1933年134只，改良鸡舍54家；1935年，定县农场向全县6个合作社推广纯种波支公猪6头。

江苏省立教育学院在举办的家事展览会上，把养鸡场、养蜂场、猪舍、乳牛场全部开放，以供参观，并推广出荷兰公牛和改良母牛各一头。另外，该院研究实验部在刘潭设立的实验农场，还向当地民众推广长毛兔、菜兔、来克杭鸡、约克夏猪等家禽家畜良种。

---

① 陈君谋.农事展览会追记[Z]//无锡文史资料：第25辑.无锡：无锡市政协文史资料委员会：1991：84-89.

② 中国民生建设实验院四年来工作概况及今后三年发展计划[B].重庆市档案馆，重庆市社会局档，0060-13-103，转引自，雷志松.学术、社团与社会：中国民生教育学会研究（1936—1949）[M].北京：社会科学文献出版社，2012：173.

（3）农具推广

中华平民教育促进会的刘拓博士是农业工程专家，他在一个村子里经过6个月的研究，终于制造出了一种新水车，这种水车用起来非常方便，旧水车需要两个人往上提水，新水车只需要一个人，而且新水车的工作效率是旧水车的3倍，且比旧水车便宜2元钱。刘博士还发明了一种能自动汲水的双斗辘轳。中华平民教育促进会的研究人员还对中国的旧式犁、耙和播种机进行了改进。1927年秋天，中华平民教育促进会利用农村庙会示范推广这些研究成果，这次庙会竟然有40000人参加，水轮成为人们关注的焦点，5000多位农民操起水轮的把手，试探水轮的工作情况。

江苏省立教育学院在举办的家事展览会上，专门设立农家稻穗标本及农具室，展出无锡震旦机器厂关于农业机械方面的各种照片、图表，以及该院农场使用的打水机、播稻机、打谷机、中耕机、日本犁、改良镰刀的图表用具等。

2.卫生教育推广

晏阳初指出，卫生教育的目的，一方面在于使人人成为健康的国民，另一方面是要促成农村公共卫生的环境。为了达到这一目的，中华平民教育促进会设置了保健员、保健所和保健院三级组织，负责水井改良、卫生教育和卫生建设工作。截至1934年10月，全县已培训出保健员53人，建成保建所6所。中华平民教育促进会卫生教育部利用各种方式在全县范围内推广医疗卫生保健知识。1929年11月12—13日，在定县城区举行卫生教育扩大宣传，12月及1930年1月，又会同生计训练学校分别到各村展览、演讲及放映电影，并当场为村民进行预防注射与诊疗示范，以引起农民对卫生问题的重视。1930年3月，从平民学校毕业生中选出男女各一人，进行培训后，分别担任各村诊所护士和公共卫生护士，并参加学校卫生工作和家庭访问工作。中华平民教育促进会还成立巡回医疗队，于冬季农闲时节赴各乡村进行医疗服务，不仅为病人治病，还利用实际病例使农民认识到现代新医药的重要性，并为识字青年和平民学校学生讲授卫生保健知识。1931年2月1日，举行学生卫生大会，将曾经为学生所做的体检记录、治疗记录及有关保健清洁的图片分别陈列，并演出卫生教育话剧，共有2000余教师、家长和学生参加。据统计，自1929年9月1日至1930年6月底，中华平民教育促进会卫生教育部共举行卫生知识演讲304次，听讲人42000余人；保健讲习153次；保健会40次；家庭访问345次；个人谈话1300余次；分发图片或小册子19种，计600000余份。1931年，卫生教育部从各村平民学校毕业同学会中选举一人，施予卫生训练，包括种牛痘方法、水井改良、运用保健药箱、普通卫生常识、简单消毒方法等。训练完毕后，保健员回村，医生在村民大会上特别介绍，说明保健员的工作以及对村民的好处，保健员当场演示各种治疗方法。1931至1933年，种痘工作只集中于研究区，1934至1936年，自研究区扩大到全县范围普遍种痘，接种人数为14648人。①

江苏省立教育学院在实验区内设立民众医院，在为村民免费治疗的同时，还向他们宣传卫生知识，并定期举办清洁运动，清理村内道路及场地，清理粪坑，进行家庭清洁检查，打扫公共卫生，还在村内设立运动场，举行运动及健康比赛，开展各种健康展览，配备体育设施，使健康卫生知识传播到千家万户。

(二)实验区的拓展

晏阳初、俞庆棠、邰爽秋等领导的教育民生实验，不仅仅满足于将各种教育实验在实验区内进行推广，他们的最终目标是向全国推广，以改善全国人民的生活。

早在1923年中华平民教育促进会成立之初，就拟定了全国五大推广

① 吴相湘.晏阳初传:为全球乡村改造奋斗六十年[M].长沙:岳麓书社,2001:204-212.

区：华北、华东、华中、华西与华南，并把北京、南京、长沙、成都、广州作为各区的中心。为了取得行之有效的经验并进行广泛的推广，中华平民教育促进会设置了两种模式：集中的基地实验和普遍的学术协助。1929年，李宗仁在武汉主持军政时，邀请中华平民教育促进会派人办理军中平民教育；1931年，李宗仁、白崇禧回到广西，致力故乡建设，请中华平民教育促进会协助，中华平民教育促进会于1932年冬派人前往。1935年秋，公民教育部主任陈筑山奔赴广西进行了详细考察，并拟定计划带回定县，与晏阳初再三商讨后，决定把广西作为平民教育推广的主要地区之一。他们计划设立教育研究所，作为中心机构，并划定十多个县作为表证区域。1936年春，陈筑山等工作人员到达广西开始工作。随着时局的发展，华北的局势对定县实验的工作越来越不利，为了避免战争的影响，中华平民教育促进会决定将总部迁往长沙。自此，在湖南开展了各种平民教育工作，包括创办衡山实验县、创建湖南省立衡山乡村师范学校。在衡山实验县，进行了各项改革与实验工作，如，改善县政机构、实行地方财政统收统支、新建卫生院和农业试验场等。在湖南开展工作的同时，四川的工作也在有条不紊地进行。1936年夏，晏阳初等中华平民教育促进会成员到四川后，即筹划成立设计委员会，并开展全省社会调查工作。1937年3月，成立新都实验县。之后，开展了不计其数的工作，如：调整乡保学校区划，规定一保设立一初级小学，一乡（镇）设立一高级小学，县城设立一所中学，且规定，凡是学龄儿童都应入学，致使学龄儿童入学率高达90%以上；在新都城区创设卫生院，收治各卫生所送来的疑难病人；设立农场，推广优良品种。与金陵大学农学院及四川省农业改进所合作，引入适合四川西部生长的稻谷、烟叶、家畜等优良品种进行繁殖，逐步推广至全县；新都县政府会同中华平民教育促进会编印教材，分期向农民讲习选种、治虫、防病、施肥等农业科学技术。除了在新都设立实验县外，晏阳初及同仁还在当地政府的帮助下，于1940年在四川省巴县歇马场创办了乡村建设学院，设农村教育和农业教育两个系，1942年增设水利工程系和社会行政系，以培养乡村建设的行政与技术人才。[①]

为了推广民众教育，早在1932年，俞庆棠创立的中国社会教育社就已经在河南洛阳、广东花县创设了两个实验区。1937年11月12日，上海沦陷，无锡危在旦夕。为继续推行民众教育，俞庆棠和高阳带领江苏省立教育学院大部分师生和职工家眷随高校西迁潮流迁至桂林，创办了国民教育实验区，编写成人教育教材以及国民中学有关教材，并协助教育厅推行“成人教育年”以扫除文盲。[②]1938年8月，俞庆棠又在四川创办了松溉纺织实验区和乐山蚕丝实验区，招收附近乡村的1000多名青年妇女，她们在学校接受培训，半天学文化，半天学纺纱织布。乐山蚕丝实验区主要进行推广改良蚕丝事业的实验，其范围包括乐山、青城、峨眉、井研、犍为、夹江等六县。蚕丝实验的内容包括对蚕茧下脚料及蚕蛹进行综合利用，用以制作丝棉、肥皂、酿造酱酒等，提高了农民的收入，深受农民欢迎。[③]

全面抗战爆发后，邰爽秋被迫中断了在上海的实验工作，随大夏大学西迁庐山、贵阳、重庆等地。为继续发展和推广民生教育实验，于1939年在四川巴县创建中国民生建设实验院，以“运用教育力量，推进民生建设”为宗旨，开展了一系列教育民生工作，包括难民教育、成立民生建设实验指导区，开办教育工厂，设立实验国民学校、实验巡回教育站、实验教育团、实验合作社等教育机构。

① 吴相湘.晏阳初传：为全球乡村改造奋斗六十年[M].长沙：岳麓书社，2001：279-325.

② 张蓉.中国近代民众教育思潮研究[D].上海：华东师范大学，2001：38.

③ 熊贤君.俞庆棠教育思想研究[M].沈阳：辽宁教育出版社，1997：42-43.

第三节　晏阳初、俞庆棠、邰爽秋教育民生思想比较分析

中国近代教育民生思想与教育救国思想相并行，共同构成了中国近代教育思想的主要框架，对中国近代政治、经济、文化、教育等层面产生了重要的影响。平民教育派的晏阳初、民众教育派的俞庆棠、民生教育派的邰爽秋，他们的教育民生思想，皆关照人的生存、生命、生计与生活，但在关注点和实践方式上，既有相同之处，也存在着差异。具言之，他们的教育民生思想的异同之处主要表现在以下几个方面。

一、教育民生宗旨观的异同

（一）相同之处

目睹中国社会政治沉沦、经济衰微、文化落后、教育弊病百出而导致中国劳苦大众生活于水深火热之中，亲身体验西方先进的科技文化和民主自由，受到西方平民主义教育思想的影响，晏阳初、俞庆棠、邰爽秋都把改良教育、培养有健全生活能力的新人从而改善民生作为教育的宗旨。如晏阳初把平民教育运动的宗旨界定为“除文盲，作新民”；俞庆棠指出，“要用民众教育的力量，解决民众的生活问题，要充实其生活力，培养其组织力，发扬整个民族的自信力”[①]；邰爽秋强调：“民生本位的教育，就是一种创造社会新生命的教育……使各个人皆能丰衣足食，生活满足；不仅使一个社会永远的生存，不断的进步，还要使全社会民族里的群众生

①《中国现代教育家传》编委会.中国现代教育家传[M].长沙：湖南教育出版社，1987：161.

命，得着安全的保障，使民族的生命得以延续。”[①]有关三位教育家教育宗旨的具体内容，本章第一节已经论述，在此不再赘述。

（二）相异之处

民生的内涵相当广泛，既包括物质生活，也包括精神生活和政治生活，尽管晏阳初、俞庆棠、邰爽秋都把改善民生作为他们各自领导的教育运动的宗旨，但是，他们的侧重点却不一样。

晏阳初在教育宗旨上更注重培养具有民治精神的现代公民，即新民。在美国留学时，晏阳初认识到，美国人的民主精神和独立、自强的生活态度是他们取得成功的主要原因。从此，培养国人的民主意识和独立、自强精神便成为他的志愿。中国为数众多的普通民众由于没有接受过教育，没有政治知识，不知道国家和自己有什么关系，更没有能力享有公民权利；因为没有接受过教育，他们意识不到自身的社会价值，不了解自身潜藏的力量，亦缺乏公共心。晏阳初决心通过教育给予这些民众自我发展的机会，使之认识到其在社会与国家生活中自身的价值与责任。他一再指出：“使人民有知识、有文化是重要的一步，但仅仅是第一步……运动的根本目的不仅是教成千上万个文盲去读书，而是把他们训练成为现代的公民。”[②]“平民教育的主要目的不仅是使一个不识字的工匠成为一个‘读书人’，或把一个纯朴的农民塑造成懂得科学知识的人。此外，还应该使他们成为有聪明才智和有进取心的中华民国公民。”[③]“设施平民教育，是以识字教育为起点，而以公民教育为正鹄。”[④]在晏阳初看来，在真正的共和国家，全体人民都应该懂得怎样当家做主，具备参与国家政事、管理社会生活的能力和权利。只有这样，人们才能过上有价值、有尊严的生活。

① 中国民生教育学会．本会成立大会宣言[J]．民生教育，1937(1)：4.

② 宋恩荣．晏阳初文集[M]．北京：教育科学出版社，1989：44.

③ 宋恩荣．晏阳初文集[M]．北京：教育科学出版社，1989：46.

④ 宋恩荣．晏阳初全集：第1卷[M]．长沙：湖南教育出版社，1989：64.

俞庆棠认为，民众教育要集合大众的智慧、热情、意志和努力，以促成整个国家经济制度的改造。她还指出："办民众教育，不仅是识字的人教不识字的人，还要用民众教育的力量，解决民众的生活问题，要充实其生活力，培养其组织力，发扬整个民族的自信力。这是教育领域里的一个重大改革。"①在教育的宗旨上，俞庆棠不仅强调要改善民众的物质生活和精神生活，培养他们的公共道德，还要对被遮蔽了民生功能的现行教育进行改革。她批判传统教育严重脱离民众的生活，认为教育或一切社会的新制度，要真正建筑于民众现实生活之上，中国教育及社会其他各组织，已呈现逐渐崩溃之象，而新的组织，还没有成立。人生的需要会随着时代的变迁而变化，社会及教育的制度，亦应随时代的变迁而做出相应的改革。"民众教育在学制上没有占到地位以前，应当非把它造成科学化的科学不可。"②可以看出，俞庆棠不仅要通过民众教育来改善民生，还要把改革教育制度作为职志，以使民众教育在制度上获得支持和保障，因为在她看来，民众教育是适应生活迫切需要的教育，"也是中国最需要的教育"③。

邰爽秋清晰地指出："民生本位的教育，就是以发展人民生计的经济活动为脊干，来改进民众生活，扶植社会生存，保障群众生命而达到民族复兴的教育。"④"以发展民生的经济活动为经，以文字、公民、卫生、休闲、自卫、救国、种种的教育为纬。"⑤民生本位教育以实际参加或力能参加民生经济活动的男女老幼作为教育对象，把教学的时间主要选在工忙农忙的时候，教学的场所主要选在有经济活动的地方，提倡"经济分团制"的教学组织形式，要求从事教育的人，要有农业生产的技能、工艺生产的技能、畜牧生产的技能，甚至制定了根据民生经济活动以造就民生事业专

①《中国现代教育家传》编委会.中国现代教育家传[M].长沙:湖南教育出版社,1987:161.

②茅仲英,唐孝纯.俞庆棠教育论著选[M].北京:人民教育出版社,1992:28.

③茅仲英,唐孝纯.俞庆棠教育论著选[M].北京:人民教育出版社,1992:28.

④邰爽秋.民生教育刍议[J].民生教育,1937(1):86.

⑤邰爽秋.民生教育刍议[J].民生教育,1937(1):87-88.

家为目标的新学制。很显然，在教育宗旨上，邰爽秋把发展民众的经济作为民生本位教育的核心。

从上述的比较中可以看出，晏阳初、俞庆棠、邰爽秋三人虽然都把改善民生作为教育的宗旨，但晏阳初更关注民众的政治需求；俞庆棠既关注民众的物质生活和精神生活，也关注民众对于良好教育的需求，在她看来，物质生活、精神生活和教育同等重要；邰爽秋更为关注的是民众的经济需求。

二、教育民生对象观的异同

（一）相同之处

1.强调人人有接受教育的权利

本着对人民的热爱和对每一个生命的尊重，晏阳初、俞庆棠、邰爽秋强调每一个人都有接受教育的权利，都应该成为教育的对象。

晏阳初说，“读书识字是人类共有的权利，无论什么人都应享受”①；他认为，“吾人在社会组织未经改良之前，惟有努力于教育机会的平等，使人人所蕴蓄的无限能力都有发展的机会”②。俞庆棠指出：“理想的民众教育，（应该）把最优良的教育，扩充于整个社会，普及于人人。”③如前文所述，邰爽秋认为，“教育是全社会全人类的共有物，无论何人，均应有享受的权利”④。

2.以底层民众为教育对象

尽管晏阳初、俞庆棠和邰爽秋都认为教育面前人人平等，但在他们各

---

① 晏阳初.平民教育概论[M].上海：商务印书馆，1928：5.

② 晏阳初.平民教育概论[M].上海：商务印书馆，1928：2.

③ 俞庆棠.民众教育[M].南京：正中书局，1935：4.

④ 邰爽秋，黄振祺，等.中国普及教育问题[M].北京：商务印书馆，1938：1.

自推行的教育运动中，却都把处于社会底层的劳苦大众作为教育对象。

早在欧洲战场时，晏阳初就立志毕生为劳苦大众服务，解除苦力的“苦”，开发苦力的“力”。在他看来，中国四万万人中，有百分之八十都处于社会的底层，这些处于社会底层的人，连一个大字都不认识，同时，因为知识能力较低，更是受到一般政客官僚野心家的摧残蹂躏。而少数知识阶级的人，往往以“上流”自命，无暇或不屑顾及一般平民。实际上，这些所谓大字不识之人，并非禀赋与那些自命“上流”的人有什么不同，所不同的，只不过是缺少接受教育的机会而已。因此，“增进大多数民众的知能，除去不平的现象，使同为良好公民，这是从事教育的人的天职……把这些占全国人民大多数的民众称为‘平民’的缘故，是表示应靠教育的力量使他们有知识能力做个平等的公民。”①

俞庆棠指责我国的社会和我国的旧教育制度剥夺了劳动人民的受教育权利，为此深感不平。她说：“征税要人民、出粮要人民、当兵要人民，什么都要人民负担，但人民一点权利都没有。”②因此，她称旧社会为“吃人”的社会、旧教育为“吃人的教育”，“我们要把‘旧社会’、‘吃人’的旧教育变为‘为人民服务’”③。她不止一次地指出，由于耕地面积少、灾荒叠见、田赋增加以及外国金融和商品的入侵，造成中国农村经济的崩溃和工商业的凋敝，劳动者大量失业，再加上土豪、劣绅的压榨，使得生活在社会最底层的广大农民和工人缺衣少食、穷困潦倒。温饱问题尚不能解决，更毋庸奢谈教育，又因缺少教育，使得他们既传统守旧，又缺乏智识与技能。但同时，这些占我国人口百分之八十、生活在社会最底层的民众，又具有质朴、忠实、勤俭、耐劳、礼让、孝悌等中华传统美德。如果把智识界的思想及学问，与民众的经验和美德通力合作起来，一定可以增进他们的生产，改善他们的生活。

---

① 宋恩荣.晏阳初全集：第1卷[M].长沙：湖南教育出版社，1989：63-64.

② 唐孝纯.人民教育家俞庆棠[Z].南京：《江苏文史资料》编辑部，1998：28.

③ 唐孝纯.人民教育家俞庆棠[Z].南京：《江苏文史资料》编辑部，1998：39.

邰爽秋批评古代各国大都视教育为贵族所专有，以为唯有上级社会分子才需要教育。至于一般低级平民，则无教育的必要。而从18世纪民权思想发达以来，人们普遍要求行使种种权利，尤其是对于教育，更有普遍的要求。但是，在中国，由于各种原因，导致失学的平民中，除学龄儿童外，尚有二万万成人。①他坚持教育的“主要功用应当是适应最大多数民众最迫切的需要”②。邰爽秋的同仁、中国民生教育学会会员安道义在《评民生本位教育的理论基础》一文中指出：“民生底民，把贵族和一切特权者除开了，而是‘人民’。”③

晏阳初、俞庆棠、邰爽秋等中国近代教育家正是怀着对底层人民的深切同情，而投入轰轰烈烈的教育民生实践中去，且矢志不渝，鞠躬尽瘁。

（二）相异之处

在教育对象范围的界定上，晏阳初、俞庆棠和邰爽秋三人也存在着不同之处。

依据中华教育改进社的调查统计，在20世纪20年代，不识字的人占中国总人口的百分之八十以上，其中，有一部分是6—12岁的学龄儿童，大约有7000万人。晏阳初认为，“这种学龄儿童应受国家的义务教育。假使政治上了轨道，还有受教育的机会。其余二万万以上的青年和成人，政府对于他们不负责任，社会对于他们没法补救……所以应受平民教育的平民，从狭义讲，就是指导这一般失学的青年和成人；从广义讲就是一般粗通文字没有常识的男女，也应包括在内。”④由此可见，晏阳初领导的平民教育的对象是12岁以上不识字者或粗通文字而缺乏常识的全国男女。

俞庆棠认为，“民众教育的范围不限成人，凡被摈于现在教育圈子以

① 邰爽秋，黄振祺，等．中国普及教育问题[M].北京：商务印书馆，1938：2.

② 邰爽秋．民生教育刍议[J].民生教育，1937(1)：85.

③ 安道义．评民生本位教育的理论基础[J].公教学校，1937(22)：455.

④ 晏阳初．平民教育概论[M].上海：商务印书馆，1928：3-4.

外的群众、儿童、青年都是它的对象；也不限于未受教育的人们，同时兼顾已受教育者的继续教育和进修”①。可见，俞庆棠对于教育对象并没有年龄上的要求，甚至还倡导对已受基础教育者的继续教育。此外，俞庆棠还留意到关于低能、残废及犯罪者的特殊教育问题，并建议教育界人士多加研究。

在民生本位教育实施对象问题上，邰爽秋主张以实际参加或力能参加民生经济活动的男女老幼民众为教育之对象。在教育对象年龄上，他认为，“普通小学制度规定六岁至十二岁为入学年龄，此种传统教育制度，不适于民生教育制度，而民生教育制度是规定国民学校不论男女，不论老小，按其程度与需要，而施以种种教育”。邰爽秋对于教育对象的年龄亦没有要求，但他强调的教育对象是参加或有能力参加经济活动的人，也就是说，只有参加生产的人才可能成为教育的对象。此外，邰爽秋还非常重视对特殊儿童的教育，并做过专门研究。他呼吁，为了生理或心理上有缺陷的儿童个人及社会幸福起见，应当对他们实施特殊教育。

三、教育民生内容观的异同

（一）相同之处

晏阳初称平民教育运动是“实验地改造民族生活的教育”，这种教育，“以适应实际生活，改良实际生活，创造实际生活为内容”②。他继而指出，“要使现在的社会有科学，有合作，有卫生，要使农民改造生活，非给他们改造生活之知识技能组织不可”③。在晏阳初眼里，这些针对平民现实生活的知识才是适应生活和改造生活的教育内容，才与“教育即生活”的理念相一致。

① 唐孝纯.人民教育家俞庆棠[Z].南京:《江苏文史资料》编辑部,1998:60.

② 宋恩荣.晏阳初文集[M].北京:教育科学出版社,1989:70.

③ 宋恩荣.晏阳初全集:第1卷[M].长沙:湖南教育出版社,1989:432-433.

俞庆棠批评当时的学校教育内容与群众生活距离太远，教师唯一教的和学生唯一学的，都只是书本。她主张，儿童的教育须从儿童的社会生活出发；成人的教育，必须是生活化的教育。民众教育“打破了教育的科目与教材的限制，凡是人们生活中所需要的知识，都在教学的范围以内，其内容则因人、因地、因时而异，没有固定的课本，诸凡演讲、示范、直观、宣传等，都是教育，其内容也就是教材，即使民众学校有一定的课本，这是为着识字而采用的，而其内容仍然来源于生活，以生活上的需要作为题材的，并不一成不变……至于具体的内容与教材，则由施教者创造性的选取与采用，其目的在于增进人民的知识，改善人民的生活，唤起人民的觉醒。这样，把教育的内容大大地扩大了。所以也可以说：民众教育就是生活教育”[①]。正是采用与生活紧密联系的教育内容，俞庆棠领导的民众教育才发挥了“教育的最大功能，只能将整个生活继续的予以指导”[②]。

邰爽秋抨击我国的新教育办了三十多年，其内容不过是消费的、书本的和治术的教育。它使青年一入学校就和劳动生产的实际生活脱离了关系；使青年一入学校就养成升官发财的心理，“他非但和民生没有发生关系，简直是和民生背道而驰”[③]。在他看来，生活即教育，生活上的经验活动，都有教育的价值，不论这种经验活动是好是坏，它的教育价值都是存在的，而生活的范围极广，包含道德、健康、感情、社会、知识等。他还批评当时的教育只偏重在知识方面，如认字、记账等，而把其他方面的生活忽略了，“这种教育，实在不能养成整个的完美生活”[④]。

---

① 江苏省立教育学院. 人民教育家俞庆棠与江苏省立教育学院[M]. 苏州：苏州大学出版社，1987:87-88.

② 茅仲英，唐孝纯. 俞庆棠教育论著选[M]. 北京：人民教育出版社，1992:287.

③ 邰爽秋. 民生本位教育发端[J]. 民生教育，1937(1):8.

④ 邰爽秋. 创办儿童生活园之倡议[J]. 教育杂志，1930(4):32.

（二）相异之处

在教育内容架构上，晏阳初、俞庆棠和邰爽秋却存在着差别。

晏阳初和中华平民教育促进会同仁通过调查、实验的科学方法对我国的国情、民情做了大量的研究，发现在我国广大的农村地区，民众普遍存在愚、穷、弱、私的问题。为了解决这些问题，相应地采取了“四大教育”——文艺教育、生计教育、卫生教育和公民教育。文艺教育培养人的知识力，生计教育培养人的生产力，卫生教育提高人的健强力，公民教育培养人的团结力。这“四大教育”在平民教育中是并列的，没有轻重和先后之分。

俞庆棠根据民众实际生活需要把教育的内容分为六大类——识字教育、生计教育、公民教育、健康教育、家事教育、休闲教育。[①]其中，识字教育是民众教育最基础的工作，是接受进一步教育的工具；生计教育常常被俞庆棠排在首位，因为生计教育取得成效，既能为接受教育提供经济基础，又能够改善物质生活；公民教育可以改造民族的劣根性，唤醒民众；健康卫生教育可以增强民众体质，让民众少受疾病折磨；家事教育可以使民众发展家庭经济，生活安康；休闲教育可以“使生活向上而丰富”[②]。

邰爽秋认为：“只有真正帮助老百姓经济发展的教育，才是老百姓所需的教育。”[③]因此，民生本位的教育应该“寓一切教育于民生建设之中”[④]。在《民生本位教育发端》一文中，邰爽秋又说：“发展人民生计是

① 苏州大学.人民教育家俞庆棠与江苏省立教育学院[M].苏州：苏州大学出版社，1987：87.（注：在朱若溪的文章《乡村民众教育实施方法的探索》中，还有关于“自治自卫”教育的记述；在秦柳方的文章《回忆黄巷民众教育实验区》中，把教育内容划分为七种，分别是：健康教育、家事教育、生计教育、政治教育、语言文字教育、社会交际教育、休闲教育。参见中国人民政治协商会议江苏省无锡市委员会文史资料委员会编《无锡文史资料》[Z].无锡：无锡市政协文史资料委员会，1991：44-70.

② 茅仲英，唐孝纯.俞庆棠教育论著选[M].北京：人民教育出版社，1992：354.

③ 邰爽秋.念二社在民众教育上之新试验[J].江苏教育，1934(9)：105.

④ 邰爽秋.民生教育刍议[J].民生教育，1937(1)：88.

一种基本的工作，必得把改进民众生活、扶植社会生存、保障群众生命的工作贯穿在发展人民的生计活动当中才能达到复兴民族的目的！”①在《中国普及教育问题》一书的绪论中，邰爽秋又指出：“文字教育不过是一种空洞的符号教育，和老百姓的关系很浅。在目前我们要从事普及教育的问题，最中心的目标，是解决民生问题。所以最基本的方法，就是如何去解决老百姓的生活问题……我们可以大胆地说，在穷困不堪的现中国的死亡线上的大众面前，来实施普及教育，唯一的目标要认清楚‘民生’。假定有人舍民生本位的立场，去从事普及教育运动的工作，那末，普及教育的最大症结，将永无消除的希望……过去的普及教育，所以没有成效，所以效率低微，以及今日从事普及教育的困难所在，最根本的问题，我们总可有个相当的认识了……事实已经很明白的指示，为经济而求解决经济的问题，无疑地只有以经济活动为中心的教育，方能完成其使命。因此在目前要来提倡普及教育，从事普及教育，他的最根本、最有成效、最切合环境所需要的教育，恐怕就只有以经济活动为教学中心的民生本位教育。”②由此可见，邰爽秋把生计教育作为民生本位教育最主要的内容。

从上述比较中可以看出，三者的教育内容都涵盖了物质文明和精神文明的教育，说明三位教育家对民生有着全面而深刻的认识，他们在关注教育民生的物质向度的同时，也关注到了教育民生的精神向度，只是侧重点不同。

四、教育民生路径观的异同

(一)相同之处

在教育方法上，晏阳初、俞庆棠和邰爽秋都采用导生制、团体活动

① 邰爽秋.民生教育刍议[J].民生教育,1937(1):87.

② 邰爽秋,黄振祺,等.中国普及教育问题[M].北京:商务印书馆,1938:13-14.

法、实际生活指导法等方法。

在教学组织形式上，三位教育家都运用了五花八门的教学机关、教学团体，如阅报室、展览会、教育茶园等。

在教学手段上，三位教育家都采用了较为先进的教具和贴近生活的教材，如幻灯片、广播、电影、《平民千字课》等；

在教育方式上，三位教育家除了都强调要遵循“因人、因地、因时、因事以制宜”的原则以外，还都更青睐社会式教育。为了推行“四大教育”，晏阳初选择了“社会式”“学校式”和“家庭式”三种教育手段和途径。但运用得最多的是社会式教育。晏阳初认识到，学校和家庭的范围都是固定的，且与社会相隔离，而平民教育的对象多数都是从事生产劳动的群众，如果教育仅限于学校或家庭，便会与劳动群众和社会生产相脱离，同时意味着将失去主要教育对象，教育内容也不能和处于急速变化的社会相适应，平民教育运动的目标必然难以实现。因此，“欲向一般群众及有组织的农民团体施以适当的教育，则必赖社会式”[①]。社会式教育的具体形式很多，如：平民读书团、影剧团、平民阅报室、农家改进社、农事表证场、乡村合作社等。俞庆棠认为，社会教育与学校教育都很重要，一个是培养现在国家的主人翁，一个是培养国家将来的主人翁，在当时的中国，社会教育至少应和学校教育同等重视。此外，与漫长的一生相比，一个人一生中在校的时间很短，而世界处在急速的转变演化之中。普通的人们，如欲参加适当的社会生活，必然需要适当的环境来刺激反应。民众教育是终身的过程，其教育对象是社会全体民众，不分男女老幼、贫富贵贱，或间接或直接，均须受社会教育的洗礼。因此，民众教育的方式，不限于“教育机关”或“学校”[②]，并且，只有将整个生活予以指导时，教育才算发挥了功能。社会式教育理所当然地成为民众教育的最佳方式，其

① 宋恩荣.晏阳初文集[M].北京：教育科学出版社，1989：109.

② 茅仲英，唐孝纯.俞庆棠教育论著选[M].北京：人民教育出版社，1992：286.

具体形式有民众教育馆、博物馆、共学会、读书班、乡村改进会、自治协进会、合作社、卫生所等，不一而足。为了不影响民众的生产，民生本位教育历来强调寓一切教育于民生建设之中、教育与民众实际生产生活相结合、以民众切身的关系为出发点。在民生本位教育实验的前期，即上海沪西念二社实验时期，邰爽秋和同仁们只采取了社会式这一种教育方式。他们以念二社为总机关，以整个实验区为教育场所，寓一切教育于经济建设之中，就社会实际需要组成各种经济团体，随时随地施行有形或无形的教育，同时鼓励民众互教互学。

（二）相异之处

在教育路径观方面，三位教育家最主要的区别在于教育方式的选择上。

晏阳初除了把社会式教育看作推行平民教育最重要的教育方式外，并没有忽略学校式教育和家庭式教育。首先，晏阳初认为，学校式教育较适合于青年，因为青年头脑灵活，思想活泼，学校教育具有系统性和专门性特点，对青年施行有系统的专门训练，将会收到良好的效果。在定县实验区，中华平民教育促进会开设了多种类型的学校，包括：初级平民学校和乡村小学，主要目的是消除文盲，所授课程为识字课、初级珠算、军事训练等；表证平民学校，主要目的亦是消除文盲，并培养导生，以帮助推行平民教育；平民育才学校，目的是培养农村领袖人才；高级平民学校，培养对象是毕业于初级平民学校、希望继续接受教育的青年农民，课程内容主要是“四大教育”更具体的知识与能力，目的是培养平民教育和乡村改造的中心力量。其次，晏阳初很清楚家庭在中国社会尤其是在农村社会中的地位，欲达到平民教育的目标，必依赖各个家庭的支持与配合，只有这样，才能以全民为对象，才能够使家庭社会化。并且，家庭教育是人生教育的开端和基础，其对儿童的影响更大，和学校教育相比较，学校教育是有限制的，而家庭教育是无限制的，并且家庭教育具有强烈的感染性，家长的一言一行都会对子女产生重要的影响。在晏阳初看来，家庭是造人的工厂，要想制造有学问有道德的好人，需看家长是不是有学问有道德的好人，如果家长受过平民教育，便会有好习惯灌输于子女。因此，学校教育如果得到家庭的协助与合作，一定会取得最大的效果。

晏阳初领导的中华平民教育促进会所实施的家庭教育具有两个目的：第一，帮助家庭着手去解决学校和家庭间冲突的问题，即帮助家庭更好地协助学校共同教育子女，甚至帮助协调家庭中年长的妇女对青年妇女和儿童教育的阻挠和反对；第二，家庭中每个成员都有其在家庭中所需的教育，家庭生活有改进的必要，因此，要给予家庭中的老少男女相当的教育。在具体的实施中，中华平民教育促进会首先设立了“家庭会”，以研究家庭式教育的方法与材料，并研究家庭实际问题以及改良家庭日常生活的方法，“以期达到家庭社会化之目标”[①]。家庭会是家庭式教育实施的中心组织，其目标有四：①要将各个独立自私自利的家庭，变化为各家联合互助的社会生活；②要将各家天真热烈狭小的血族的生命爱，扩大为乡族为国家的生命爱；③要使农民从家庭的集会之中，得到共同生活共同集会的练习；④要从家庭会的组织达到全村男女老幼都同受四大教育。要在家庭里与家庭份子的联合上造成一种新风气：一方面是家庭的社会化，一方面是要家庭教育化。[②]家庭会分家主、主妇、少年、闺女、幼童五种集会，集会内容仍为文艺、生计、卫生、公民四大教育。中华平民教育促进会是在1932年开始在定县高头村提倡家庭会的组织，在不到一年的时间内，该村大多数的家庭都加入了家庭会。家庭会的设立给定县农民带来了新的变化，以前让女子受教育难于上青天，而如今在家庭式教育的耳濡目染想下，原是顽固守旧的家庭，都开始鼓励入学，全村男女老幼都能对本村公

① 宋恩荣.晏阳初全集:第1卷[M].长沙:湖南教育出版社,1989:330.

② 吴相湘.晏阳初传:为全球乡村改造奋斗六十年[M].长沙:岳麓书社,2001:177-178.

益共同服务，村民的精神面貌焕然一新。

俞庆棠对学校的作用有着更为深刻的认识。随着人类文明的发展，人类积累的各种文化知识浩如烟海，单个的人不可能掌握所有的文化知识。这就需要把文化知识进行整理和选择，只有这样，才能把系统的、专门的知识教给个人。俞庆棠指出，文化日趋复杂多样，“如果没有一种控制使其简单化，而予学习者以意识的指导，使所得的印象，较为深刻；使学习的时间和精力，较为经济；使学习的内容，较有系统；则殊不易获得良好之效果。故实施民教，仍需有一种控制的环境，一种基本的组织。这种基本组织，最通行的当推民众学校”[①]。因此，学校是实施民众教育的一种基本组织。在民众学校的教育对象上，俞庆棠批评官方规程中规定的“凡年在16岁以上之男女失学者”，仅以成人为对象，而抛弃了失学的儿童。因此，民众学校要努力收容失学儿童，使成人与儿童合校，“使民众学校成为以整个人生和社会生活为中心，推进社会文化、政治、经济的机关”[②]。民众学校的组织及行政系统非常周密，职责分明。如江西民众学校组织系统（图3—1）：[③]

① 茅仲英，唐孝纯．俞庆棠教育论著选[M]．北京：人民教育出版社，1992：191．

② 张蓉．中国近代民众教育思潮研究[D]．上海：华东师范大学，2001：67．

③ 茅仲英，唐孝纯．俞庆棠教育论著选[M]．北京：人民教育出版社，1992：198．

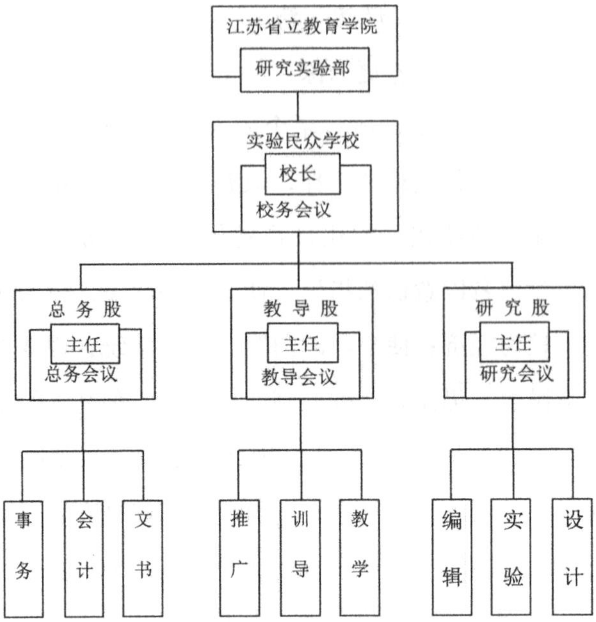

图3—1　江西民众学校组织系统

民众学校教授的课程有：国语（包括公民及常识）、算术（珠算或笔算）、乐歌、体育及关于职业之科目。俞庆棠尤其强调体育的重要性，她认为，国民的体育关系整个国家国民的健康，而关于民族意识的培养与民族自卫的训练等也是迫切需要的。

在民众教育实验区，俞庆棠和同仁设立了多种级别和类型的民众学校（涵盖儿童班、青年班、成年班、青年职业指导班等）和乡村小学。教授内容为简易文字、普通常识、职业常识等凡与民众生活有关的政治、经济、文化知识。

邰爽秋在民众教育实验的前期，关于教育方式的观点可以说是激进的，他对学校教育制度持完全反对的意见，认为学校教育制度不适合中国乡村环境，因为老百姓要在生产场所进行农业生产，要求老百姓去学校这一固定的场所读书是不现实的。并且，农民最忙的时候，正是最需要教育的时候。只有真正帮助老百姓经济发展的教育，才是他们所需的教育。欲满足老百姓的这种需求，只有取消学校，把教育送到老百姓面前，且与老百姓的经济生活打成一片，才能做到。他主张“不用传统式的学校来和社会争民众，充分利用经济活动场所来施教，因此打破了学校社会家庭三种教育分立的制度”①。“所有按时上课、下课、寒假、暑假及学期学年等办法，一概废除……所有班级制度、科目制度，一概废除。”②但是到了后期，即民生本位教育实验迁往四川省巴县后，却在社会式教育以外，增加了学校教育这一方式，建有实验国民学校、民生建设中学等学校机构，对教学对象没有年龄要求，主要教授生产知识与技能、合作方法等，着重培养学生生产劳动、服务的兴趣和技术，但仍强调将教学与生产劳动、服务打成一片。

总之，在教育民生实践中，晏阳初采取的是社会、学校和家庭三种教育方式；俞庆棠采取的是社会和学校两种教育方式；而邰爽秋在实践的前期只钟情于社会式这一种教育方式，在实践的后期，采用社会式和学校式两种教育方式。

晏阳初、俞庆棠和邰爽秋三位教育家尽管在教育对象、教育内容和教育方式上存在着差异，但实质上是殊途同归——改善民生。即使在教育内容的选择上，有时更类似于直接的民生建设，如筑路、造林、开医院、兴修水利、组织合作社等，再如邰爽秋的民生本位教育实验，更像是一场乡村经济建设运动，但是，本质上却与直接的民生建设不同。因为，他们所领导的所有这些建设，都以教育为枢纽、为手段，并以对教育对象发生教育性影响为目的。质言之，政治建设就是政治教育，经济建设就是生计教育，卫生工作就是卫生教育，娱乐工作就是休闲教育，风俗的改革和艺术的陶冶就是公民教育……虽然筑路、造林、兴修水利、组织合作社等属于物质经济，但这些建设都需要组织与合作，都涉及精神的训练与提升，此

① 邰爽秋.民生教育刍议[J].民生教育，1937(1)：88.

② 邰爽秋.念二社在民众教育上之新试验[J].江苏教育(民众教育专号)，1934(9)：107.

时，教育便实实在在地发生了。知识是人类生存的重要工具，教育是智识的源泉，若人民未受教育，无知无识，既缺乏生存知识与技能，又缺乏合作道德与习惯，即使有好的专家努力宣传，终将是言者谆谆，听者藐藐。由此，民生建设必需教育，无教育则建设不能进行；教育必赖建设，无建设则教育无法开展，遂将教民与养民合二为一，才是唯一的途径，这正体现了教育民生的本质属性：教育民生总体属于教育的范畴，不是直接的民生，是通过培养人，赋予人知识、能力、技能、情感，以达到改善民生之目的。

中国近代极其丰富的教育民生思想是系统的、完整的，较多地体现在教育民生的宗旨观、对象观、内容观和路径观中，核心是运用教育的力量千方百计为中国最大多数的人谋幸福。中国近代教育民生实践活动是全方位、多层次的，是在不断地研究、实验与推广中演进的。所有这些研究、实验与推广，无论是教育心理的研究，文字的选择，教学内容的安排，教学方法的采用，教学组织形式的创造，生计教育、卫生教育、公民教育的研究与推广，还是民众读物的编写、学术期刊的出版、实验区的拓展，无不围绕着改善民生这一主题，体现了教育家们为教民、养民、济民所做出的全面而细致的考量。他们对教育内容的架构、教学方法的运用和对教学组织形式别出心裁的创造等都应该成为我们今天教育民生建设的实践先导。

尽管在教育宗旨、教育对象、教育内容和教学方式的选择方面，晏阳初、俞庆棠、邰爽秋三位教育家的共性和个性同时存在，但他们的共同特征只有一个，即运用教育的力量改善民生。同时，正是这些相异之处体现了中国近代教育民生思想的丰富性和实践的灵活性。

第四章　中国近代教育民生思想的逻辑理路与价值澄明

以晏阳初、俞庆棠、邰爽秋等为代表的教育家对教育民生的认识具有自身内在的逻辑理路，体现在对教育救国强国与教育裕民、新民的关系的价值选择与时代把握上。晏阳初、俞庆棠、邰爽秋等教育家能够在继承中创新，既强调教育为民服务，又重视发挥民众的主体性，且始终以民生作为教育的出发点和归宿，具有一定的历史价值、社会价值和教育价值。但是由于主客观因素的影响，使得他们的教育民生思想不可避免地带有历史的局限性。

第一节　中国近代教育民生思想的逻辑理路

一、实现救国济民是中国近代教育民生思想的逻辑起点

中国近代是一个被西方强行打开国门，被迫进行社会转型的历史时期，中国逐渐沦为了半封建半殖民地社会。中日甲午战争的爆发，使中华民族面临生死存亡的关头，面对处于水深火热中的国家和人民，以天下为己任的教育家们躬身力行，为救国济民生做出了重要贡献。

在教育的价值和功能上，中国近代进步教育家总是坚持教育改善民生与教育救国相统一。“民为邦本，本固邦宁”，民是邦的基础，离开稳固的民，邦将不邦；邦是民的条件，没有强大的邦，民将不民。可见，国家与人民之间是唇齿相依的关系。中国民主主义革命的伟大先行者孙中山致力国民革命四十年，虽然不是专业的教育理论者，但其对教育的作用、本质、目的等却有独到的见解。早在1895年孙中山就在《香港兴中会章程》中写道：“本会拟办之事，务须利国益民者方能行之。如设报馆以开风气，立学校以育人材，兴大利以厚民生……”[①]这说明孙中山对于教育育才、兴民、强国的价值和功能的一致性有着深刻的理解和认识。

“民为邦本，本固邦宁”是平民教育运动的开拓者晏阳初一生笃信的中国古训。为了改变中国农民的贫、弱、愚、私和国家的落后面貌，他与家人一起深入民间，为平民教育工作和乡村建设工作殚精竭虑，任劳任怨，并且运用自己的聪明才智，劝募美国人的钱办中国的教育。凭借着对民和邦的满腔热爱，晏阳初不仅推行了轰轰烈烈的平民教育运动和乡村改造运动，还对平民教育的内容、方式、对象、心理、宗旨、原则等进行研究，写下了数百万字的平民教育理论。1933年7月在山东邹平召开的第一次乡村工作讨论会上，晏阳初说：“平教育运动的发端，是在欧战时候，当时各国招募华工，到欧洲工作，兄弟从美国到法国，办理华工教育，目睹华工不识字之痛苦。从那时，得了一些经验，同时联想到国内一般不识字文盲关系国家民族前途的重大，所以回国以后，就从事提倡识字运动……”[②]晏阳初的爱国忧民之情溢于言表。在其所著的《平民教育概论》中，他把生计教育——民生当作除文字教育以外最急需的教育。[③]由此可知，平民教育的出发点在于救国强国，由于晏阳初很清楚绝大多数最贫困的人口是生活在乡村的广大农民，故救国先救民，救民就必须从农民的教

① 广东省社科院历史研究所，等．孙中山全集：第1卷[M]．北京：中华书局，1981：22．

② 宋恩荣．晏阳初文集[M]．北京：教育科学出版社，1989：52．

③ 晏阳初．平民教育概论[M]．上海：商务印书馆，1928：9-10．

育着手。在长达20多年的平民教育运动中，晏阳初和同仁始终以救国强国、改善民生为出发点，开展了与国计民生息息相关的文艺教育、生计教育、卫生教育、公民教育，并在抗日战争期间领导农民进行了多场抗战斗争。

俞庆棠在阐释民众教育的起源时说："民众教育是改进现行教育，完成教育理论，经营合理的共同生活，在社会改造的经程中表现力量的一种教育运动。民众教育是根据中国实际状况与需要，经过了屡次严重国难的刺激，鉴于以往教育的失败而产生的。"由此可见，救国强国、改善民生是俞庆棠领导民众教育的最主要动机和着眼点。她和同仁们设计了识字、生计、公民、健康、家事、休闲六大教育，将民众整个的生活予以指导。中国全面抗战爆发后，俞庆棠连续对民众教育工作人员做了题为"努力推进民众教育，加强抗战力量"和"在抗战建国期中民众教育者的任务"的演讲，鼓励工作人员动员民众、训练民众并组织民众投入前线参加抗战工作以及在后方从事增加抗战力量的工作。她对抗日战争的胜利充满信心，除了对抗战中民众教育工作人员应担负的工作进行详细规划外，还强调了在后续的建国工作中，民众教育将起到的重要作用，因为，民众教育可以使每个人的工作成为整个建国工作系统中的一环。

1933年，邰爽秋等一批民生本位教育家在上海发起成立"念二社"，其宗旨为："提倡土货，实行社会节约，努力社会生产，发展国民经济，改进民众生活，协谋中华民族之复兴。"邰爽秋和同仁们一道，在教育实验区开展了养、教、卫、管教育，从经济、卫生、休闲、自卫等各个方面改善民众的生活。抗日战争全面爆发后，邰爽秋发表《抗战建国时期中之民生教育》一文，指出："在外寇深入的时候，（我们实施的民生本位教育）虽然偏重抗战御侮，但仍为一种民生本位的抗战教育……我们要提倡教育的人们，不要只在抗战本身做功夫，不要只教学生受一些军事训练，或是下乡宣传，喊些口号，贴些标语，散些传单，而要脚踏实地在后方，切实领导民众，多做些生产的工作。”中国民生教育学会会员戴广德在抗战前期就指出：“无疑问的，摆在当前的有两个丝毫不容忽视的问题，是‘抗战’和‘民生’。”[①]充分表明了救国强国和改善民生是民生本位教育运动开展的缘由，同时也体现了救国强国和改善民生之间不可分割的关系。

诚然，人们对教育功能的选择取决于时代的特征。在一个以内忧外患为特征的时代，进步教育家们出于对国家与人民之间唇齿相依关系的思考，运用教育的力量救国强国和改善民生便成为中国近代教育民生思想的逻辑起点。因此，中国近代教育民生思想既强调教育服务人民的功能，又重视教育服务国家、社会的价值功能，两者之间具有一致性和关联性。全国人民生活条件的改善、生活质量的提高，意味着国家经济实力的上升；当国家的经济实力强大起来时，必将立于世界不败民族之林；而国家屹立于世界不败民族之林时，正是人民生活安定幸福之日。

二、大教育观是中国近代教育民生思想的逻辑中枢

从世界范围来看，随着生产的发展和时代的进步，教育发展也日新月异，其标志之一就是由原来的与小生产相适应的传统教育即小教育转变为与社会化大生产相适应的新教育即大教育。

(一)大教育的概念

关于大教育的概念目前学界众说纷纭，莫衷一是。姜茂友、徐国良认为，“大教育是面向现代化、面向世界、面向未来的教育”[②]。巩其庄指出：“所谓大教育就是面向全人生、全社会的教育，它是一个包括所有教育在内并使其有机组织起来的一个大系统。”[③]任福昌认为：“所谓大教育，

① 戴广德.全民抗战与民生教育[N].革命日报,1938-5-30(4).

② 姜茂友,徐国良.论大教育[J].福建论坛(经济社会版),1986(6):50.

③ 巩其庄.也论大教育[J].辽宁师范大学学报(社科版),1988(5):18.

不仅是指它的规模大，与大经济、大生产、大科学紧密相连，而且是面向现代化、面向世界、面向未来的教育。它是以大经济为基础、以大科学为内容、以大生产为服务对象的，具有全面性、开放性、多样性、民主性的系统教育活动。”①聂希训把其界定为，是指对社会全体成员实施持久的、全过程的具有全面性教学内容的教育观。②从对这个概念的界定上可以看出，大教育观的本质特征有：教育对象上的广泛性、教育时间上的连续性、教育空间上的广延性和教育内容上的多样性与综合性。

综合以上概念及本研究的理解，大教育是指不受时空限制而面向全体社会成员的全面发展的教育，包括学前教育、学龄教育、成人教育和终身教育，由德育、智育、体育、美育、劳动技术教育和闲暇教育组成，具有教育对象上的广泛性、教育内容上的全面性和多样性、教育时空上的开放性、教育时间上的连续性和终身性、受教育权上的民主性、教育方式方法的灵活性等特征。

(二)中国近代教育家对大教育的追求

综观中国近代教育家的教育民生思想，不难发现大教育始终是中国近代教育民生思想的价值目标和实践标准。

早在1901年，张謇在其所作的《变法平议》中便提出了较为完整而易行的学制③，主张以学生接受教育的时间为顺序，分别设立小学、中学、高等学堂和大学堂。他还对当时教育界只注重高等教育而忽视初等教育的潮流进行了严厉的抨击：“爱国者以为救国之策莫急于教育，当是时官骛其说竞兴大学，謇独以为宜养成小学教员始……师范启其塞，小学导其源，中学正其流，专门别其派，大学会其归。士成士，农成农，工商成工

① 任福昌.“大教育”观念与高等教育自学考试[J].教育研究，1994(9)：39.

② 聂希训.大教育[M].北京：中国广播电视出版社，1990：22.

③ 王敦琴.张謇研究精讲[M].苏州：苏州大学出版社，2013：121.

商。”[①]不仅指出了基础教育的重要性及各阶段教育之间的有机联系，还认识到了普通教育与专业教育之间的区别。在实践中，张謇以实际行动在南通地区构建了早期现代大教育体系，不仅创办了小学、中学、高等学校，还创办了农业、商业、医学、交通、女工、戏剧等多种职业学校。在教育对象上，更是一改传统教育剥夺女性受教育权利的做法，不仅创办了女红传习所、蚕桑讲习所、伶工学社，甚至还为娼妓创办了妓女改良所，为婴幼儿创办了育婴堂、为盲哑人创办了盲哑学校、为犯人创办了监狱传习所。在教育的空间上，突破传统学校的局限，创办博物苑、图书馆、剧场、公园、体育场、报社、养老院等，所有这些无不体现出他的大教育观点。不得不提的是，他的大教育观中已然包含了“终身教育”“全民教育”思想的萌芽，分别比“终身教育”“全民教育”思想的正式提出早了近半个世纪和近一个世纪。

晏阳初把“除文盲，作新民”作为平民教育运动的追求，具体来说就是让全部国民“养成有知识力，有生产力，有公共心的整个人；养成社会健全的分子”[②]，使“我四万万同胞，勃然兴起，普及教育，人人自振，个个自新”[③]。在教育对象上，晏阳初直言：“凡是中华民国国民，无论男女贫富，只要他是在应受教育期内而未曾受教育的，或受过基本教育而缺乏公民常识的，都应领受平民教育。”[④]由此，他把国民的受教育权利扩大到每一个人，不分贫富、年龄和性别。晏阳初领导的中华平民教育促进会在教学组织形式上不拘一格，根据群众的生产生活现实情况，因地、因时、因人、因事制宜地采用了社会式、学校式、家庭式三大方式，向他们实施了文艺、生计、卫生、公民四大教育，无论是在平民教育的理论还是在实践上都取得了系统性的成果。晏阳初对大教育的追求还体现在他的世

① 张謇．对于现教育界之抨击[J]．大成会丛录，1925(11)：81．

② 晏阳初．平民教育概论[M]．上海：商务印书馆，1928：41．

③ 宋恩荣．晏阳初文集[M]．北京：教育科学出版社，1989：20．

④ 晏阳初．平民教育概论[M]]．上海：商务印书馆，1928：13．

界胸怀上，正如杨华军所指出的："晏阳初之成为世界级教育家，更多地在于他服务对象的普适性。"[①]因为"除天下文盲，做世界新民"是他的最高理想。他不仅雄心勃勃地指出"设若平民教育运动成功，把民众都养成社会整个的人，那就不难建设健全的国家。以全国人民之多，一举一动，真有影响世界之力。吾民族素有世界大同思想，正可尽量发挥，以持世界永久的和平"[②]，而且终其一生去践行他的这一理想。

"民众教育的保姆"俞庆棠继承孙中山先生"唤醒民众"的遗愿而推行的民众教育，旨在救济失学群众，包括失学的儿童、青年和成人。她曾说："倘使民众教育中的基础教育，普及于全民族的失学者；继续教育和进修，普及于大多数的民众；整个社会生活的指导与进步，普遍于我们民族中重要的社会组织和活动，也近乎理想了。"[③]

可以看出，俞庆棠把全民在整个社会生活中知、能、道德的前进和向上当作民众教育的最高理想。在教学形式上，强调学校教育与社会生活打成一片，认为课程与教材应自民众实际生活出发，以实际社会活动的指导为方法、以整个生活之改善为目的。作为杜威的学生，俞庆棠对杜威的教育观念进行了借鉴与扬弃，她指出："教育即生活的理论，要实现于整个生活之中，整个社会环境之中。环境的刺激由学校环境扩大至于整个社会环境。经验的改造由儿童及青年在学校中的经验，扩充至于整个人生的经验；教育的领域从来未有之广大。此种议论，决非徒唱高调。实为教育理论之理论的结果。"[④]由此，俞庆棠把教育的时空从学校延伸至整个社会和人的整个一生，其大教育思想显而易见。

邰爽秋领导的民生本位教育运动，以孙中山的三民主义教育为目标，认为，一切教育都与民生有关，教育离不开民生。如果教育离开了民生，

① 杨华军.教育家晏阳初研究[M].济南：山东人民出版社，2015：38.

② 晏阳初.平民教育概论[M]].上海：商务印书馆，1928：29.

③ 俞庆棠.民众教育[M].南京：正中书局，1935：4.

④ 茅仲英，唐孝纯.俞庆棠教育论著选[M].北京：人民教育出版社，1992：289.

或不能解决民生问题，就不是好的教育。[1]中国民生教育学会及其会员不仅重视整个民生问题的解决，还把民众享受完美的生活当作其追求的最终目标与最高理想。潘公展指出："民生教育，不独是解决一切人类生活问题的教育，并且是研究一切人类的生存，如何使之不坠；一切人类的生命，如何可以使之发展向上。"[2]因此，主张教育应该寓于民生建设之中，以发展民生为教育的目的，使一切人类在发展民生的活动中受教育。

大教育观既是中国近代教育家针对当时学制的不完整性和教育对象、教育内容、教学方式的局限性而提出的一种具有系统性、完整性和超前性的教育观点，也是构成教育民生思想的逻辑枢纽，体现出中国近代教育民生思想的先进性。

三、追求民主与科学是中国近代教育民生思想的逻辑主线

18世纪源于西欧的启蒙运动所宣扬的自由、民主、平等思想不仅开启了民智，并为欧美革命作了思想上和理论上的准备，而且随着中国启蒙学者对欧洲启蒙思想家思想和著作的介绍，对中国的思想界、学术界也产生了巨大的影响。从卢梭主张自然主义的教育，到20世纪初期杜威提倡民主主义教育以后，教育民主不再停留于理论的层面，在一些发达国家已经成为事实。

当西方科学技术和民主政治已经获得了长足发展的时候，中国依然实行闭关锁国的政策，政治、经济、文化、教育沿着传统的方向孤立地发展着。直到西方列强用炮火打开中国的大门后，国人才认识到中西之间的巨大差距。一些开明官吏和知识分子，从关心国家民族的命运出发，发出了要求变革和向西方学习的呼声。晏阳初、俞庆棠、邰爽秋三人均是民国初期负笈留美并功成名就的饱学之士，亲历了西方社会先进的民主政治与科

① 杨卫玉.中国之民生与教育[J].中华教育界,1931(3):49.

② 潘公展.民生本位教育的政治基础[J].民生教育,1937(1):24.

技，决心回国以教育改造中国的社会，以图祖国的民主富强。当了解到中国四万万人中十二岁以上不识字的人占二万万有余时，晏阳初痛心地指出："人若不先识字，连名字都不会写，那么关于种种公民活动，如怎样选举，怎样参与政治，是万不可能的。"①在俞庆棠看来，"一个教育不普及、文盲充斥的国家，什么谋求建设、现代化、抵御外侮、组成民主国家，都是无稽之谈，痴人梦呓"②。由此可以看出，作为进步教育家，他们不仅力主通过教育改善民生进而救国强国，而且希望通过教育促进国家的民主建设，同时也体现了他们对教育的政治功能的全面认识。

民主与科学之间是"合则双美，离则两伤"的关系，正如陈独秀在《新青年》创刊号的《敬告青年》一文中所诠释的："近代欧洲之所以优越他族者，科学之兴，其功不在人权说下，若舟车之有两轮焉。今且日新月异，举凡一事之兴，一物之细，罔不诉之科学法则，以定其得失从违，其效将使人间之思想云为。一遵理性，而迷信斩焉，而无知妄作之风息焉。国人而欲脱蒙昧时代，羞为浅化之民也，则急起直追，当以科学与人权（民主）并重。"③要巩固民主，要保证人们生活得更好，就必须发展科学；要科学，必先要民主，没有民主，就休想有科学。在教育层面，两者的关系依然表现为：要巩固教育民主，要保证教育发展得更好，就必须依赖科学，因为科学不仅能帮助人们更好地理解教育，而且更重要的是改造旧教育、发挥新教育的功能；反之，如果没有教育的民主化，就不会有教育的科学化，因为没有民主，就不可能建立科学的教育体系和教育制度。从对中国近代教育家的教育思想的考察中不难发现，民主与科学思想主要表现在对民主政治的追求，对民众受教育权的界定，民主教学与管理、教学内容和教学手段的科学化等多个方面。

晏阳初把平民教育的受教育权利扩大到每一个人；俞庆棠把民众教育

① 宋恩荣.晏阳初全集:第1卷[M].长沙:湖南教育出版社,1989:64.

② 熊贤君.俞庆棠教育思想研究[M].沈阳:辽宁教育出版社,1997:108.

③ 陈独秀.敬告青年[J].新青年,1915(1):6.

的受教育权利划定给失学的儿童、青年和成人[①]；邰爽秋、黄振祺等在《中国普及教育问题》的开篇便指出："教育是民生要素，立国之基。惟教育始可以开发民智；惟教育始可以推进社会；亦惟教育始可以增厚国力、振兴民族。教育是全社会全人类的共有物，无论何人，均应有享受的权利。"[②]由此，邰爽秋把民生本位教育的受教育权利范围指定为"以实际参加或力能参加民生经济活动的男女老幼民众为教育之对象。"[③]所有人都受到平等的教育是教育民主的重要内涵之一。晏阳初、俞庆棠和邰爽秋对受教育权利的界定，既充分体现了其先进的教育民主思想，也表达了中国近代教育家对只为封建贵族阶级服务的旧教育进行改造的决心。

民主教学与管理是教育民主的重要表现之一。杨华军指陈，晏阳初领导的"'博士下乡'，以身作则，示范引导，亲力亲为，实践一种从根本上实现民主的方法。在中国乡村建设学院和华西实验区，他们更创造一切条件，让民众过有组织的共同生活。例如，各种形式的合作社，正是经济生活的合作化而自然形成民主组织形式"[④]。1980年，晏阳初用中文写成的有关平民教育和乡村建设的九大信条中就有五条体现了他的民主管理思想：①深入民间，认识问题，研究问题，协助平民解决问题；②与平民打成一片；③向平民学习；④与平民共同商讨乡村建设工作；⑤不持成见，当因时因地因人制宜。[⑤]邰爽秋指出，在教学上指导民众，互教互学，不管年纪大小，先知觉后知，先觉觉后觉，无所谓先生，亦无所谓学生。[⑥]中国近代进步教育家已经完全抛弃了封建教育过分强调师道尊严和教师权威的做法，反而他们重视的是师生、生生之间人格和地位平等的新型民主关系。

① 茅仲英，唐孝纯．俞庆棠教育论著选[M]．北京：人民教育出版社，1992：122.

② 邰爽秋，黄振祺，等．中国普及教育问题[M]．北京：商务印书馆，1938：1.

③ 邰爽秋．民生教育刍议[J]．民生教育，1937(1)：87.

④ 杨华军．教育家晏阳初研究[M]．济南：山东人民出版社，2015：18.

⑤ 杨华军．教育家晏阳初研究[M]．济南：山东人民出版社，2015：224.

⑥ 邰爽秋．民生教育刍议[J]．民生教育，1937(1)：88.

中国近代教育家对科学十分重视并努力追求教育的科学化。俞庆棠曾试图对“民众教育”的名称和性质进行科学的界定。她说：“民众教育是中国新创的名词，也是中国最需要的教育……民众教育当然是我们应当研究的。怎样研究民众教育呢？民众教育在学制上没有占到地位以前，应当非把它造成科学化的科学不可。”[①] 1924年8月，孙中山命令公布了《大学条例》。“该条例第一条就规定：大学的旨趣之一，是‘灌输’‘世界日新之学理、技术’。也就是说，在大学教育中，智育所传授的应该是最新的科学文化知识”。[②]晏阳初亲自游历19个省调查平民教育现状，其领导的中华平民教育促进会运用教育心理学的知识对识字能力与年龄关系进行测量、运用幻灯片进行教学、向农民推广农业科学知识和卫生保健知识等；俞庆棠、邰爽秋组织各种民众教育实验，包括经济组织实验、经济建设实验、健康教育实验、自治卫生实验、语言文字教育实验、社交教育实验等，在教学手段上借助电影、无线电等技术，极大地提高了教学效果。

一部近代教育史，实际上就是教育民主化与科学化的奋斗史，始终贯穿于中国近代教育民生思想中，集中体现在尊重人民的受教育权利，尊重受教育者的个性与兴趣。真正的新式教育必然是民主化与科学化的教育，就教育的政策和目标来说，教育必须合乎全民的生活需要，国家的一切教育设施要为全民所共享，教育目标要根据大多数人民的意见和要求而确定；就教育方法来说，教育不是模仿、不是灌输，而是根据教育对象的身心特点进行启发诱导，否则就是不民主、非科学的教育，不是新式教育。

四、精神生活是中国近代教育民生思想的逻辑延展

人的本质是由自然属性、社会属性和精神属性组成，人的本质属性决定了人的物质需要和精神需要。物质需要的满足是人存在的前提，而精神

① 茅仲英，唐孝纯．俞庆棠教育论著选[M].北京：人民教育出版社，1992：28.

② 韦杰廷，邓新华．孙中山教育思想初探[M].长沙：湖南教育出版社，1992：212.

属性被认为是人的本质的最高属性。精神是指人的意识、思维活动和一般的心理状态。人的精神生活是人存在的根本方式。人和动物最大的区别就是人有着丰富的精神世界和精神追求。

无论是中国近代教育史上出现的平民教育、民众教育，抑或是民生本位教育，无不以孙中山的“三民主义”作为思想统领与教育目标，而“三民主义”中的“民生主义”包含着关怀劳动人民生活福利的内容。民生的内涵相当广泛，“广义上的民生不仅包括人民的生计与生活，还包括人民的政治需求、文化需求和精神需求，包括人的生命价值、健康价值和尊严价值等内容”[①]。因为民生既具有物质层面也具有精神意蕴，所以民生的本质内涵规定了教育民生的物质向度和精神向度。孙中山本人曾说过，实行三民主义，不仅要使劳工“得其劳力所获之全部”“获得较优良之工作状态”“有余暇之机会，可以思及其他工作以外之事件”，并且“获得充分之娱乐与幸福”[②]。

晏阳初、俞庆棠、邰爽秋等中国近代教育家的非凡之处在于他们不仅关照人民大众的经济生活即物质生活、政治权利，而且十分关注他们的精神生活。“物质生活是满足人们物质需要的活动及其状态。”[③]晏阳初领导的平民教育运动，针对民众的“贫”开展的生计教育、俞庆棠领导的民众教育中推展的生计教育以及邰爽秋领导的以经济活动为中心的民生本位教育，无不以提高民众的物质生活水平为目的。同时，针对民众的“愚”和“私”所实施的文艺教育、公民教育，都旨在提高民众的精神生活质量。在当时的语境中，“愚”有两个指涉，一是知识上的蒙昧，二是精神上的颓废。中华平民教育促进会除了教会民众生活的常用字以外，还利用民众喜闻乐见的文艺方式，在传授知识的同时，丰富民众的精神生活，可谓是一举两得，其文艺形式包括歌谣、民间小说、音乐、美术、戏剧、话剧

① 林祖华.民生概念辨析[J].经济研究导刊,2009(22):162.

② 广东省社科院历史研究所,等.孙中山全集:第2卷[M].北京:中华书局,1982:492.

③ 夏兴有.论人的精神生活[J].中国特色社会主义研究,2009(5):71.

等。晏阳初对戏剧的功能评价道："戏剧在平民教育上至少有以下五种力量：唤发农民意识向上；抒发农民情感；介绍一般的常识；施行公民训练；提高农民的语言。"[①]公民教育的意义同样重大："公民教育之意义，在养成人民的公共心与合作精神，在根本上训练其团结力，以提高其道德生活与团结生活。一方面要在一切社会的基础上，培养民众的团结力、公共心，使他们无论在任何团体，皆能努力为一个忠实而有效的分子；一方面要在人类普遍共有的良心上，发达国民的判断力、正义心，使他们皆有自决自信、公是公非的主张。这是必要的根本精神，亦是必要的道德训练。"[②]很显然，晏阳初把民众的精神面貌的重要性提升到了政治的高度，即做共和政体下的新型公民。

熊贤君在《俞庆棠教育思想研究》中指出："俞庆棠推行的民众教育实验，无论是精神生活或物质生活方面给民众带来诸多实惠。"[③]俞庆棠本人也指出："民众教育可以增加个人的快乐，个人快乐如何有教育的价值？因为个人的快乐，是物质与精神的融洽，个人的衣食住行虽然满足欲望，而精神亦应有优美的环境……民众教育可以增加人类的快乐，使最大多数的人，有最大的愉快。快乐往往满足人类的需要，而教育即能满足人类要求的欲望，因为教育可使知识增进，道德高尚。"她继而指出："人生活动的三大需要，就是求学、做工和娱乐，三者缺一不可。"[④]这里的做工，是指为物质生活做准备，而娱乐指满足精神生活。在民众教育推行的进程中，俞庆棠总结了中国农民的四个特点：缺乏智识与技能、缺乏心理的交通、缺乏组织能力、缺乏创造精神。以当时的全国人口统计，农民不识字者占百分之九十，脑中印刻的只是历代传统的观念，墨守成规，与科学盛明的时代格格不入。他们的精神生活极其贫乏，娱乐方式低级而庸俗，吸

① 宋恩荣.晏阳初文集[M].北京：教育科学出版社，1989：93.

② 宋恩荣.晏阳初文集[M].北京：教育科学出版社，1989：100.

③ 熊贤君.俞庆棠教育思想研究[M].沈阳：辽宁教育出版社，1997：243.

④ 茅仲英，唐孝纯.俞庆棠教育论著选[M].北京：人民教育出版社，1992：30，43-44.

烟、喝酒、赌、嫖现象也大量存在。俞庆棠和她的同事决定以新的娱乐方式取代之，因此休闲教育被纳入民众教育体系，举办音乐演奏会、民众同乐会、游览名胜、编写民间文学、放映电影等，这些喜闻乐见的形式，对民众起到了春风化雨的作用，收到了很好的效果。

邰爽秋及中国民生教育学会会员认为，民生教育的完成，“非但生计问题可获解决，同时精神的改造亦即达到。因此我们可知在形式上，民生教育虽似偏重于民生经济活动的发展，实则在本质上他不过欲利用‘民生最基本的需要’为活动动机，同时有计划地利用这些活动，以达到物质建设与精神建设的双重目的”①，“‘民生教育’，若能作广义的解释，泛指人民的整个生活，对于物质的及精神的两方面生活的需要兼包并顾，共同发展，不偏不倚，则所谓民生教育，即无异说‘人生教育’，或称生活教育，名词各异，其义实同。人人需求完美的生活，民生教育果能教育人得享受完美的生活，以达到完美人生的目的，则此种教育固为人人所需求，而亟待提倡者。”②

由此可以看出，教育家对民生的认识水平已达到了相当的高度，不仅高度重视民生的物质向度，同时也十分关照民生的精神向度——普及教育，使人人成为身心健全、有公德心的社会新人，并过上物质和精神皆富足的美好生活。

中国近代的时代特征决定了救国强国与改善民生为当务之急，因此，应该首先发挥教育的经济功能、政治功能和文化功能，以促进国家经济的发展、政治的民主化和民生的改善与文明程度的提高；全民教育、终身教育的大教育观在中国近代进步教育家的思想中总是处于核心地位，既体现出他们对国内饥啼寒号的民众的人文关怀，也展现了他们的世界胸怀；即使在动荡的年代，他们也始终没有忘记对民主与科学的追求，民主与科学

① 陈一百．民生教育与精神训练[J]．民生教育，1939(4)：16.

② 安道义．评民生本位教育的理论基础[J]．公教学校，1937(22)：455.

思想总是贯穿于他们的教育思想之中；精神生活是他们关注的又一个重要的价值向度，并且成为教育民生实践的重要内容之一。

第二节　中国近代教育民生思想的价值澄明

无论是晏阳初推行的平民教育，还是俞庆棠推行的民众教育，抑或邰爽秋推行的民生本位教育，其目标都是为了改善民生，使广大民众过上物质和精神皆富足的生活，因此，在继承与吸收中创新、以民为本、以民生为本位是教育民生的内在要求和价值维度。

一、在继承与吸收中不断创新的历史价值

中国近代教育民生思想是中国传统民本思想、孙中山的“三民主义”、西方的科学与民主思想、西方平民主义教育思想、杜威的实用主义教育思想和中国近代社会相结合的产物，这就决定了其继承性的特点。具有开阔视野和渊博学识的中国近代教育家，并不囿于直接继承和照搬照抄的窠臼，而是根据具体的国情、民情和时代的发展变化进行了再创造。

（一）从新的视角解读中国传统民本思想

在塾馆读《三字经》《论语》《孟子》《中庸》《诗经》等古书时，儒家的民本思想和天下一家的观念就已在晏阳初幼小的心灵上埋下了火种，幼年的教育使他很早就拥有了“忧以天下，乐以天下”的壮怀，家、国、天下，从此成为他一生的牵挂。西学堂求学路上遇到的苦力使少年晏阳初首次意识到了民间的疾苦；西学堂的牧师令他体会到博爱精神的伟大；孙中山“唤起民众”的遗嘱坚定了青年晏阳初“除文盲，作新民”的决心。

俞庆棠，1897年出生于上海一个知识分子家庭，其父既是清末秀才，又是毕业于早期实业学堂的新型知识分子，其母识字明理，贤惠善良。俞庆棠的公公唐文治，经学功底深厚，25岁即中进士，是中国近代教育史上有着极高地位的教育家，俞唐两家相隔较近，关系要好，俞庆棠从小就与唐文治长子订下婚约，唐文治对俞庆棠视如己出，“既行言传之教，亦行不言之教”[①]。因此，俞庆棠从小就受到良好的家庭教育和传统文化教育。14岁时，俞庆棠被送入上海务本女塾学习，在这里，学到了初步中西方文化科学知识。19岁到中西女塾读书，不久后俞庆棠又转入圣玛利亚书院。在这所学校里，她的普及教育的思想便已萌芽。

邰爽秋，1896年出生于江苏省东台县农村一个书香世家，自幼受到传统文化的启蒙，小学就读于贫民子弟学校，17至22岁时分别就读于江苏省立第五师范学校和南京高等师范学校，26岁毕业于东南大学教育系。求学期间，曾对孔孟儒学进行过深入研究，体现在其早年著作《正义进化与奋斗》[②]中。

晏阳初、俞庆棠、邰爽秋等致力于中国近代教育民生事业的教育家，确实继承了中国古代的民本思想。不过，与古代君王或思想家不同的是，他们是站在国民这个新的视角来解读其蕴含的价值。晏阳初不仅把“民为邦本，本固邦宁”挂在嘴边，更重要的是把其当作推行平民教育的主要动因。他说：“这虽是一句老生常谈，可是我们不能因时间的变迁而抹煞其含有的真理。”[③]

中国古代民本思想产生于西周统治者对夏、商兴败成亡的经验总结，武王周公等认为，夏、商之所以灭亡，是因为其残暴的统治而失去民心。由此，他们初步认识到民众是国家的基础和政权的来源，人心向背决定了他们政权的得失，从而总结出“民为邦本，本固邦宁”的金科玉律。

① 熊贤君.俞庆棠教育思想研究[M].沈阳：辽宁教育出版社，1997：10.

② 邰爽秋.正义进化与奋斗[M].上海：中华书局，1926.

③ 宋恩荣.晏阳初文集[M].北京：教育科学出版社，1989：123.

春秋战国时期，先秦诸子冲破“天命”的藩篱，更加关注人的价值和作用。孔子提出“仁”的学说，强调“仁者爱人”，并在政治上主张利民的德政。孟子继承孔子的思想，认为“民为贵，社稷次之，君为轻”，主张施行仁政。汉唐以降，相当一部分统治者把“民为邦本，本固邦宁”作为治国理政的警言格语，汉文帝、汉景帝十分重视“民为政本”，唐太宗李世民常用“水可载舟，亦可覆舟”告诫众人。许多著名的思想家、政治家也都在不同的历史时期阐发了民本思想。贾谊在总结秦王朝兴亡的历史教训的基础上指出：“民无不为本也。国以为本，君以为本，吏以为本。”①也就是说，国家的安危、君主的政权、官吏的地位都是建立在人民这个基础之上，如果失去了这个基础，也就失去了国家和政权。创造出“天人感应”学说的董仲舒认为：“天之生民，非为王也，而天立王以为民也。故其德足以安乐民者，天予之；其恶足以贼害民者，天夺之。”②意即，天不是为了君王而生民，却是为了管理人民才立王。凡是善待人民、使人民过上安乐幸福生活的君王，天就会把权力交付予他；相反，凡是残害人民的君王，天就会剥夺他的权力。朱熹继承古代的本民思想，提出“平易近民，为政之本”③的观点。终生捍卫孔孟儒学的戴震认为：“圣人治天下，体民之情遂人之欲而王道备。”④

不难看出，上述民本思想都是站在统治阶级的角度，是为维护统治阶级的长远利益服务的。如孟子之所以向君主提出“制民之产”，是因为他认识到老百姓的特点是“则无恒产，因无恒心。苟无恒心，放辟邪侈，无不为已……是故明君制民之产，必使仰足以事父母，俯足以畜妻子，乐岁终身饱，凶年免于死亡；然后趋而之善，故民之从之也轻”⑤。英明的君

① 贾谊.新书[M].南京：凤凰出版社，2011：101.

② 董仲舒.春秋繁露[M].开封：河南大学出版社，2009：225.

③ 黎靖德.朱子语类（108卷）[M].北京：中华书局，1986：2689.

④ 戴震.孟子字义疏证[M].北京：中华书局，1980：9.

⑤ 孟轲.孟子[M].太原：山西古籍出版社，2003：11.

主分配给民众一定数量的产业，让民众能吃饱穿暖，民众就会安分守己，并很自然地顺从君主的统治。因此可以说，这些民本思想实质上是“官本位”的、以“君”为主的，这里的“民”只是“臣民”，是统治阶级维护自身利益的工具。

清王朝的覆灭标志着“天下为客君为主”时代的结束，孙中山的“三民主义”使黄宗羲“天下为主君为客”的梦想成为现实。“民族、民权、民生”成为时代的主题，广大人民的地位得到空前提高，“人人平等”的理念走进千家万户，建立独立、自由、民主的新国家成为全国人民的共同追求。尽管遭遇了挫折，但这个追求已在人民心中生根、发芽，五四运动又如一场春雨，浇灌了这个嫩芽，使其茁壮成长。

在推行平民教育之初，晏阳初在谈到平民教育的宗旨、目的和使命时就指出：“在从前君国时代，国家所有的问题，虽然是靠着圣君贤相来解决，但也知道‘民为邦本’，重大的事情，还得要‘谋及庶人’。现在既已入了民国时代，国家的主人翁，明明就是人民，假若人民全体，或多数，具有解决问题的知识和能力，那就不怕问题之多且难；倒是愈多愈难，愈发表现解决问题的智能，国家社会愈呈新兴活泼隆盛的气象。”①“吾辈所以努力于平民教育的目的，正为培养国民的元气，改进国民的生活，巩固国家的基础。”②

俞庆棠在16岁时曾撰写《共和解》一文，她认为中华民国的建立为“新世界之创局”，在论说“共和”二字时，她说：“今民国形式虽成，精神未固，飘摇风雨，羹沸蜩螗，边警频传，民生凋敝，而国民尚党同伐异，权利是争，戕害贤哲，置国于危，呜呼，共和之义安在哉。夫屋幕将焚而燕雀争巢，民国现象危乎殆哉。虽然亡羊补牢，未为晚也，若能整纲饬纪，聚精聚神，群策群力，一德一心，毋徒有共和之形式，必实行共和

① 宋恩荣.晏阳初文集[M].北京：教育科学出版社，1989：20.

② 宋恩荣.晏阳初文集[M].北京：教育科学出版社，1989：22.

之精神，庶几疆圉可保，生业可复，治安可期，使国徽飘扬大地，荣誉照布全球，中华民国巍然久存，岂不幸哉。我愿与四万万新国民共勉之。”① 从这段话中，既能够看出俞庆棠的忧国忧民之情，也能够看出她对新国民所寄予的希望。

邰爽秋在其与黄振祺等合著的《中国普及教育问题》一书中写道："专制时代，政权操于帝王。国家的治乱，民族的兴衰，完全看统治万民的君主和辅助统治的卿相是否贤良以为断。而一般民众，则立于被统治地位。对于政事，向不能与闻。今日民主政治，已经抬头，政权从君主手中，转移给一般人民。在这时候，国家的强弱，政治的良窳，系由全体国民共同负责，设使组成国家的各个分子，人人都具有自治的能力，判别是非的眼光，那末这个国家的政治，必能达到修明的地步。否则必呈衰弱腐败的现象。但要人人具有自治的能力，判别是非的眼光，就须从普及教育着手。所以普及教育，在民治国家中，是非常重要的。”②

在晏阳初、俞庆棠和邰爽秋的眼里，人民已成为“国民”“公民”，国家也已经成为“人民”的国家，而不再是“君主”的国家。在人民的国家里，人人生而平等，每个人都是国家的主人，人人都有自己的生命权与发展权。因此，他们所推行的教育，是为每一个国民服务的教育，这是他们对传统民本思想的全新阐释。并且，传统的民生观主要是知识分子把民生的地位和民生的质量寄希望于统治者，而近代进步教育家却把民生的改善视为己任。

(二)对古代教育民生思想的继承与发展

教育民生思想是政治思想领域里的民本主义思想在教育思想领域内的延伸。中国自夏、商、周以来，就有重视教育的优良传统，《礼记·学记》

① 唐孝纯.人民教育俞庆棠[Z].南京:《江苏文史资料》编辑部,1998:7.

② 邰爽秋,黄振祺,等.中国普及教育问题[M].北京:商务印书馆,1938:7.

说："古之王者，建国君民，教学为先。"这说明，在古代，统治者就已经充分认识到教育对提高国民素质的重要作用。郭荣球指出："历史上，民本教育具有优秀的传统：追求以'教育机会均等'为理想的普及教育，倡导以人性为基础的个性教育，探索以天下一家为原则的教育资源共享。"①孔子被认为是我国古代民本教育思想的集大成者。首先，孔子的"庶、富、教"思想，不仅体现了他对经济与教育之间关系的认识，而且体现出孔子对人的生命意义的观照，即人的生命价值不在于物质生活的享受，而在于精神境界的提高。其次，孔子提出"性相近，习相远"的论断，不但说明他对教育在人的发展过程中起关键性作用持肯定态度，而且打破了奴隶主贵族天赋比平民高的神话，成为人人都能受教育的理论根据。最后，孔子提倡"有教无类"的办学方针，打破了贵贱、贫富和种族的界限，把受教育的权利扩大到平民，满足了平民受教育的愿望。墨家代表人物墨翟的教育民生思想也是历史上不应被忽视的思想遗产。墨氏的教育民生思想较孔子更为进步，对民生的关怀更为周到，他看到当时民众最大的问题是"饥者不得食""寒者不得衣""劳者不得息"，主张通过"有力者疾以助人，有财者勉以分人，有道者劝以教人"，建设一个民众平等、互助的"兼爱"社会，为了实现这一理想，首先要培养实现这一理想的人——兼士或贤士，使兼士或贤士懂得以兴天下之利、除天下之害为己任，再由兼士或贤士进行"上说下教"，向社会推行"兼爱"主张，最后都能做到"饥则食之，寒则衣之，疾病侍养之，死丧葬埋之"。

由于时代和教育自身发展水平的限制，中国古代教育家或思想家对教育与民生之间关系的认知非常有限，对教育的功能缺乏全面和科学的认识，因此未曾留下系统的教育民生理论，更没有就实现教育民生的途径提出建设性的意见，最重要的是，这些教育民生思想无不是"民生"外衣下为贵族或封建统治阶级服务的思想。孔子强调以教育作为施政的基本手

① 郭荣球.新时代的民本教育[J].内蒙古师范大学学报(教育科学版),2005(3):49.

段，要宣传忠君孝亲、奉公守礼，对人民进行政治伦理说教，转变人民的思想，就会有助于国家的长治久安。孔子施教的目的只是培养德才兼备的君子即统治阶级人才和统治阶级的顺民。墨翟尽管已经关注到当时民众生活的“乱不得治”“饥不得食”“寒不得衣”和“劳不得息”，但他只把改变这种现状的希望寄托在通过教育培养出来的兼士政治人才身上，再通过兼士来建设一个“兼爱”的社会，从而实现人与人之间的平等与和睦并提高民众的生活质量，而不是直接通过教育手段来提高民众的生活质量，这不免导致教育民生的途径有“迂回曲折”之嫌，表明他对教育民生功能的认识还比较肤浅。正如孙中山所评价的，在中国历代“圣贤明哲”的言论中，那些闪烁着光辉的思想只是“一隙之明，终莫挽狂流之势”[①]。可以说，传统的教育民生思想只是闪现了思想的火花而已。

晏阳初、俞庆棠、邰爽秋继承了古代教育民生思想并踵事增华，进一步实现了真正意义上的“有教无类”，把教育送到交不起“束脩”的工、农群众面前；他们不但不鄙视工、农业生产和生活中的“雕虫小技”，反而视之为不可或缺的教学内容；他们推行教育的最终目的，是切实改善民生、提高民众的文化素质和政治素养，并实现民众自己当家做主；他们既通过培养师资来推行教育，更是深入民间，躬耕实践；他们不仅对教育民生做了诸多理论上的探讨，而且探索出各种行之有效的教育民生路径，并取得了相当可观的成绩。

(三)对西方平民主义教育思想的吸收与创新

晏阳初、俞庆棠、邰爽秋在美国留学时，西方的平民主义教育正开展得如火如荼。裴斯泰洛齐的平民教育思想、德国的义务教育、英国的工人教育、美国的乡村生活改进运动、丹麦的农民教育、苏联及意大利的扫盲教育等，无不给他们带来深刻的影响，但是对他们影响最深的非杜威

① 广东省社科院历史研究所，等.孙中山全集：第5卷[M].北京：中华书局，1985：188.

莫属。

在美国的留学经历让青年晏阳初体验到民主的真谛；欧洲战场的华工让他看到了苦力之“苦”和苦力之“力”；无论是在美国留学时还是初回国内时，都正值杜威实用主义教育思想风靡之际，杜威对平民主义教育概念的界定，即“我们须把教育事业为全体人民着想，为组织社会各个分子着想，使得它成为利便平民的教育，不成为少数贵族阶级或者有特殊势力的人的教育”[①]，与晏阳初产生了心灵上的共鸣。1919—1921年，杜威在中国讲学的同时对中国的教育进行了考察，建议办平民教育的人不仅要重视城市里的平民教育工作，还要重视对农民的教育，“这成了晏阳初平民教育中心转移的外在动因”[②]。不过，晏阳初是一个充满革新意识的人，他批评当时中国的“新教育”实在是从东西洋抄袭来的东西。他认为，“各国教育，有各国的制度和精神，各有它的空间性与时间性，万不能乱七八糟地拿来借用”。他继而指出：“要创造一种中国教育，要用中国药来医治中国病，且要看清病源，然后再去下药。”[③]晏阳初把定县一个县作为教育的实验单位，深入系统地推进农村全面改革，实属世界首创；他根据受教育者的实际生活条件探索出的社会式教育、学校式教育和家庭式教育三大途径，把四大教育内容完整地落实到人们的生活中，是中国教育史上“前无古人”的创造；“表证农家”不仅发挥了农民的主体性，还取得了农民的信任，既是对杜威的“以儿童为中心”理念的继承，又是结合中国农民的实际特点而设计出的推广教育的崭新途径。晏阳初在教育领域里的创新还有多处，在此不再一一赘述。

1919年秋，俞庆棠因感教育为立国之本，决意赴美留学，研习教育。在美国特拉华女子大学肄业一年后，转入哥伦比亚大学，师从克伯屈博士等著名教授研究教育。哥伦比亚大学师范学院是世界上享有盛誉的最高学

① 单中惠，王玉凤.杜威在华教育讲演[M].北京：教育科学出版社，2007：237.

② 王小丁.中美教育关系研究（1840—1927）[M].成都：四川大学出版社，2009：338.

③ 宋恩荣.晏阳初文集[M].北京：教育科学出版社，1989：172.

府，拥有一批驰名国际的学者和各种各样的教育专业课程。该学院为中国培养了一批著名的教育家，如陈鹤琴、陶行知、胡适、蒋梦麟、张伯苓等。俞庆棠在哥伦比亚大学师范学院肄业期间，与教育学课程相关的教师主要有克伯屈、杜威、桑代克、奥士本等，但是，“对俞庆棠影响最大者，非杜威莫属”①。杜威是哥伦比亚大学的北斗宸极，克伯屈是杜威的学生，也是杜威教育思想重要的“二传手”，而俞庆棠又是克伯屈的入室弟子，因此可以说俞庆棠是杜威的正宗嫡传。杜威的“教育即生活”以及民主主义教育等观点无不影响着她对教育的理解，以至于成为她后来从事民众教育工作的重要理论参照。如，她在杜威的“学校即社会”的观点上提出了“学校社会化”的学校改革思路。救国爱民心切的俞庆棠从美国学成归国后，一心想把自己所学的知识贡献给遭受了百般蹂躏的祖国和无知无识的劳苦大众。孙中山先生的遗嘱更使她感觉到唤起民众的重要性和急迫性。1928年，经过坚持不懈的努力，俞庆棠终于开办起“江苏大学区民众教育学校”，从此开始了她的民众教育生涯。在推展民众教育的过程中，俞庆棠并不照搬照抄别人的理论和方法，而是能够从实际出发，突破固有的模式，创造出属于自己的理论和方法。首先，她认为杜威的“教育即生活”的观点有很大的局限性。她曾经说道：“杜威‘教育即生活’的学说，仅表现于学校之中，所谓以学校为社会生活的雏形而已。可是学校生活不过是生活的一个阶段。”因此她认为，“‘经验继续不断的改造’，决不限于学校时期。现行的学校教育绝不能代表终身的过程。所以‘教育即生活’的理论，要实现于整个生活之中，整个社会环境之中。环境的刺激，由学校环境扩大至于整个社会环境，经验的改造，由儿童及青年在学校中的经验，扩充至于整个人生之经验，这样的教育领域才能得到从来未有之广大，而也是新教育理论的必然结果。”②其次，她创造了民众教育的两种形

① 熊贤君.俞庆棠教育思想研究[M].沈阳：辽宁教育出版社，1997：19.

②《中国现代教育家传》编委会.中国现代教育家传：第四卷[M].长沙：湖南教育出版社，1987：159.

式：民众学校教育和民众社会教育，这是由她所指定的民众教育的任务所决定的。在她看来，民众学校教育担负着两项任务：一是为失学的儿童、青年和成人提供基础教育；二是为已受基础教育的儿童、青年和成人提供继续教育。第一项任务由民众学校来负责，第二项任务则由民众社会教育来承担。此外，在教育方法上，因受杜威“儿童中心论”的启发，俞庆棠强调“自觉自动法”的运用。她认为，首先要激发民众的学习兴趣，使他们感受到知识的重要，这样他们才会自觉自动地投入学习中去，教育才会收到更好的效果。

1923年，邰爽秋被公派留美，一年以后毕业于美国芝加哥大学并获教育硕士学位，后又师从杜威并于30岁时获得哥伦比亚大学教育博士学位，其很大一部分教育思想都来源于杜威的学说。回国后，因对中国现实和现存教育的弊端有着深刻的了解，决心改造与日常生活和社会生产相脱离的教育，遂倡导民生本位的教育。邰爽秋认为，教育应当适应中国最大多数民众最迫切的需要，应当与生产结合而不是分离。受杜威的“在做中学”观点的启发，在教学组织上，采取“在民生经济活动上教与学，在民生经济活动场所内教与学以及在民生经济活动上教与学”的方式；在教学原则上遵循因人、因时、因地、因物而变化施教的“因变原则”；受杜威的“以儿童为中心”观点的影响，制定了教师指导学生自教自学、互教互学的“自动原则”与“互助原则”；在教材编制方面，以经济生活为经，文字、公民、卫生、休闲、自卫各种教育为纬，编成大单元设计，即以经济活动为中心，把各种教育内容融合起来，做到“你中有我，我中有你”，而不是分门别类地把它们拆分开来、分期实施；在教学方法上，为了与生活密切结合，主要采取巡回教学法，为此，邰爽秋专门发明了“普及教育车”。

晏阳初、俞庆棠、邰爽秋勤于思考，与时俱新，植根于社会的苦乐忧患，坚持把教育理论与实践相结合，把理想与现实相结合，从不迷信现有的理论与方法，而是对其有鉴别、有吸收、有排拒，创造出了一系列新的理论与方法，加速了中国教育现代化的进程。

二、以民为本、教育济民的社会价值

以民为本既是中国传统文化的精髓，又是教育民生最本质的特点。晏阳初、俞庆棠、邰爽秋等近代教育家的教育思想和实践，皆从人民出发，并以人民为主体。

（一）强调教育为民服务

晏阳初指出，人民是国家的根本，要建国，先要建民；要强国，先要强民；要富国，先要富民。①他认为，我们国家之所以成为殖民地，任人践踏，是因为当权者丢了本，没有从根本上去重视建民、强民、富民的工作，本不固，国家自然不能强盛。他还批评中国封建社会的教育制度，养成了一个士大夫阶层。"学而优则仕"，使得一些人飞黄腾达，当官做老爷，远离劳苦大众，不了解广大人民的疾苦，更看不到人民身上的潜在力量。实际上，中国的广大人民有着巨大的力量，他们建筑了万里长城，开凿了南北运河，完成了龙首渠、都江堰、郑白渠、灵渠等数不清的水利工程。然而，封建传统的压迫、国内腐败的政治统治和外来强权的欺凌，致使广大人民到了奄奄一息的地步。他认为，国之所以已经不国，是因为民已不民。日本人侵入中国之所以如入无人之境，是因为中国没有了人心，没有了国民。因此，不管是政治还是教育，"都须要顾到根本，顾到人民"②。晏阳初之所以几十年坚持不懈地开展平民教育运动与乡村建设，就是为了在固本上着力，以图祖国的繁荣富强，人民的安居乐业。他还强调指出："平民运动是平民本位的——一切为人民，一切要适应人民的需

① 宋恩荣.晏阳初文集[M].北京：教育科学出版社，1989：322.

② 宋恩荣.晏阳初全集：第1卷[M].长沙：湖南教育出版社，1989：429.

要。无论你有多大学问，人民不能接受，人民不懂，那就是没用……无论你原理讲得如何进步，人民得不到，还是没用。生产、经济，不能让人民享受，不能让人民生活给改善，也是没用。凡是不以人民为本位的，都是要不得的，没有用的。”[①]因此他呼吁知识青年人士，走到田野当中，走到农民当中，去认识农村，服务农民。晏阳初身先士卒，举家迁往定县，和农民吃住一起。不仅如此，他还说服一大批留洋归国硕士和博士扎根定县平民教育事业，这些学有所成的教育界精英，如陈筑山、郑耿裳、孙伏园、熊佛西、瞿世英、冯锐、傅葆琛、陈志潜、汤茂如、李景汉、刘拓、黎锦纾等，放弃了城市舒适的生活，深入民间，躬亲田舍，正是为了真正做到为民服务。

在俞庆棠看来，无论是在当时我国的社会里，还是在学制里，都没有劳动人民受教育的位置，劳动人民的受教育权利被无情地剥夺了。她把旧社会比喻成“吃人”的社会，把旧社会里的教育比喻成“吃人”的教育。“我们要把‘吃人’的旧社会、‘吃人’的旧教育变为‘为人民服务’。”[②]因此她指出“民众教育应为民众本位的教育”[③]，民众教育的一切工作都是围绕为民众服务而展开。首先，设立江苏省立教育学院，以培养江苏省各县民众教育及农事教育服务人才，并作为全省民众教育农事教育研究设计及实验之场所。[④]她经常带领该院学生深入工厂、农村，接触工农群众，了解劳动人民的疾苦，以利于培养学生为人民服务的精神。俞庆棠本人的一生，恰好是教育为民服务的典型。她常说：“群众的天才是无穷的，人民的力量是伟大的。”“教育可以给予人们以新的生命和新的力量，是最美好的东西。最美好的东西，应该给予最大多数的人民。”[⑤]正是秉持着这样

① 宋恩荣.晏阳初文集[M].北京：教育科学出版社，1989：247-248.

② 唐孝纯.人民教育家俞庆棠[Z].南京：《江苏文史资料》编辑部，1998：39.

③ 俞庆棠.民众教育[M].南京：正中书局，1935：184.

④ 俞庆棠.民众教育[M].南京：正中书局，1935：163.

⑤ 茅仲英，唐孝纯.俞庆棠教育论著选[M].北京：人民教育出版社，1992：前言2.

的信念，俞庆棠一生都在为民众的教育事业奔走、操劳，终因辛劳过度，不幸患脑出血逝世。1950年12月15日，中共中央教育部举行追悼大会，政务院文教委员会赠送的挽联是："吃野草下去，流鲜血出来，点滴都付与人民，人民群众之保姆；把任务完成，置生命不顾，死生全为了教育，教育工作的典型。"①郭沫若对其的评价为："富有事业精神与为人民服务之热忱，足为楷模。"②

邰爽秋领导的中国民生教育学会，其会员陈振鹭批评传统的教育只为上层社会服务，是统治阶级装饰门楣的工具，无形之中将受教育者造成特殊阶级，而特殊阶级的需要与大众的需要截然不同。"特殊阶级需要奢侈、逸乐、排场面，而大众则需要节省、勤劳与朴实；特殊阶级需要如何去找醇酒美人，以过狂欢之夜，而大众则需要如何去找工作以赡养家室……传统的教育，或为鼓励虚荣，使受教育者得到一张不可兑现的文凭，或为个人设想，使受教育者只知道如何攘夺个人的权利，成遂个人的贪欲。"民生本位的教育却是"丰民衣、裕民食、安民居、利民行"③的教育，是以人民为本位的教育。正如另一位会员叶青所指出的："民生的民，把贵族和一切特权者除开了，而是'人民'。并且不以个人为本位，是集体的，所以它的意思指着'民众'、'群众'乃至'社会'。"④中国民生教育学会认为，"民生"之本质具有"整体性"，"民生教育，无城乡之界限，亦无阶级之区分。要以整体国家为对象，并以全民福利为依归"⑤。由此，利用教育为民服务的思想显而易见。邰爽秋本人为民生本位教育事业殚精竭虑，终日操劳，因无暇照顾家庭，导致连丧两子。在《哭儿诗》中，他写

① 茅仲英，唐孝纯．俞庆棠教育论著选[M].北京：人民教育出版社，1992：前言5-6.

② 熊贤君．俞庆棠教育思想研究[M].沈阳：辽宁教育出版社，1997：52.

③ 陈振鹭．民生本位教育的社会基础[J].民生教育，1937(1)：32-33.

④ 叶青．民生本位教育的哲学基础[J].民生教育，1937(1)：12.

⑤ 中国民生建设实验院创立旨趣[B].重庆市巴南区档案馆藏，巴县县政府建设科档，民1-9-435：2-5.转引自，雷志松．学术、社团与社会：中国民生教育学会研究（1936—1949）[M].北京：社会科学文献出版社，2012：136.

道："艰难事业苦支持，十载酸辛只自知。频遭惨变心虽痛，素志如山不可移。"[①]这首诗充分地表达了其为民众服务的意志和决心，读来令人泪目。

(二)重视民众的主体性

苗春德在《中国近代乡村教育史》中指出："乡村教育精英们对农民的认识和了解并不全面和深刻……他们只看到农民'愚'、'弱'、'贫'、'私'、'病'、'散'、'苦'的一面……他们只看到农民蓬头垢面、饥肠辘辘、衣不蔽体，终日在死亡线上痛苦挣扎、可怜兮兮的悲惨形象，而对中国农民的勤劳勇敢、艰苦奋斗、自力更生、吃苦耐劳、善良机智、疾恶如仇、奋发向上，希冀翻身做主人的本质却缺乏正确认识。因而他们居高临下，以'救世主'的面貌出现，对农民予以同情、怜悯、关爱和施舍，而不是平等地视农民为自己的手足、父兄和朋友。"[②]这种判断也许适合某些乡村教育精英，但对于晏阳初、俞庆棠、郃爽秋几位教育家来说，并不符合事实，因为他们一再强调并尊重民众在教育中的主体性。

马克思指出，现实的人和人类是认识世界和改造世界的主体。[③]王坤庆把"人的那种永远不满足于既在的生存境遇而去不断创造新的生命价值，以获得一个更新的精神自我的行为和意识的特征"，称为人的主体性，并认为"它是人作为社会实践活动主体的质的规定性，是人在与客体相互作用中不断得到发展的自觉能动性和创造的特性"[④]。从这个定义可以看出，在社会实践中，人是实践活动的主体，本质上具有自觉性、能动性和创造性，人之具备自觉性、能动性和创造性的特性即人的主体性。需要指

① 郃爽秋．爽秋自传诗(手稿本)第93页，转引自：李定开．重庆教育史：第二卷[M]．重庆：西南师范大学出版社，2006：515.

② 苗春德．中国近代乡村教育史[M]．北京：人民教育出版社，2004：276-277.

③ 马克思，恩格斯．马克思恩格斯全集[M]．北京：人民出版社，1979：22.

④ 王坤庆．精神与教育：一种教育哲学视角的当代教育反思与建构[M]．上海：上海教育出版社，2002：195.

出的是：“主体性不仅存在主体的人与客体的物或自然之间，而且还表现在一定社会关系中人与人的交往模式里……作为自我反思的存在物，个体与他人交往中应全面理解他人的主体性，而不仅是自己的主体性，否则，任何形式的合作和管理都是形式而非真实。”[①]作为社会的存在物，人从来都不是孤立的，每个人都是在和别人一起成长，或者是在帮助他人成长的同时自身也获得了成长，这种客观现实在教育活动中体现为“教学相长”，受教育者既是教育的对象、教育的客体，又是学习的主人、学习的主体。

在晏阳初看来，我国之所以问题丛生，都是人惹出来的，因此，最根本的解决办法，要从人身上去求。中华四万万民众共有的问题，欲从根本上求解决的方法，非从四万万民众身上去求不可。假若人民全体，或多数，具有解决问题的知识和能力，国家就会呈现新兴隆盛的气象。在平民教育实践中，晏阳初逐渐认识到，平民教育不是以慈悲为怀的施米施粥的贫民教育，而是培养国民元气，改进国民生活，巩固国家基础的新型教育。这种新型教育强调受教育者（即农民）的主体性，并把他们当作乡村改造的主力。这种教育的任务在于“激发调动他们的主人翁意识，培养他们自发自动的精神”[②]，换句话说，就是“发扬民力”[③]。他说：“我们的目标是在人，不是在物，我们的基本认识：即国家社会的基础是人民，大部分的人民在广大的乡村，所以要到乡村去，我们的工作不是烘托，粉饰，供人欣赏，参观。主要是把我们对象的‘人’能使他们自觉，由自觉进而知道自己改革，自己创造，自己建设。”[④]为了发挥平民在改造生活中的主体性，使千百万劳苦大众自觉自动地参与到改造工作中去，晏阳初提出设立训练制度，在20多年的平民教育运动中，先后设立平民教育师范院、育才院、研究院、衡山乡村师范学校、中国乡村建设学院，“以培养

① 李福华.高等学校学生主体性研究[M].合肥：安徽人民出版社，2004：22-23.

② 宋恩荣.晏阳初文集[M].北京：教育科学出版社，1989：332.

③ 宋恩荣.晏阳初文集[M].北京：教育科学出版社，1989：333.

④ 宋恩荣.晏阳初文集[M].北京：教育科学出版社，1989：219.

全国平教事业需要的人才”[①]。除此以外，在定县实验中，中华平民教育促进会还组织成立了72处同学会，发动平民学校毕业生积极参加和推行四大教育。为了使男女老幼都能参与到乡村建设中来，中华平民教育促进会又研究、组织了“家庭会”这一组织形式，即联合各个家庭中地位相同的人员施以训练。前文中提到的“表证农家”，也是发挥农民主体性的一种主要方式。

俞庆棠认为，“谋求拯救民众，一定不可采用施舍加恩的方式，如发放一些稻米及救济款之类的救济方法，这样只能是扬汤止沸的权宜策，不可能从根本上治愈民众的贫穷”。作为一个精通教育原理的教育家，俞庆棠对受教育者在教育过程中的主体地位有着清晰的认识，她多次强调，民众教育的“目的总在使人民能自动地办理其事业”[②]。她还指出：“办理民众教育者并非代替民众做事，应以民众为主体，引起民众自己的觉醒，并培养其自动的精神和能力，使能自动的来做，自动的来解决一切自己生活上的问题。普通教育原理中的原则，如‘需要的感觉’（Felt need）和‘自动’（Self activity），在实施民众教育时常常引用的。”[③]只有这样，才能真正改进民众的生活。在这种观点的指引下，俞庆棠领导的民众教育各实验机关，在开展各种教育实验与民生工作时，都非常重视民众的自觉自动，即民众的主体性。例如，在指导民众修筑道路桥梁时，让民众先感觉到改进交通的必要，然后他们自己计划，自己估价，自己捐款，自己出力，道路桥梁落成后，他们自己也格外觉得有意义。再例如，在没有小学的乡村，要创办一个小学，并不是一件容易的事。惠北实验区五家宕小学成立以前，先与地方民众接洽，让他们感觉到设立学校的必要性。在此基础上，民教工作人员指导他们组织校董会，负责管理校舍、校具等各种工

① 宋恩荣.晏阳初全集:第1卷[M].天津:天津教育出版社,2013:90.

② 俞庆棠.民众教育[M].南京:正中书局,1935:143.

③ 俞庆棠.民众教育[M].南京:正中书局,1935:184.

作。[①]俞庆棠对受教育者主体地位的重视，还体现在学校教育和课堂教学中。在江苏省立教育学院，俞庆棠在授课时“并不是满堂灌，而是印发一个提纲，提出问题，指定参考书目，要学生自己去翻阅查找资料，写心得、笔记、报告，送交她审阅签字”[②]。有时，她还要求学生在课堂上回答问题或向大家谈心得体会，极大地调动了同学们自己学习和主动研究的积极性。南门民众教育馆劳工夜校高级班的学生，感觉到同伴识字的需要，就主动来创设一所学校，定名为劳工自己学校。学生自己担任教师，自己处理课业，又常拿劳工队伍中的歌谣、成语和生活经验，写成课文，教他们的同伴。

教师指导学生自教自学的“自动原则”和教师指导学生互教互学的“互助原则”，是邰爽秋领导的民生本位教育在教学活动中所遵循的原则。“自动原则”即由教师指导学生自教自学。在邰爽秋看来，“学生可以在教师指导下，自己动脑、动手、动脚、动口、动耳、动目，借助学习工具如字典、仪器、标本等等，自教自学。自动即主动，是与呆读死记的被动学习相对立的”[③]。“互助原则”即指导学生互教互学，用邰爽秋本人的话来解释就是：“指导民众，互教互学，不管年纪大小，先知觉后知，先觉觉后觉，无所谓先生，亦无所谓学生。”[④]邰爽秋认为，优良的教学，不仅发生于教师与学生之间，而且发生在由教师指导学生的互教互学中，互教互学应该成为教学中的普遍现象。他说：“夫教学之事，不仅应为师生之间之事，抑且应为同学间之事。教学活动，不仅应为师生双方之共同活动，抑且应为同学间之共同活动。有组织有指导之互教互学，可以鼓励学生之

---

① 俞庆棠．民众教育[M]．南京：正中书局，1935：184-185.

② 无锡市政协，文史资料委员会．无锡文史资料：第25辑[Z]．无锡：无锡市政协文史资料委员会：1991：144.

③ 李定开．重庆教育史：第2卷[M]．重庆：西南师范大学出版社，2006：504-505.

④ 杨肃．当代中国教育家丛书之一：邰爽秋之生平及其贡献[M]．上海：民生书局，1936：23.

积极性，可以提高教学质量，可以节省教师劳力。”[①]比起教师和学生之间的教学，学生之间的互教互学，能够更好地消除双方关系中的“不平等”因素，心理之间的距离更加接近，同学之间在无任何隔阂的情况下完全平等地对话与交流，因此，教学效果更理想。从这两个原则可以看出，郃爽秋对学生主体性的认识已达到了相当的高度，学生在学习活动中不应该是一种无生命的静止状态，而应是一种充满活力的生命的存在。他们是主动参与者，用自己的身心高度参与其中，既要开动脑筋，独立思考，又要锻炼动手能力。在民生教育实验区开展的各种养、教、卫、管的实验，如应用爽秋普及车、流动教学法、纺织教育等，都很好地贯彻了这两个原则。同时可以看出，郃爽秋更是把学生提高到了与教师平等的地位，打破了传统的“师道尊严”观念。

在过去两千多年的封建教育中，受教育者的主体性被完全忽视或抹杀，尤其是科举制度产生以后，出身寒门的广大知识分子欲走上仕途，获得功名利禄，只能终日埋头于故纸堆，思维仅囿于儒经和诗赋，独立思考的能力受到限制，养成依附性格，最终失去自我，成为统治阶级的顺民。

五四运动的爆发，促进了人们思想的觉醒和个性的解放，在教育上，人的主体性受到重视，“以儿童为中心”的教育理念受到广泛追捧。沐浴过欧风美雨的晏阳初、俞庆棠和郃爽秋，不会也不可能忽略作为教育对象的中国广大民众的主体地位。他们很清楚，在所推行的教育民生实践中，他们自身只是起到主导作用，民众生活最终的改善，还是要依靠民众自己的力量，教育者的主要任务，是开发民众的潜力，是引导民众自觉向上。

晏阳初、俞庆棠、郃爽秋以民为本的教育理念不仅有力促进了教育民生的建设，而且产生了深远的社会影响。他们对教育对象主体性的重视，唤醒了底层民众的主人翁意识，构建起当时社会的民主精神和民族精神。

---

① 郃爽秋.爽秋自传诗(手稿本)第86页,转引自:李定开.重庆教育史:第二卷[M].重庆:西南师范大学出版社,2006:505.

实验区民众认识到，通过生计教育，可以获得生存技能和生产知识，从而改善生活，摆脱贫困的束缚；通过卫生教育，可以不再做“病夫”；通过休闲教育，自己也有享受高尚精神生活的权利；通过公民教育，做一个有参政能力、有民族精神的人。如，1935年11月，在中华平民教育促进会的推动下，在定县举行了乡间选举，乡镇公民都自动投票。这一事件“不但是开了定县的新纪录，恐怕也是全国的新纪录”①。老百姓从这时起，历史上第一次真正认识了投票的意义。1937年全面抗战爆发后，定县众多农民参加了救护和自卫，“使得该县七次被占领后又七次被夺回。最终，日军只占领县城和铁路沿线的少数几个村庄。其余的400多个村庄一直处于平教会学校的两名教师的领导之下”②。在亡国灭种的危机中，在教育人员的引导下，老百姓知道了什么是“国家兴亡，匹夫有责”，知道了中华民族是神圣不可侵犯的，“这是民族自觉史的开端，是真正的新中国国家的序幕”③。

三、以民生为本位的教育价值

民生不仅指人的生存、生命、生计和生活，也包括人民的政治需求、文化需求和精神需求。在奴隶社会和封建社会时期，教育是统治阶级的专利品，仅为统治阶级服务，不论是教育的宗旨还是教育的内容，都未曾关注过民生。虽然到了封建社会的末期，为了挽救摇摇欲坠的皇权，朝中大臣奏请当权者推广学校普及教育，以使百姓既能效忠于国，又能自谋其生，但是这种幻想很快随着清王朝的覆灭而烟消云散。中华民国建立后，尽管对教育进行了大刀阔斧的改革，但由于沉疴已久、积弊太深，传统的士大夫观念依然盛行，教育仍旧严重脱离生产生活，即使受过教育的人，

① 宋恩荣.晏阳初全集:第1卷[M].长沙:湖南教育出版社,1989:425.
② 李可柔,毕乐思.光与盐:第1卷[M].北京:团结出版社,2014:208.
③ 宋恩荣.晏阳初全集:第1卷[M].长沙:湖南教育出版社,1989:516.

于社会、于民生也没有多大贡献。

晏阳初、俞庆棠及邰爽秋等中国近代教育家纷纷对中国的社会问题进行把脉，认为民众是国家的基础，民生的好坏直接关系到国家的前途和民族的希望，而凋敝的民生和问题丛生的教育之间存在一种互为因果的关系。因此，只有开展以民生为本位的教育，才能把国家的基础建设好，基础坚固了，国家才能强大。

(一)平民教育的民生本位取向

晏阳初13岁时，在离家外出求学的路上，与一贩盐的苦力相伴，从这个苦力的身上，少年晏阳初生平第一次朦胧地意识到民生的疾苦；在美国求学期间，目睹华人受辱受气的事实，深感之所以华人在海外屈居人下，是因为母国贫穷落后；26岁耶鲁大学毕业后，晏阳初前往法国战场华工服务中心做翻译工作，为华工代写书信，并着手教授华工识字，在此期间，青年晏阳初又一次感受到了国人的“苦”和“力”。他深知，20世纪是机器时代、科学时代、技术时代，因此是一个智能时代，而智能专长得之于教育。华人、华工之所以受气，就在于受教育不够。遥想祖国连年战乱、列强瓜分、军阀乱政、民不聊生，大多数平民的智能不能开发，于是立志回国以后做平民教育的工作，“把我的终身献给劳苦的大众”[①]。晏阳初曾指出，在中国，封建意识的影响，产生了许多书生、书呆、书奴，养成了一个士大夫阶层。“学而优则仕”，更有人飞黄腾达，青云直上，当官做老爷，他还形象地比喻说：在中国历史上，两种盲人。一种是生活在社会底层的不识字无知无识的文盲；一种是虽有知有识，但处在社会的上层，远离劳苦大众，不了解广大人民的疾苦，更看不到人民身上的潜在力量，这种人，我称之为民盲。[②]之所以会产生“文盲”和“民盲”，究其深刻原

① 宋恩荣.晏阳初文集[M].北京：教育科学出版社，1989：307.

② 宋恩荣.晏阳初文集[M].北京：教育科学出版社，1989：323.

因，是教育脱离民生所致，因为脱离民生，社会底层民众无权无钱接受教育；因为脱离民生，教育才培养出只认官不认民的读书人。

平民教育运动，如果要扫除这两种文盲，就必须以民生为本位。晏阳初用他的实践证明了他所领导的教育运动，正是以民生为本位的。例如，本书第三章所列举的中华平民教育促进会开展的一系列研究与实验：心理研究与实验，目的是证明成人完全有接受教育的智能；文艺研究与实验，是为了满足民众日常生活所需，提供民众接受教育的工具并移风易俗；生计教育研究与实验，是为了改善民众的物质生活；卫生教育研究与实验，是为了增强民众的体质，改善民众的生活环境；公民教育研究与实验，是为了改变民众的精神面貌；休闲教育研究与实验，是为了丰富民众的精神生活，唤起农民“向上的意识”；编写教材和民众读物，既是为了解决符合民情的教学内容，又是为了传授民生知识、提升民众的道德品质、丰富民众的精神生活。

(二)民众教育的民生本位取向

俞庆棠认为，中国有四万万人口，是一个大国，之所以被帝国主义列强欺侮，是因为占全国人口百分之八十以上的劳苦大众没上学，没文化，觉悟低，生活缺吃少穿、贫穷落后。假如民众接受了教育，有了文化、生活改善、觉悟提高，都有了爱国的意识，列强便不敢欺侮。因此，“办社会教育、民众教育，不仅是识字的人教不识字的人，还要用社会教育、民众教育的力量，解决民众的生活问题”[①]。“从民生着眼，从民生入手，以达民权、民族之进展。”[②]俞庆棠和同仁领导江苏省立教育学院的学生一起开创民众教育实验区，向民众实施凡是能改善生活的各种教育。如①识字教育——谋全民众在整个社会生活中，知能道德的前进和向上。②生计教

① 唐孝纯.人民教育家俞庆棠[Z].南京:《江苏文史资料》编辑部,1998:27.

② 茅仲英,唐孝纯.俞庆棠教育论著选[M].北京:人民教育出版社,1992:253.

育——谋解决民众面临的生计方面的问题，如土地、农业生产、农业技能、职业技能等。在保持固有的生产能力和习惯的同时，增进劳动民众的知识和技术，使他们了解、接收、运用农业科学知识；改善工人生活的环境，提高工人的待遇，巩固工人的权利，向他们提供普通知识和专门技能的训练。③公民教育——谋合格公民的养成。内容包括组织民众、训练民众、养成民众集体的思想、集体的活动以及集体的生活习惯、自治自卫能力、政治常识、科学常识、公民道德、良好生活习惯、习劳耐苦的美德等。④自治自卫——启发、诱导劳动民众养成自治自卫的能力，能防御抵抗，自己救自己，自己保卫自己，使自己的利益不受侵害。⑤健康卫生——改变恶劣的卫生环境，改造居民的卫生条件，教育培养乡村医师，开办医务所，推行民众健康卫生教育，开展民众体育。⑥休闲教育——宣传不正当娱乐的害处，使民众有所警惕；破除烟、酒、赌博等不良的嗜好。⑦家事教育——发展家庭经济，改善家庭生活。⑧艺术教育——改良民众艺术、娱乐的方法，造成真善美的人生。⑨科学教育——利用科学方法解决生活问题。其具体实践，在本书第三章亦有所列举。

(三)民生本位教育的民生取向

邰爽秋领导的民生本位教育运动，是名副其实的以民生为本位的教育运动。邰爽秋指责士大夫教育导致中国人既穷且私。士大夫是上等阶级，是劳心份子，是奢华浪费、不事生产者。“士大夫教育像一个发电机，使中国社会发生二重现象：生产降下，消费增加。我们的教育一天天的办下去，士大夫一天天的增多起来，奢华的习惯，一日多一日。而国民经济又受天灾及国外经济的压迫，日趋崩溃。”[①]在他看来，唯有推行新教育——民生本位教育，才可以补救这种情形。他指出：“宇宙的中心是生，历史

① 邰爽秋.土货运动与中国民众教育的前途[J].民众教育通讯,1933(7):7.

的中心是民生，教育是求达民生的手段。唯生才是教育哲学的根源。”①“三民主义既以民生为中心，则三民主义教育亦应以民生为中心。建设之首要既在民生，则教育建设之首要，亦应在民生。”②“在穷困不堪的现中国的死亡线上的大众面前，来实施普及教育，唯一的目标要认识清楚‘民生’。假定有人舍民生本位的立场，去从事普及教育运动的工作，那末，普及教育的最大症结，将永无消除的希望，这是我们应该彻底认识的一个基本观点。”③为此，他要求民生本位教育的实施，“务须以民生为首要、为基础、为中心、为标的；务须以民生需要为根据”④。他甚至要求整个教育制度生产化、职业化、民生化，并根本推翻“以学科为中心，以造就少数专门学者为主要目标的传统教育制度”，而代以“以民生经济活动为中心，以造就多数民生实用人才为主要目标的新制度”⑤。民生本位教育除了以发展民生的经济活动为主，还兼顾文字、公民、卫生、休闲、自卫、救国等种种的教育，其具体实践，不论是心理研究与实验、生计教育研究与实验、卫生教育研究与实验、公民教育研究与实验、休闲教育研究与实验，还是教材的编写，无不以民生为核心。

平民教育、民众教育、民生本位教育，无论从理论上还是从实践上，都是围绕民生而展开，这些教育所要改善的正是民众的生存、生命、生计、生活，包括精神生活和政治生活。从此，教育自产生之日起便具有的民生功能被重新认识。晏阳初、俞庆棠、邰爽秋等教育家对教育民生做出的理论与实践探索，不仅较全面地阐释与界定了教育与民生的关系，教育民生的宗旨、对象、内容，而且总结出可行的模式和路径，教育终于被“从天上拉回人间”。

---

① 邰爽秋.民生本位教育产生的背景和意义[N].革命日报,1938-5-2(4).

② 邰爽秋.我们的信仰和要求[J].民生教育,1939(4):3.

③ 邰爽秋,黄振祺,等.中国普及教育问题[M].北京:商务印书馆,1938:13.

④ 邰爽秋.我们的信仰和要求[J].民生教育,1939(4):3.

⑤ 邰爽秋.我们的信仰和要求[J].民生教育,1939(4):5.

第三节　中国近代教育民生思想的历史局限

中国近代教育民生思想产生于特殊的时代，国内重重矛盾与民族危机同在，充满强烈的忧国忧民意识与情感的先进知识分子急于找到一条救国救民之路，这就决定了他们的思想必然存在历史的局限性。

一、误解国弱民穷的根源

作为耶鲁大学政治经济专业毕业的学士和普林斯顿大学历史学专业毕业的硕士，晏阳初却总是把中国国弱民穷的根源归咎于教育，这一点不能不令人感到费解。他的这一观点，体现在多次的讲话中。1934年，他在《农村运动的使命及其方法与步骤》一文中说：（中国今日）之所以“‘穷不变，变不通’的根本道理，就是因为没有真正的人才”[①]。1937年，在《十年来的中国乡村建设》一文中指出：“中国人——尤其是大多数的农民——的衰老、腐朽、钝滞、麻木和种种的退化现象，更叫中国整个社会的问题，严重到不可收拾。”[②]1945年3月，在接受美国著名作家赛珍珠采访时，他指出，中国农村存在的愚、穷、弱、私“四大问题”是相互关联的，因此，在实施“四大教育”时，必须要注意它们之间的联系，不能将其划分成各自独立的部分。他举例说：“贫穷是引起疾病的一个原因；疾病和体弱是经济上的浪费，因而又会导致贫穷。反过来说，贫穷和疾病又大抵是愚昧无知的结果。[③]晏阳初说：“我觉悟到政治经济的基础是人民，如果这大多数苦力的苦不解除，苦力的力不开发，政治不会上轨道，经济

① 宋恩荣.晏阳初文集[M].北京:教育科学出版社,1989:73-74.

② 宋恩荣.晏阳初文集[M].北京:教育科学出版社,1989:177.

③ 晏阳初,赛珍珠.告语人民[M].桂林:广西师范大学出版社,2003:341.

不可能发展，国家是没有办法的。”[①]显然，晏阳初把教育或民众的失教看作导致中国国弱民穷的根本原因。

1931年，俞庆棠在江苏省立教育学院作了题为“民众社会教育谈”的演讲，在谈到从事民众教育的感想时，她指出，民众教育的发端，为少数私人团体，“愤中国人民多为愚蠢，与国家的事业文化都有关系，以致国乱民贫，乃奋起努力提倡民众教育，引得各界人士的同情，风起云涌，真是一时之盛[②]。”1932年5月，在苏州振华女中所作的题为“挽救中国”的演讲中，她指出，倘使要挽救中国，一定要解决三个问题：政治问题、经济问题和教育问题。“我国的政治，完全是国民党几个人垄断着，可以说没有一部分是顺从民意的……要普及教育，并使人民所受的教育能够实用，能够解决政治和经济两个问题。人民受教育，有知识，方能实现真正的民治政体。”[③]言下之意，之所以中国当时不是民治政体，是因为人民没有受教育、没有知识。

邰爽秋同样把中国社会的病根归于教育。[④]他还把生产落后的主要原因也归于教育，他说：“中国生产的落后，多半是由于人民不知改进生产方法的缘故。要改进生产的方法，提高生产的能率，唯一的法门，当然是普及民生教育，使教育与民生打成一片，而后国民经济，几有发展的一日。”[⑤]

造成中国近代社会贫穷落后的原因是多种多样的：清朝末年，腐朽的政治统治使整个官场因循守旧、贿赂成风，军备废弛、官兵落草为寇；闭关锁国的政策导致中国脱离世界潮流，在闭塞中停滞不前；文化的钳制限制了人民的思想、阻碍了教育的发展；西方列强的入侵使中国的民族经济

① 宋恩荣.晏阳初文集[M].北京：教育科学出版社，1989：222.

② 茅仲英，唐孝纯.俞庆棠教育论著选[M].北京：人民教育出版社，1992：45-46.

③ 茅仲英，唐孝纯.俞庆棠教育论著选[M].北京：人民教育出版社，1992：54-55.

④ 邰爽秋.土货运动与中国民众教育的前途[J].民众教育通讯，1933(7)：7.

⑤ 邰爽秋，黄振祺，等.中国普及教育问题[M].北京：商务印书馆，1937：8.

全面崩溃。中华民国成立后，社会面貌并没有得到改善，军阀混战、日本帝国主义入侵，把中华民族拖入了苦难的深渊，这些都是造成中国国弱民穷的最主要原因。其中，教育也是“受害者”。教育尽管具有促进经济、政治、文化发展的功能，但它本身却受制于经济、政治和文化。因此，把国弱民穷的根源归因于教育，实属本末倒置。

二、过于抬高教育的民生功能

中国近代教育民生思想中，普遍存在的一个较明显的观点，即把教育看成救济民生的灵丹妙药。

1923年，在一次谈话中，晏阳初说道：“现在中国害了三种病。即瞎、聋、哑。国民大部分不识字，不能读书报，非瞎而何？不受教育的不知社会情形，所以有耳也等于无耳，非聋而何？社会弄到这样，发言的是何人，大多数是不作声的，非哑而何？别人还说我们又老，这样的国家何以能造成国家？现在的万灵丹就是在读书识字。现在的一线希望，即古风犹在，人人都承认读书是好，这是中国的救星，我们应该保存。”[①]1927年，在《平民教育的宗旨目的和最后的使命》这篇文章中，他又说：“我们内受国家固有文化的陶育，外受世界共通新潮的教训，自觉欲尽修齐治平的责任，舍抱定‘除文盲作新民’的宗旨，从事于平民教育的工作而外，别无根本良谋。”[②]“我有足够的理由相信，在我们的政府甚至军队的领导阶层中有很多诚心的人愿意与我们合作来着手推广这项工作……为了一种社会目的，把1亿年龄在12—25岁的文盲组织起来，集体接受启蒙教育，能够改变这片古老的大地。给我们20年，甚至只要10年，只需最少的合作，一个巨大的团体开始确信自身能够建设一个新民族，有可能第一次开始建

① 宋恩荣.晏阳初文集[M].北京：教育科学出版社，1989:4.

② 宋恩荣.晏阳初文集[M].北京：教育科学出版社，1989:20.

设一个现代国家！”①在晏阳初看来，教育是解决政治、经济等一切问题的根本的、唯一的办法，甚至光靠教育就可以完成民族与国家的建设。

俞庆棠在推行民众教育的早期也认为，增加民众的受教育机会、提高教育效率应该成为社会建设事业中的根本建设，而且，在她看来，给予民众相当的教育，不仅可以使生产力增加，还可以使农工商兴盛，甚至在国际贸易中占据优势。她说：“吾国经济之紊乱，人民生产能力之薄弱，国际贸易之失败，几日甚一日……夫吾国以农立国，即农产品犹仰赖于他国，无论工业品矣。吾国农民占全人口数百分之八十，为最多数谋最大利益计，莫若注重农村教育。无论青年、成人、妇女之以农为业者，倘能得充分之职业指导，相当之教育陶冶，生产力即可骤加，农产品即可增添。原料既丰富，工业自然因之发达，机器自然逐渐采用。迨至农工业出品丰富，商业自然兴盛，国际贸易亦自然获得优越之地位。故欲增进国家与个人之经济能力，是更有待于民众教育之提倡与推行也。”②

如前所述，邰爽秋也把普及民生教育当作改进生产的方法，提高生产的能率和促进国民经济发展的唯一法门。

教育固然可以促进经济的发展，因为一定的教育和训练可以使劳动者潜在的劳动能力转化成具有科学知识、生产经验和劳动技术的现实劳动力，从而促进社会生产的发展。但是，在不改变生产关系的情况下，无论生产力如何提高、农工产品如何增加，也摆脱不了地主、官僚、买办和高利贷的层层盘剥，民众生活的改善只能是痴人说梦。

三、对腐败、独裁政府抱有幻想

晏阳初、俞庆棠、邰爽秋无不了解现存政治的腐败，他们曾多次在公开场合或在文章中对其表达过不满和批评。1946年，在重庆中国乡村建设

① 贺照田.颠踬的行走：二十世纪中国的知识与知识分子[M].长春：吉林人民出版社，2004：75.

② 茅仲英，唐孝纯.俞庆棠教育论著选[M].北京：人民教育出版社，1992：14-15.

学院新生训练周的讲话中，晏阳初批评国民政府对中国三万万五千万的全民教育问题视若无睹，只注意关起门来训练干部。[①]他还说："我们中国百孔千疮，社会腐败黑暗……我们要改造社会，要把这黑暗肮脏贪污的社会改造，要改造人民的生活，这是中国有思想的教育家应有的哲学和应有的精神。"[②]如前文所述，俞庆棠曾指责国民党几个人垄断中国政治的做法，"好似君主政体"[③]。许美德所著《思想肖像：中国知名教育家的故事》中描述：1933年，邰爽秋在河南大学教授课程"中国教育的出路问题"，"在讲到如何通过教育来战胜政府的腐败无能时，都会痛哭流涕，边哭边上课"[④]。

尽管如此，他们依然对政府抱有幻想，期望甚至天真地以为政府会全力配合他们的事业，以实现国家的富强，人民的幸福。晏阳初一再强调中华平民教育促进会是独立的学术团体，坚持超党派和学术自由的立场，但同时又指出，他们"不依赖政府，但可以和政府合作，我们一向是帮助政府的，只要他是开明的、民主的"[⑤]。1931年，在蒋介石的邀请下，晏阳初到南京与蒋介石夫妇会谈，"谈了三个下午三个晚上"[⑥]，双方希望得到彼此的支持。1934年，蒋介石便在南昌发起新生活运动。起初，晏阳初非常支持这一运动，随着运动性质和内容的变化，蒋介石真正的目的日益显现，即为了加强对人民的统治，这与晏阳初的期望相去甚远。1948年，晏阳初在《开发民力，建设乡村》一文中说："30年来，本着我们坚定的信念，努力这种工作，环境却使我们的工作不能满意，且今天的处境更使我们痛苦。我们要做还是不能如理想去做，不做又复深感良心不安。只有在艰苦之中，冒着漫天烽火，站在人民当中，含着眼泪，咬定牙关，做一点

① 宋恩荣.晏阳初文集[M].北京：教育科学出版社，1989：209.

② 宋恩荣.晏阳初文集[M].北京：教育科学出版社，1989：220.

③ 茅仲英，唐孝纯.俞庆棠教育论著选[M].北京：人民教育出版社，1992：54.

④ 许美德.思想肖像：中国知名教育家的故事[M].周勇，等译.北京：教育科学出版社，2008：58.

⑤ 宋恩荣.晏阳初文集[M].北京：教育科学出版社，1989：245.

⑥ 宋恩荣.晏阳初文集[M].北京：教育科学出版社，1989：236.

算一点，做一滴算一滴。除了加倍努力之外，更渴望各方面共体时艰，捐弃成见，转阴霾为光明，化暴戾为祥和，都站在为人民谋福利的立场上，以工作成绩相竞赛。那时，民力才能发扬，民主才能实现。”[①]晏阳初的这篇文章发表在1948年8月14日的《大公报》上，当时正值国共两党内战如火如荼之际，为了维护自己的独裁统治而不惜一切代价发动内战的国民党政府是不可能与共产党一起共体时艰、抚恤百姓的。

据俞庆棠的学生刘光回忆，1932—1936年就读于江苏省立教育学院期间，曾和同学一道去俞庆棠家做客，聊天中有同学问俞庆棠是否赞同蒋介石剿共，俞庆棠回答说：我不赞成……我的意见，是‘中央政府’应该给他们一个省或一定地区，让他们在那里实验。我们为救国是实验民众教育；山东邹平实验‘乡村建设’；河北定县实验平民教育；广西省实验‘国民基础教育’；为什么就不能让共产党作共产主义的实验呢？大家搞实验可以竞赛，看谁的实验成功办法好，大家就去参观学习。……如今国难当头，民族危亡，古云：‘兄弟阋于墙而外御其侮’，国共两党应当枪口一致对外，这才是全国民众的愿望。”[②]这一段话充分说明，俞庆棠并没有看清国民政府的独裁本质，让对共产主义深恶痛绝的国民党政府给共产党专门划定一个区域进行共产主义的实验，可谓是一种天真的幻想。

1941年，邰爽秋曾应胡宗南邀请去西安为官兵做民生本位的教育演讲，但拒绝了共产党劝告其去延安共商教育一事，[③]显然，邰爽秋对国民政府依然抱有幻想。

四、具有一定的唯心主义色彩

晏阳初、俞庆棠及邰爽秋等教育家尽管都在美国受过良好的教育，受

① 宋恩荣.晏阳初文集[M].北京：教育科学出版社，1989：254.

② 苏州大学，原江苏省立教育学院校友会.人民教育家俞庆棠与江苏省立教育学院[M].苏州：苏州大学出版社，1987：27-28.

③ 郭海红.邰爽秋民生本位教育的理论和实践研究[D].石家庄：河北师范大学，2014.

过科学的训练，但是，他们更多地受到杜威实用主义教育哲学的影响。在社会领域，杜威不主张根本性地、激进地解决各种社会弊端，认为需要就具体事物一点一滴、一步步渐进改良，寻求社会进步，这种改良就是非革命性的民主主义，通俗地说，即不追究事物本质，只就一个个具体事物寻求解决的途径和方法，这就导致他们不能用马克思主义唯物史观分析问题和解决问题，在他们的教育民生思想中往往掺杂着一定的唯心成分，例如，他们有些时候强调良心、决心、毅力等在教育实践中的决定性作用。

在谈到公民教育的目的时，晏阳初说："在人类普遍固有的良心上，发达民众的判断力、正义心，期望受过平民教育的人，无论对何种事体，皆能有自决自信公是公非的主张，这是必要的根本的精神，为人人所共同应该受的教育。"他继而指出："吾辈个人，也是中华民国的一分子，当然对于政治，有一分子的责任。各人良心上所有的思想意见，自己认得确定时，也当努力贡献给国家，犯白刃，蹈汤火而不避。"①

晏阳初认识到农村经济问题中最严重的是土地问题，这是难能可贵的。但是，对于如何解决土地问题，他却说："似应由政府出来毅力解决。"②这里的"毅力解决"，实在令人费解。

在欢迎三届乡村工作讨论会上，俞庆棠指出："打动民众的心肝，来努力从事有效率的劳动，增加民族生产的总量，需要民众教育；报告计划实现的进程，已完成了多少，现在到了什么阶段，还需要多大的努力，使民众觉察自己所处的环境，知道应负的使命，需要民众教育……"③

邰爽秋在其所著《正义进化与奋斗》一书中指出：欲挽救国家的危亡、创造文化、拥护公理、实现政治及经济和教育机会的均等，必依赖"奋斗"，奋斗成功的要素有二：分别是决心和毅力，此二要素同时也是奋斗精神的表现，在人生中最为重要，因为人们的日常生活，几乎无不受其

① 宋恩荣.晏阳初文集[M].北京：教育科学出版社，1989：23.

② 宋恩荣.晏阳初文集[M].北京：教育科学出版社，1989：183.

③ 茅仲英，唐孝纯.俞庆棠教育论著选[M].北京：人民教育出版社，1992：306.

支配。在谈到如何补助贫寒子弟受教育时，邰爽秋鼓励他们“即速联合，一致奋斗。富绅贵胄之所不屑为君等请命者，君等自请之，社会领袖之所不愿为君等争者，君等自争之”①。

良心虽然对人的行为具有指导和监督的作用，但毕竟只是心理上的情感体验；决心是人的坚守不移的意志；毅力是人的心理上的忍耐力；心肝是指人的心理情感。它们是帮助人们取得成功的重要条件，但并不是取得成功的主要条件。在不解决生产关系这个主要矛盾的情况下，企图用良心、决心、毅力和心肝外加教育来解决民生问题，是一种典型的唯心主义，导致他们不能正确地认识问题的根源，错把现象当本质，因此总是坚持改良主义。尽管从伦理学上来说是无可厚非的，但是，从教育学和社会学的角度来说，他们的思想观点显然违背了教育和社会的发展规律，最终只能做一些枝节上的修修补补的工作。

五、政治、经济和文化条件的外在制约

在沉沦的国家政治、衰微的社会经济和封建的民族文化背景下兴起的教育民生思想与实践活动，尽管轰轰烈烈，民众的生活在一定程度上切实得到了改善，但是远远没有达到教育家们所预设的结果，冰冷的现实与他们最初的理想之间存在着巨大的差距。20世纪40年代中后期，教育家们领导的各种教育实践渐趋式微，最终瓦解冰消。总结个中原因，除了他们自身所存在的局限以外，最重要的，莫过于政治、经济和文化三种因素的制约。

① 邰爽秋.正义进化与奋斗[M].上海:中华书局,1926:121.

(一)政治因素的制约

1.不同政权时代教育民生思想的不同命运

从中国近代教育民生思想演化的历程可以看出，在不同政权时代教育民生思想具有不同的命运。

本书第二章第一节中提到的清朝末年袁世凯、赵尔巽、张之洞等会奏的《请立停科举推广学校折》中首次提出教育改善民生的宗旨“使人人获有普及之教育，具有普通之知能，上能效忠于国，下得自谋其生”①和《学部奏请宣示教育宗旨折》中出现的“若欲审度宗旨以定趋向，自必深察国势民风强弱贫富之故，而后能涤除陋习，造就全国之民。窃谓中国政教之所固有，而亟宜发明以距异说者有二：曰忠君，曰尊孔；中国民质之所最缺，而亟宜箴砭以图振起者有三：曰尚公，曰尚武，曰尚实”②教育民生思想的火花，明显地带有为统治阶级服务的特点。

辛亥革命后，孙中山在历史上首次把民生提升到国家主义的高度，表达了其对民生的重视，并提出“建国之首要在民生”③和“共和国家之建设，端赖人才”④的教育民生实践模式，他对封建社会里“圆颅方趾，同为社会之人，生为富贵人家即能受教育，生于贫贱之家即不能受教育”的不公平现象进行强烈抨击，并倡导人格平等、人权平等的国民教育。比起清末朝臣提出的为封建统治阶级服务的教育民生宗旨，孙中山的教育民生思想却是为了切实改善人民的生活而服务的。

北洋政府时期，由于各军阀忙于混战，无暇他顾，再加上多数军阀都是武人出身，对意识形态不够重视，因此，为科学、自由和民主思想的传入与传播创造了有利时机。在这一时期，杜威的实用主义教育思想，其高

① 刘英杰.中国教育大事典(1840—1949)[Z].杭州：浙江教育出版社，2001：1.

② 刘英杰.中国教育大事典(1840—1949)[Z].杭州：浙江教育出版社，2001：1.

③ 孙中山.建国大纲[J].良友画报，1926：26.

④ 王耿雄.孙中山集外集[M].上海：上海人民出版社，1990：90.

度关注民主政治和社会生活，在中国广泛流传，有力地促进了教育民生思想的发展。

1927年，国民党在南京建立国民政府，为了达到“以党治国”的目的，在全国各级学校推行“党化教育”，借助严密的训育管理制度，限制师生的思想和行动，杜威的平民主义教育思想成为明日黄花。

新民主主义革命时期，共产党人全面照顾民生，提倡真正的劳苦大众的教育，主张以科学内容提高人民的民族文化。毛泽东指出：“新民主主义教育的内容之一就是‘大众的’、“它应为全民族中百分之九十以上的工农劳苦民众服务。”①从此，新民主主义教育民生思想得以确立。

从以上几个不同时代政权特点上可以看出，中国近代教育民生思想越来越被政权所左右，在国民党执政时期，如果不寻求对政府的依附，则会受到压制。

2. 民国时期国家政权对教育民生实践的影响

平民教育运动的领导人晏阳初、傅葆琛等清楚地认识到，欲推行声势浩大的教育运动，非借助一定的政治力量是很难取得成功的。中华平民教育促进会乡村教育部主任傅葆琛指出：“有成绩的几处乡建事业，都是人民与专家携手，从最下层做起，再借重一点政治力量。”②晏阳初在发起平民教育运动时，和北洋政府总理熊希龄夫人朱其慧通力合作；梁漱溟从事的乡村建设运动，得到了省政府主席韩复榘的支持；陶行知创办晓庄师范学校，有老乡冯玉祥作后盾；雷沛鸿在广西推行的国民基础教育运动之所以取得了显著成效，是因为受到李宗仁、白崇禧等新桂系的鼎力相助；俞庆棠推行民众教育时，她本人是第四中山大学扩充教育处处长，属于教育行政官员；为了推行民生本位教育，邰爽秋与考试院代理院长钮永建、上海市社会局教育科科长蒋建白联手成立中国民生教育学会，并吸纳上海市

① 毛泽东.毛泽东选集：第二卷[M].北京：人民出版社，1952：701.

② 陈侠，傅启群.傅葆琛教育论著选[M].北京：人民教育出版社，1994：408.

教育局局长潘公展为常务理事。

但是，在那个动荡不安、政治势力变幻不定的年代，想得到政治力量的长期支持显然是不现实的。即使朱其慧没有英年早逝，北洋政府的首领们连自身都难保，又怎能顾得上无关痛痒的民生教育！尽管国民党执政期间也曾制定过关于民众教育甚至是发展民生之教育方面的法规、政策或规章制度，如：1929年4月26日国民政府公布的《中华民国教育宗旨及其实施方针》中规定，中华民国的教育宗旨为：中华民国之教育，根据三民主义，以充实人民生活，扶植社会生存，发展国民生计，延续民族生命为目的，务期民族独立，民权普遍，民生发展，以促进世界大同；教育部还专门设立社会教育司，负责管理有关民众教育的一切事务，并规定各省教育经费预算的20%~30%必须用来开展识字运动。[①]1939年5月17日，国民政府教育部颁布《修正民众学校规程》，本规程共二十九条，分别规定了民众学校教育的目标、原则、招生对象、教学内容、学级编制、教学资质、课程、课时、教科书的选用、教育经费的来源等。其中第二十五条规定：民众学校不收学费及其他费用，经费充裕时，并得供给贫寒学生所用之书籍及文具。[②]这些政策或规章制度似乎体现了国民政府对民众教育、教育与民生问题的重视，但实际上，政府当局对民众教育监管得非常严格，如规程第一条便规定：民众学校应遵照中华民国教育宗旨及其实施方针；第十六条规定：民众学校教科书，应采用教育部编辑或审定者；第十九条规定：民众学校须于每班开始教学一个月内，造具教职员履历、俸给表，连同学生名册、教学时间表、教学用书表等，呈报主管教育行政机关备案。因此可以说，平民教育、民众教育或民生本位教育，“只能在国民党政府画好的圈圈内办些为他们装点门面的事”[③]。

① 刘英杰.中国教育大事典(1840—1949)[Z].杭州:浙江教育出版社,2001:42.

② 宋恩荣,章咸.中华民国教育法规选编(修订本)[G].南京:江苏教育出版社,2005:541-544.

③ 无锡市政协,文史资料委员会.无锡文史资料:第25辑[Z].无锡:无锡市政协文史资料委员会,1991:33.

当韩复榘因有反蒋之心而被蒋介石下令处决后，梁漱溟领导的乡村建设运动即被宣布废止；晓庄师范学校因支持进步学生的爱国游行而遭封闭时，冯玉祥正忙于讨蒋战争的准备中；南京国民党当局视新桂系的自立与改革为眼中钉，因此对雷沛鸿的教育改造不断进行压制与刁难。雷沛鸿深刻地指出："社会本身既欠健全，则教育改造之工程，无疑地终难推行顺利。"①费正清认为，国民政府"在战争期间以其特有的仁慈扼杀了晏阳初的运动——官方支持生存但不允许扩张"②。俞庆棠虽然是教育行政官员，但因其追求进步，总是站在民众利益的立场上披露经济危机的事实和民众疾苦的真相，鞭挞吏治的腐败并抨击国民党的消极抗日，因此招来政府的不满。抗战胜利后，俞庆棠虽然担任了上海市教育局社会教育处处长，但很快便被当局以"调虎离山"之计派往美国考察，从此离开倾注了大半生心血的民众教育。艰难的抗战岁月没有使郃爽秋退缩，反倒是国民党的内战政策及"匪特的压迫"③，使他的教育实践无法进行。

1937年3月21日，晏阳初在成都与中华平民教育促进会同仁聚餐时曾说："本会的工作，是站在学术的立场，处超然的地位，不深入政治，但又要对实际政治有帮助。"④中华平民教育促进会通过公民教育、自治自卫训练、县政改革实验，确实对实际政治起到了一定的帮助作用，然而现实政治带给他的却是失望与无奈。1946年8月23日，晏阳初在写给美国友人斯坦利·帕斯卡尔的信中抱怨道："为什么我们的领袖不能清醒过来，使中国重新站起来?"⑤他的超然于政治的原则，只能算是一个过于远大的理想，因为不受政治制约的教育活动是不存在的，在一个腐败又独裁的政府

① 苗春德.中国近代乡村教育史[M].北京：人民教育出版社，2004：195.

② 贺照田.颠踬的行走：二十世纪中国的知识与知识分子[M].长春：吉林人民出版社，2004：76.

③ 郃爽秋.爽秋自传诗(手稿本)第167页，转引自：李定开.重庆教育史：第二卷[M].重庆：西南师范大学出版社，2006：484.

④ 吴相湘.晏阳初传：为全球乡村改造奋斗六十年[M].长沙：岳麓书社，2001：302.

⑤ 中华平民教育促进会负责人晏阳初与国外各界来往信件，第二历史档案馆，全宗号：11，案卷号：11850.

统治下的国家开展教育民生实践活动，是注定要失败的。

(二)经济因素的制约

教育的运转和发展需要一定的人力、物力和财力，也就是说，教育需要一定的物质条件做保证。如果一个社会的经济发展水平很低，这个社会就不能为教育提供所需要的物质条件，教育便很难获得发展。如在古代社会，由于生产力水平较低，社会没有多少剩余产品，能够从事教育工作和接受教育的人都很少，因此，教育的发展速度非常缓慢。到了现代社会，在发达国家，生产力水平显著提高，出现大量剩余产品，为教育的发展奠定了物质基础，使教育的发展规模和速度不断增加，这也很好地解释了为什么发达国家的教育往往也很发达，而贫穷国家的教育往往非常落后。

1.教育经费短缺

在经济崩溃的中国近代社会，即便当权者重视教育事业的发展，也是心有余而力不足。从1898年7月至1948年5月，执政当局或全国教育主管部门共颁发关于教育经费筹集和分配办法的奏折、文件、规程等30余次，但切实推行者寥寥无几。

1929年，教育部发出训令，规定自1929年度起，社会教育经费应占全部教育经费的10%~20%。教育经费在中央总预算中的比例，1929年为2.3%，1932年为3.2%，1936年为4.48%。由于教育经费未能到位，各地不断出现索欠、罢教、辞职等事件。1928年3月，南京、杭州、阜宁等地小学教员索欠、辞职、罢教。1929年2月，北京大学、第一师范学院学生为要求增加预算和恢复公费之请愿，5人被捕。1932年1月，天津大中小学教师职员派代表团赴南京坐索积欠，提出总辞职，教师纷纷罢教。同月，中央大学教授会向行政院、教育部、财政部等要求发清欠款，于25日罢教。1932年11月，湖北省立各校馆全体教职员因积欠提出总辞职。兰州教育界索欠、罢教、大请愿，冲击财政厅、教育厅；教育厅厅长无法解决，提出辞职。1933年4月，上海各大学教职员联合会发起成立保障教育经费独立运动委员会，推蔡元培、钱新之等负责筹备。同年11月，北平东北难民子弟职业学校因经费困难，600余名学生饥寒交迫派代表请愿等。

1939年5月，教育部训令《各级学校兼办社会教育经费支给办法》规定："中等以上学校及省市立小学于编制预算时，应增列兼办社会教育费一项，依据核准之该年度社会教育事业计划，酌列办公费及事业活动费。专设社会教育推行委员会主任干事之学校，并得列主任干事俸给。同年10月，教育部训令各省市教育厅局：省市社会教育经费应占全部教育经费30%，县市应为30%至50%。……由于'抗战日久，军用浩繁，县市当局致力于征兵征粮工作，对教育事业往往视为缓图，其应发之经费的，每多挪用。'"①

学校教育经费尚不能得到保障的情况下，社会教育经费更不能指望。

作为一个民间学术团体，中华平民教育促进会没有固定的经济来源，在草创时期，只能依靠熊希龄夫人朱其慧女士的慷慨解囊和四处张罗而勉强维持，无法发展。尽管晏阳初带头减薪，甚至把自己的科学研究成果的版税也用于中华平民教育促进会的运行，但这只是杯水车薪。晏阳初更多地只能靠自己去筹集经费。他曾多次到美国募捐，"他最大的特点，是劝募美国人的钱而办中国的教育"②。每次募捐，晏阳初都要花费大量精力和口舌向美国民众或友人介绍他的平民教育事业。回国后，还要在百忙之中抽出时间给捐钱者写感谢信。在南京第二历史档案馆，至今仍保留着他写给美国友人的数百封感谢信。1929年6月10日，晏阳初自美募捐回到北平，在同仁为其举行的欢迎会上，晏阳初报告说："赴美一年有余，自西徂东，自南往北，讲演无虞数百次，私人谈话，以数千计，很能得美人的

① 刘英杰.中国教育大事典(1840—1949)[Z].杭州：浙江教育出版社，2001：43.

② 杨华军.教育家晏阳初研究[M].济南：山东人民出版社，2016：19.

赞许与同情。募款时，经种种困难，碰无数钉子，卒能达到目的。”①可见，为了经费，晏阳初所付出的艰辛劳动。尽管最终募款获得了成功，但是中华平民教育促进会的开支非常巨大，当时，他们全年经费预算的85%都倾注于定县的四大教育上。②除此之外，还要聘请专家、与科研单位合作、培养师资等，因此，他们的经费并不宽裕。晏阳初全家总是节衣缩食，不敢有半点的铺张浪费。

俞庆棠在社会教育毫无基础的情况下开创民众教育事业，首先要解决的就是人才和经费问题。为了培养相关人才，1928年3月，她决定在苏州创办民众教育学校，但遭到一些人的反对。大学区高等教育处处长戴超认为，培养社会教育人才没必要开办大学程度的学校。反对的人不给经费，俞庆棠据理力争，在反复地抗议后，才最终获得。但是，开展民众教育事业同样需要大笔开销，俞庆棠只有想办法和同仁、学生一起艰苦创业、开源节流。在乐山蚕丝实验区创办之初，他们带领技术人员用做成的丝棉赚来一笔钱，解决了实验区开办经费不足的难题；抗战胜利后，俞庆棠在上海创办了上海实验民众学校，1946年9月，学校教室紧张，学生拥挤，扩充校舍迫在眉睫，但因经费所限，无钱雇工，学生主动请缨，俞庆棠便和师生一起，用善后救济总署拨付的材料搭建了活动房子，用作学生学习场所。按照俞庆棠的规划，上海民众实验学校每学期需承担7000人的教学任务，面临如此重任，学校经费和师资严重不足，俞庆棠便推行“小先生”制，部分地解决了师资不足问题。1947年办理的余姚路民众学校，由于来学习的人越来越多，租来的两个教室已容纳不下，“小先生”们不得不分散到居民家里甚至是户外办班，为修建校舍，她发动学生进行义演，以筹集经费。从1946年春到1949年夏，上海近郊农村民众学校蓬勃发展，教学的场地要么借用小学教室，要么借用庙宇、祠堂，有时农民把家里的堂

① 吴相湘.晏阳初传:为全球乡村改造奋斗六十年[M].长沙:岳麓书社,2001:111.

② 吴相湘.晏阳初传:为全球乡村改造奋斗六十年[M].长沙:岳麓书社,2001:113.

屋也提供给民校作为教室。为了扩充班级，有的民校把四个班级的经费办成六个班级、八个班级，把一个教师的工资分给两个人合用。“‘穷’是十八民校的一个特点，穷学校、穷学生、穷教师。但所有的师生都热爱自己的穷学校，教师的生活工作条件极差，住草房，一日三餐两稀一干，只吃饭不拿薪，经常身无分文。”①

邰爽秋主持的巴县民生建设实验，最初两年得到国民政府“赈济委员会”和“盐务总局”的资助，从第三年开始，所开办的各种实验教育事业及中国民生教育学会的全部开支，都来自邰爽秋创办的上海教育编译馆和重庆教育织造厂的营业盈余。②因此，在抗日战争期间，民生本位教育实验只能在困境中惨淡经营。

2. 民众无力承担教育消费

不仅国家的经济条件严重阻碍了教育民生事业的发展，广大人民的家庭经济状况也是阻碍教育发展的因素之一。“民以食为天”，在基本的温饱问题都没有解决的前提下，一部分民众对教育只是冷眼旁观。中华平民教育促进会在定县设立平民学校之初，在劝说农民进校学习时，有的农民说：“看见某某人读过书，还是没有饭吃。”还有的农民说：“你老的好心情，饱不了我的饿肚皮。”③在定县，1931年家庭经济破产的有51家，1932年增至256家，1993年更增至2889家。破产的农民，或离乡背井走上逃亡之路，或沦为乞丐，沿街乞讨。在这种情况下，农民是根本没有办法去考虑教育的。中华平民教育促进会在定县倡办平民学校，每季每村只需拿出40元，平摊到每人是4角，但他们就是拿不出来。④

如果定县不能够代表全国，俞庆棠总结农村衰落的原因时所透露出的农民的生活状况，应该具有普遍性：捐税苛重与高利贷的剥削、耕田的不

① 唐孝纯. 人民教育家俞庆棠[Z]. 南京:《江苏文史资料》编辑部, 1998: 190.

② 熊明安, 周洪宇. 中国近现代教育实验史[M]. 济南: 山东教育出版社, 2001: 665.

③ 杨华军. 教育家晏阳初研究[M]. 济南: 山东人民出版社, 2016: 84.

④ 金铮. 浅析定县平民教育实验失败的原因[J]. 历史教学, 1990(6): 22.

足、农业资本的缺乏、农具的落后、买卖的不公、副业的减少、灾害的频仍、迷信的靡费、土豪劣绅的压迫等，使得农民的生活难以为继，对于教育来说，其导致的一个直接后果，就是既不能拿出一定的资金资助教育，也使得一部分人降低了对教育的热情。

教育教学设施、师资力量、学生生源等，无不需要有雄厚的经济基础，在一个穷国办穷教育，离开了这个基础，教育的大厦即使建造得再高，也摆脱不了坍塌的命运。

（三）文化因素的制约

教育是文化的一部分，属于社会文化这个大系统中的一个子系统，社会文化传统和社会文化水平对教育总是起到潜移默化甚至是直接的影响。

“所谓文化传统，大体就是贯穿于民族和各个国家历史发展阶段的各文化的核心精神”[①]，其主要表现在一些思想家、哲学家、政治家的思想中，也渗透在民族、民众的心理、思维方式、风俗习惯等方面。庞朴认为，文化传统限定着人们的思维方法，支配着人们的行为习俗，控制着人们的情感抒发，左右着人们的审美趣味，规定着人们的价值取向，悬置着人们的终极关怀。[②]可见，文化传统对人们生活的影响是全面的、深刻的。

社会文化水平对教育的影响表现在：人是社会文化的负荷体，民众本身所具有的文化水平会直接影响教育的效果。

1.民间反智主义给教育民生的开展带来阻力

给中国近代教育民生事业带来一定阻力的文化传统，是儒家思想中的反智主义残留。关于反智主义，目前还没有一个清晰的定义，华东师范大学教育学系程亮教授认为，反智主义是一种反对或质疑“理智”和“知识

---

① 阎亚军，邱昆树．文化传统与我国公民教育建构：基于中国文化传统中连带的“公”的思考[J].高等教育研究，2018(3)：8.

② 刘贻群．庞朴文集．第3卷：忧乐圆融[M].济南：山东大学出版社，2005：265.

分子”的社会态度或倾向。①

在中国历史上，儒家思想对中国人的影响广泛而深刻，儒家代表人物孔子、孟子、荀子等无不倡导积极追求智慧和知识，他们秉持“礼乐教化”的传统，主张格物致知，认为“不闻不若闻之，闻之不若见之，见之不若知之”。但是到了汉代，儒学却不幸被“法家化”。法家代表人物韩非子一向反对人民拥有知识。在他看来，一旦人民获得知识，就会给朝廷执政带来阻力。秦亡后，汉武帝独尊儒术，政治上得意的儒生叔孙通、公孙弘为博取皇帝的宠爱，不惜舍弃先贤们的智识主义传统，转而刻意逢迎皇帝，剥夺广大儒子的政治责任。其后的董仲舒，把“尊君卑臣”的理论推向极致，提出了“三纲”原理和“五常”之道，从而构建了尊卑分明的社会秩序，“道统”被束之高阁，儒家早前秉持的智识主义在“政统”的禁锢中走向了反智主义。学者从此不再需要追求知识，而广大民众更不需要知识，只需做统治阶级的顺民即可。儒家反智主义的影响不仅存在于此后漫长的封建社会，即使到了近现代，其残余依然广泛波及于社会。很多人不仅认为知识对他们来说无足轻重，甚至还形成一种鄙夷知识分子的心理，“书呆子”“憨秀才”“臭老九”等成为读书人或教师的代称。

邓中夏组织的北京大学平民教育讲演团到北京街头、郊区、郊县作演讲时，市民、村民反应非常冷淡，几乎没有听众。1920年，讲演团在一个村庄讲演时，有一位年轻的媳妇，才要出门来听听，立刻被一位老妇人痛骂了一些不学好这一类的话，那媳妇马上关上门了。他们来到赵辛店，把旗帜扯起来，留声机开起来，一点多钟过去了，到不了五六个人，还是小孩，他们只得“免开尊口”，不在这里当“时间耗费者”了。②在老妇人的眼里，教人们识字、学知识竟成了歪门邪道，是“不学好”，可见，反智主义在无知无识的百姓心里是何等的顽固。

① 程亮．教育中的反智主义及其超越[J].湖南师范大学教育科学学报，2014(3)：5.

② 董宝良，周洪宇．中国近现代教育思潮与流派[M].北京：人民教育出版社，1996：384-385.

尽管通过教育家们的努力改变了实验区不少人的教育观念，但依然有很多人有着强烈的反智心理。

晏阳初曾说过，1922年3月，当平民教育实验在湖南长沙拉开序幕时，“首场战斗就包括与那些持有偏见和顽固的知识界的斗争。有些人认为，教工人、工匠、学徒读书写字毫无必要”①。

1928年6月，江苏省立教育学院迁至无锡荣巷，开学时，即在荣巷附近农村开办多所民众学校，作为学生实习场所。民众学校不收费用，还供给书本及文具，但群众囿于陈见，认为读书识字无关紧要，虽多方宣传，入学者并不踊跃。②直到抗战结束后，俞庆棠在上海近郊创办民众学校时，为了得到民众的信任与支持，工作人员不仅要花费大量时间和精力广泛宣传办学的目的和意义，还要挨家挨户宣传读书的好处与不识字的苦处，劝说失学青少年到民众学校学习。③

邰爽秋在推展民生本位教育时也遇到了同样的情况：在一些地方，农民是蔑视教育的，对于他们的调查问询，或漏报，或瞒报，或谎报，甚至对邰爽秋这些热心普及教育的人士充满了敌意。

2.民众的愚蒙增加了教育民生推行者的负担

教育具有选择文化、继承文化、传递文化、传播文化和创新文化的功能，而在一个教育不普及、文盲充斥的国家谈文化，无异于痴人梦呓。俞庆棠明确指出：“一个民族的文化不仅由少数人所造成，文化的真正基础实建筑在大多数人的知识能力情绪之上。”而现实却是：“从戊戌变法三十余年以来，各种革新的努力，不论其标榜的为何种主张，号称代表的是何种民众，实际上只不过少数知识分子所发纵指使。换言之，一切革新运动只不过为上层运动，与下层民众无与。基础不固，建设无力，岁月迁延，

① 宋恩荣.晏阳初文集[M].北京：教育科学出版社，1989：42.

② 无锡市政协，文史资料委员会.无锡文史资料：第25辑[Z].无锡：无锡市政协文史资料委员会，1991：63.

③ 唐孝纯.人民教育家俞庆棠[Z].南京：《江苏文史资料》编辑部，1998：191.

而民族日即于危殆……”[①]晏阳初也一针见血地指出：“就我国的新文化运动来说：所谓新文化运动，都是少数学者的笔墨运动，和多数平民真是‘风马牛不相及’。”文化的传承、传播与创新必依赖于教育，而当时“吾国民数虽称四万万，但未受教育的，竟多至三万万以上”[②]。从未受过教育、目不识丁的人，其文化水平之低是不言而喻的，在他们的身上，只有几千年流传下来的封建迷信思想，对这些人实施新教育，困难可想而知。

1930年秋，江苏省立教育学院在高长岸村设立民众教育馆时，全村有120余户，500余人口，该村既无小学，又无私塾，连一个小学毕业生都没有。对于文盲来说，他们“愈少知识基础，愈受环境压迫，愈度困难生活，其要求改善生活之勇气与情绪愈缺乏”[③]。陷入这一恶性循环中的民众，不仅愚昧无知，而且往往变得麻木不仁。这就使得教育者的工作不仅仅在于教授他们生活所需的基本文字，而且首先要想方设法对他们施以人格感化、精神陶炼，使之认识到生活需要改善，并且有改善的可能，这样才能得到他们的积极响应，才能使教育的发生成为可能。人格的感化和精神的陶炼不是一朝一夕就可见效，需要教育者耗费大量的时间和精力去劝说、示范与力行。如，俞庆棠及同仁和江苏省立教育学院的学生，通过帮助受冤打的菜农讨回公道、调解邻里纠纷、指导组织消防队、解除恶棍对民众的欺压等大量的工作，最终取得民众的信任，民众教育事业得以推行。

3.民众的封建迷信降低了教育民生的效果

愚昧无知导致迷信盛行。李景汉在对定县进行社会调查时发现，定县农民非常迷信，其迷信名目达42种，涉及农事、躲避灾害与危险、丧事、婚事、仙鬼、风水、防贼、防病、求子等。[④]尽管经过中华平民教育促进

① 茅仲英，唐孝纯．俞庆棠教育论著选[M].北京：人民教育出版社，1992：271-272．

② 宋恩荣．晏阳初文集[M].北京：教育科学出版社，1989：22.

③ 茅仲英，唐孝纯．俞庆棠教育论著选[M].北京：人民教育出版社，1992：114.

④ 李景汉．定县社会概况调查[M].上海：上海书店出版社，1933：395-400.

会七八年时间的教育，但依然没有改变一些人的顽固思想。他们虽然缺衣少食，但在迷信上的花费却大手大脚，如“牛村李杨氏，平时什么钱都不肯花，省下来就给‘老母’、‘奶奶’烧香上供”[①]。正是这些有着广泛群众基础并且根深蒂固的迷信思想，与科学知识和现代文明之间形成了巨大的张力，从而降低了教育民生的预期效果。

1927年7月，无锡农村经济调查团对黄巷农村经济进行的调查结果显示，农民每年生活的总支出中，用来供神的支出占3.86%，而教育费的支出仅占0.07%，说明农民对神明的重视远远大于教育。村民烧香拜佛，月必数次，打醮常见。南门蓬户区每年都要雇请道士打所谓“太平醮”，费用由各户摊派。[②]经过教育，念佛人数、次数虽均有减少，但没有证据表明迷信完全被破除。

教育具有促进政治、经济和文化发展的功能，但反过来又受到政治、经济和文化的制约。事实证明，任何试图超越或逃避政治、经济和文化现实而使教育独自发挥改善民生功能的想法都是不切实际，终究要走向失败的，此即教育民生的规律之一。

中国近代教育民生思想具有鲜明的时代特色，是对中国传统民生思想和西方平民主义教育思想的继承与创新。晏阳初、俞庆棠、邰爽秋等中国近代教育家是教育民生事业的积极实践者，他们以民为本，高度重视民众的主体性，强调教育为民众的整个生活服务，把对祖国和人民的热爱化为具体的行动，在实践中不断修正和创新，为了改善民众的生活殚精竭虑，无私奉献。尽管思想中还存在一些不成熟的元素，政治、经济和文化条件的制约也使得他们无力弥补理想与现实间的断裂地带，但是，他们勇于探索、勇于创造的精神和高度的责任感、使命感，为教育工作者树立了光辉的榜样。

---

① 平教会定县实验通讯，第二历史档案馆，全宗号：236，案卷号：166.

② 无锡市政协，文史资料委员会.无锡文史资料：第25辑[Z].无锡：无锡市政协文史资料委员会，1991：75.

第五章　中国近代教育民生思想的历史影响与当代启示

从逆境中诞生、在曲折中发展的中国近代教育民生思想，尽管不可避免地带有历史的局限性，其发挥的历史作用、社会作用和教育作用却是有目共睹的。中国近代教育民生思想不仅更新了民众的教育观念，丰富了教育理论和教育研究，促进了教育变革，而且在一定程度上改善了民众的生活，是我国教育思想史上一笔宝贵的精神财富，对我国当下的教育民生建设具有很强的指导意义。

第一节　中国近代教育民生思想的历史影响

晏阳初、俞庆棠、邰爽秋等一大批进步教育家，根据本国的国情和民情，对教育宗旨、教育对象、教育内容、教学方式与方法等进行了艰难的探索，最终形成了丰富的教育民生思想并各自构建了理论体系。作为中国近代社会转型与教育转型的新成果，中国近代教育民生思想无论是在社会领域，还是在教育领域，都产生了巨大影响。

一、中国近代教育民生思想的社会影响

（一）更新了民众的教育观念

到20世纪二三十年代，尽管新式教育已经实行了半个多世纪，国家的教育宗旨、教育政策已经具有了鲜明的民主性和现代性，但是中国依然处于半殖民地半封建的社会状态。广大人民目光狭隘，仅仅看到眼前的土地和利益，浑然不知天外天。占据全国人口80%的农民，因为没有受教育的机会，绝大多数既缺乏智识与技能，拥有的只是传统的、守旧的经验与技能，又缺乏创造精神，不知改良，更不知道西洋各国利用电力机器来耕种。即使是生活在城市里的工人和商人，也没有相当的知识和技术，仍旧袭用旧法，不知创新。所有这些，使得中国的广大民众无法与外面科学昌明的世界并存。正如俞庆棠所剖析的，由于不识字者十之八九，再加上与外界缺少智识的交换和消息的传递，“农民五年十年不阅报，一生一世不看书”，“我国历代的传统观念，深印农民脑中，一切墨守旧法，无创造的精神”[①]。尽管大部分的人承认读书是好事，但是，按照中国的传统，中国社会的四大阶层分别是士、农、工、商，士就是专业的读书人，而其余三个阶层把不能够读书当作天经地义的事。再加上几千年来封建统治者推行的愚民政策的影响和经济条件的制约，导致他们把读书识字看作是“有钱人的事”。在选择定县作为平民教育运动的实验基地时，晏阳初曾和同仁一起拜访过当地的老农，当问起为什么只有很少的人能阅读时，老农回答：“我们只是农民，难道会有人希望农民读书吗？我们没有时间，我们太穷了。”[②]还有的农民笑着说：“这是不可能的事，种田的粗人哪能识字，

① 茅仲英，唐孝纯.俞庆棠教育论著选[M].北京：人民教育出版社，1992：52.

② 宋恩荣.晏阳初全集：第1卷[M].长沙：湖南教育出版社，1989：145.

做读书人！我真从来没有听见过这种事。”[①]通过教育家和同仁们的努力，如耐心劝说、研究与测验学习心理、根据受教育者作息时间制定“因时、因事、因人、因地制宜”的教学方式等，使民众逐渐认识到：每个人都有接受教育的权利和能力，不管男女老幼病弱残。1929年，晏阳初在《有文化的中国新农民》中详细记录了定县翟城村的村民在晏阳初等中华平民教育促进会工作人员的耐心教导下转变教育观念的过程，他们由最初的对拥有受教育权利的难以置信到最后欣然接受教育并主动捐出仓库作学校、捐柴为师生取暖、捐油为师生作照明[②]。仅仅用了3年的时间，中华平民教育促进会就在定县建成200多所平民学校，招生总数近10000人，年龄从10岁至56不等。“妇女的大多数课都是在富裕村民的家中进行的，妇女的出勤率一般高达95%，而男人们的出勤率平均在75%和85%之间。”[③]俞庆棠领导创办的北夏民众实验区仅成立三年就开办中心民校5所，合作民校7所，培养成人毕业生1177人。[④]1935—1937年，邰爽秋领导的沪西民生教育实验区共教育民众不低于20000人[⑤]，1939—1943年，其在四川巴县创办的中国民生建设实验院又培养民众14000余人。[⑥]

“这是中国有史以来第一次他们可以自命为读书人……从此农民便有自尊心自信心，并且在他们社区里表现校友和同学的情感。”[⑦]广大民众体会到了教育给他们带来的实惠，不仅转变了之前的偏见，有的还和教育教学人员成为无话不谈的朋友。为了有效开展教育工作，江苏省立教育学院

① 吴相湘.晏阳初传:为全球乡村改造奋斗六十年[M].长沙:岳麓书社,2001:150.

② 宋恩荣.晏阳初全集:第1卷[M].长沙:湖南教育出版社,1989:149.

③ 宋恩荣.晏阳初全集:第1卷[M].长沙:湖南教育出版社,1989:153.

④ 无锡市政协,文史资料委员会.无锡文史资料:第25辑[Z].无锡:无锡市政协文史资料委员会,1991:68.

⑤《行政院分配上海各机关房屋委员会关于民生建设实验院申请分配房屋》,上海市档案馆藏,Q30-1-150:4,转引自:雷志松.学术、社团与社会:中国民生教育学会研究(1936—1949)[M].北京:社会科学文献出版社,2012:155.

⑥ 雷志松.学术、社团与社会:中国民生教育学会研究(1936—1949)[M].北京:社会科学文献出版社,2012:173.

⑦ 吴相湘.晏阳初传:为全球乡村改造奋斗六十年[M].长沙:岳麓书社,2001:151.

的师生经常住宿在农民家中，与农民朝夕相处，共同商讨兴革事宜。据该院第二届毕业生朱若溪回忆，1929年，朱若溪和几位同学在杨木桥一所小庙内举办了一个民众茶园，并附设识字班，“天天晚上，村上农民纷集，济济一堂，甚为热闹”①。毕业生刘光也描述过民众教育开展的情形：“每到晚上可以听到许多村庄、工厂中工人、农民、妇女、儿童的琅琅书声，嘹亮歌声，别有天地。”②受教育者是教育活动的要素之一，教育民生工作的开展离不开广大民众的支持与合作。要获得他们的支持与合作，首先必须让他们对教育功能、自身受教育权利、学习能力产生正确的认知。晏阳初、俞庆棠、邰爽秋几位教育家通过对广大民众，尤其是广大农民心理和观念的正确把脉，对症下药，让他们看到了自身的发展潜力和教育给他们的生活带来的新的希望，从而积极主动地参与到教育活动中去。

(二)彰显了教育的民生功能

作为人类特有的社会现象，教育与政治、经济、文化等有着密切的联系。教育能够为社会培养各种统治人才和合格的公民，因此，教育具有政治功能；教育可以实现劳动力的再生产，能够促进生产技术不断革新，因此，教育具有经济功能；教育能够选择文化、传承文化、传播文化并更新和创造文化，因此，教育又具有文化功能。但是，在教育所具有的所有功能中，其民生功能是最原始、最基本的功能。产生于原始社会的教育，其功能不外乎传授生产、生活知识与技能，无论是制造工具还是种植作物，无论是制衣还是做饭。随着人类社会的发展进步，人们对教育不断产生新的需求，为了满足相应的需求，人们总会对教育的结构进行调整，以使其生成特定的功能。进入阶级社会后，统治阶级成为教育的控制者，他们顺

① 无锡市政协，文史资料委员会.无锡文史资料：第25辑[Z].无锡：无锡市政协文史资料委员会，1991:64.

② 无锡市政协，文史资料委员会.无锡文史资料：第25辑[Z].无锡：无锡市政协文史资料委员会，1991:146.

理成章地不断放大教育为其服务的功能，即教育的政治功能。“在奴隶社会的初期，教育已成为重要的社会活动。国家已把教育事务作为行政管理的重要任务之一，政务官之一的司徒，分工负责管理教化”[①]，学校教育的根本职能就是为政治服务，统治阶级的思想意识、道德、法律成为教育的主要内容。《学记》把教育的政治功能简明地概括为“建国君民，教学为先”“化民成俗，其必由学”，[②]欲治国安民，首推教育。因此，教育是实现良好政治的最佳途径。这种观点成为后来历代统治者利用教育的指导思想。科举制产生后，更是把教育的政治功能发挥得淋漓尽致，科举考试成为选拔政治人才的唯一途径，“太宗皇帝真长策，赚得英雄尽白头”正是对统治阶级利用教育为自身服务的真实写照。为了应付科举考试，广大学子只能“两耳不闻窗外事，一心只读圣贤书”。贴近生活的教学内容统统被忽视，教育与生活分了家，教育的民生功能完全被遮蔽。直到清朝末年，当国门被打开，中国一部分有识之士睁眼看世界后，才发现西方世界已处于科学昌明的时代。

目睹西洋各国因教育之发达而带来的各种成果，如：先进的科学技术、较为文明的社会和较为富裕的生活，又痛感国内因列强入侵、政治腐败、教育落后给广大民众带来的悲惨生活，晏阳初、俞庆棠、邰爽秋等一批进步教育家认为，教育的最大功能在于将整个生活予以指导[③]，因此决定通过教育，授予他们生活所需的各种知识，如：生产知识、卫生知识、公民知识、文艺知识、生活娱乐知识等。正是这些进步的教育家，使被忽视了几千年的生活教育重回民间，使被遮蔽了几千年的教育民生功能得到了彰显。

---

① 孙培青.中国教育史[M].上海：华东师范大学出版社，2000：13.

② 毛礼锐.中国教育史简编[M].北京：教育科学出版社，1984：236.

③《中国现代教育家传》编委会.中国现代教育家传：第四卷[M].长沙：湖南教育出版社，1987：159.

(三)改善了民众的生活状况

晏阳初把自己所领导的平民教育运动称作“改造全生活的实验”和“改造民族生活的大计划”[①]；俞庆棠认为，“民众教育的主要任务，在认定民众现在的生活环境，以教育的力量来解决他们的生活问题”[②]；邰爽秋领导的民生本位教育，是“以发展人民生计的经济活动为脊干，来改进民众生活，扶植社会生存，保障民众生命而达到民族复兴的教育”[③]。可见，运用教育的力量改善民生、救国救民、强国富民是中国近代教育家开展各种教育运动的根本追求。尽管在思想或理论上还存在着一定的局限性，但是依然取得了一定的成效，不仅提高了实验区民众的文化知识水平，也为民众生活的改善做出了较大贡献。由于晏阳初、俞庆棠、邰爽秋等教育家领导开创的教育实验区较多，实验时间较长，本研究只选取某几个实验区在某个时间段内所取得的成绩进行说明。

1.除文盲成绩斐然

文化知识是掌握科学生产知识与技能的基础，同时也是提高精神生活质量的基础。因此，扫除文盲是教育民生工作的首要环节。中华平民教育促进会通过开办平民学校和社会式与家庭式教育，仅在定县开展实验工作的第4年，就在扫除文盲这项工作中取得了不菲的成绩。

1933年，定县全县有472个村，成立民校者430个村，民校645所，学生数共21170名，毕业及格学生共7639名。1934年，全县成立民校者338个村，民校508所，学生数共10891名。

定县全县14—25岁的青年约82000人，1934年6月底，其男女文盲与识字者之数目与百分比为：全县青年中，文盲32550人，占39%，识字

① 宋恩荣.晏阳初全集:第1卷[M].长沙:湖南教育出版社,1989:309.

② 俞庆棠.普及教育与民众教育[J].教育杂志,1935(3):55.

③ 中国民生教育学会.本会成立大会宣言[J].民生教育,1937(1):4.

49450人，占61%；全县男青年中，文盲4406人，占10%，识字39054人，占90%；全县女青年中，文盲28144人，占73%，识字10396人，占27%。1936年底，男女青年文盲又除去数千人。①

2.生计教育行之有效

俞庆棠指导下的黄巷民众教育实验区，从创设到结束的三年半时间里，通过科学生产知识与技能的传授和指导以及成立合作社等方式，在生计教育方面取得的成效如表5-1。

表5-1　黄巷民众教育实验区生计教育成效②

教育目标	原有状况	成效
农业科学普及	仅采用机器浇灌	一部分农家已采用改良稻种、麦种、蚕种
合作组织完备	无组织	成立了信用合作社
副业发达	养鸡、养猪、养蚕等	蚕桑略有进步
灾荒能预防并救济	无预防，亦无救济	曾宣传治螟、指导防灾、修筑圩堤
佃农与工人能以合理的手段增进利益	完全被压迫	佃农减租成功。组织了扛重队。丝厂女工曾要求厂方不能虐待女工
靡费习尚消灭	婚丧当斋等多靡费	废止当斋，改良婚丧仪式，有显著进步
失业及游民绝迹	有游工四五人	尚未完全绝迹
荒地完全开垦	无荒地	无荒地
林木栽植与砍伐合法	全村原有树木甚多	未栽培，亦未砍伐
桥梁道路修筑成功	全村通道均土路，间有石块	村外公路改铺煤屑，村内公路改铺砖石，较平坦
河道疏浚合度	原尚通畅	略加疏浚，戽水机船能驶入村内

3.健康教育成果突出

健康教育与民众的健康和生命密切相关，因此是教育实验中的一个重要部分。教育工作人员在传授相关知识的同时，亦为民众实施救死扶伤的

① 宋恩荣.晏阳初文集[M].北京：教育科学出版社，1989：142-143.

② 无锡市政协，文史资料委员会.无锡文史资料：第25辑[Z].无锡：无锡市政协文史资料委员会，1991：56-57.

诊疗工作。截至1935年1月，中华平民教育促进会在定县全县共培训保健员80人，在全县范围内设立保健区8个，每区设立保健所1个。其1934—1935年所开展的工作见表5-2、表5-3、表5-4。①

表5-2 定县1934—1935年医疗成绩

保健员				保健所							
住院病人数	病人共住天数	施行手术次数	出诊次数	西建阳区		明月店区		东亭区		李亲顾区	
				治疗人数	新病人数	治疗人数	新病人数	治疗人数	新病人数	治疗人数	新病人数
55507	83	201	103	7501	1497	5755	1622	7425	1473	6320	1834

保健所								保健员	
城区		西坂区		清风店区		马家寨区		西建阳区（15人）	明月店区（15人）
治疗人数	新病人数	治疗人数	新病人数	治疗人数	新病人数	治疗人数	新病人数	用药次数	用药次数
15234	3051	4371	1156	7215	1981	3972	1006	24645	10340

保健员					
东亭区（14人）	李亲顾区（11人）	城区（10人）	西坂区（7人）	清风店区（4人）	马家寨区（4人）
用药次数	用药次数	用药次数	用药次数	用药次数	用药次数
6389	20744	4857	3136	4806	9135

表5-3 定县1934—1935年为民众种牛痘情况

保健所				
时间	人数			
	初种者	男	女	共
1934年春季	756	1754	694	2448
1935年秋季	9087	20893	9817	30710
总计	9843	22647	10511	33158

表5-4 定县1934—1935年小学卫生实验情况

学校数目	学生数目	卫生班次数	听讲人数	清洁检查次数
42	2805	996	49349	996

① 宋恩荣.晏阳初全集:第1卷[M].长沙:湖南教育出版社,1989:418-420.

检查人数	体格检查人数	沙眼治疗人数	治愈人数	头癣治疗次数
49349	3008	95570	285	26162

治愈人数	牙齿检查人数	矫正牙疾人数	水井改良数目	厕所改良数目
268	1529	433	14	6

4.休闲教育一因多果

有娱乐，才会有活泼的精神；有了活泼的精神，才能有效地工作。在晏阳初、俞庆棠、邰爽秋等教育家对群众精神生活的关照下，他们各自的实验区在休闲教育方面也都取得了理想的效果。如，在定县，农民不仅非常欢迎中华平民教育促进会组织的话剧、秧歌等艺术节目，还亲自出演其中的角色、自动地组织起剧团[①]，“农民演员的背词、排练、表情、姿态、动时、声音、情感，都比较城市中的演员有过之而无不及。这种现象，真是令人惊异!”[②]。最令人欢欣鼓舞的是，东不落岗村和西建阳村的村民还主动出钱建剧场，这两个村每村所建的圆形露天剧场各花费100元钱，全部由村民自愿捐出。1934年12月2日，东不落岗村剧场举行开幕典礼，晏阳初参加盛会并致辞：“这剧场是中国全国第一次村里老百姓自动建筑的，意义价值重大，实远过万里长城！因这剧场是贵村的创作、贵村的自作、贵村合作的结果，要中国有办法，即全赖诸位建剧场的这种精神。”[③]负责戏剧研究与实验工作的熊佛西指出：“翻开一部世界戏剧史，我们还没有看见哪一页上记载有农民自动在小村里建筑剧场的事。贵村有此建筑实可庆贺。愿大家充分利用这剧场做全村活动的组织的中心；并实际做到对联上的两句话：利用农闲传播社会教育，推广戏剧唤起民族精神。[④]剧场开幕后即举行两天的公演，共演出话剧十出。每日演日夜两场，各村农民观

① 熊佛西.中国戏剧运动之新途径[J].民间,1936(16):7.
② 陈豫源.定县的农村话剧:《过渡》公演参观记[J].民间,1936(18):12.
③ 吴相湘.晏阳初传:为全球乡村改造奋斗六十年[M].长沙:岳麓书社,2001:192.
④ 吴相湘.晏阳初传:为全球乡村改造奋斗六十年[M].长沙:岳麓书社,2001:192-193.

众10000余人参加。[①]可见，中华平民教育促进会在农民闲暇时间里开展的这些娱乐活动，既引起了民众情感上的共鸣，充分调动了民众的主体性，又充实了农民的精神生活，并且收到了公民教育的效果，可谓是一因多果。

黄巷民众教育实验区，在其存在的三年半时间里，休闲教育也取得了不小的成绩。在实验区成立以前，民众没有任何正当娱乐，经过教育人员的指导，他们组建了音乐团、弈棋团、乒乓球团、演剧团等团体，并且两周放映一次电影。曾经常见的斗殴、詈骂现象，已能够被团体力量制裁，男女平等风气渐开，迷信逐步破除。

在教育民生思想的引领下，晏阳初、俞庆棠、邰爽秋等中国近代教育家，筚路蓝缕、呕心沥血，充分发挥教育的民生功能，改善了广大实验区人民的物质生活和精神生活，以上所举事例仅仅是众多事例之一，但窥一斑而知全豹，他们为民生带来的泽益在中国教育史上留下了浓墨重彩的一笔。

二、中国近代教育民生思想的教育影响

(一)促进教育民生政策的生成

“教育政策是一种有目的、有组织的动态发展过程，是政党、政府等政治实体在一定历史时期，为了实现一定的教育目标和任务而平衡各方的教育利益、协调教育的内外关系所规定的行动依据和准则。”[②]可见，教育政策的制定者一般是执政党、政府部门或政治团体。中国近代教育家所推行的教育民生实践活动，多属民间私人学术团体所为，但是，因为他们教育理念的合理性、教学方法与教学手段的科学性，再加上他们自身的努力

① 吴相湘.晏阳初传:为全球乡村改造奋斗六十年[M].长沙:岳麓书社,2001:193.

② 孙绵涛.教育政策学[M].北京:中国人民大学出版社,2010:22.

争取，最终促成了一些新的教育民生政策的产生。

在1928年5月召开的第一次全国教育会议上，南京特别市教育局提请审议的《全国应厉行民众教育即由大学院专设民众教育委员会筹划进行案》、赵冕提请审议的《请组织民众教育设计委员会案》、提案预备委员会提请审议的《请大学院提交国民政府议决以明令颁布分期实行民众教育案》、梁俊章提请审议的《拟请大学院颁布民众学校规程督饬实施以期早日减除文盲完成国民革命案》、"内政部"提请审议的《实行民众补助教育案》、黄建中提请审议的《会同工商部限制工厂雇佣童工并责令附设民众学校案》、陈礼江提请审议的《各级学校应设民众补习教育推广部案》等，均获得通过[①]，并形成《农民教育馆办法》和《民众学校办法大纲》等政策法规。[②]在俞庆棠看来，不仅广大普通民众享有受教育的权利，失去人身自由的囚犯也应该接受教育，以便改过自新，将来做一名对社会、对家庭有用的人。1928年5月，俞庆棠在第一次全国教育会议上提交了《请对监狱囚犯实行感化教育案》提案，获议决通过。[③]关于识字运动，1929年，教育部公布《识字运动宣传计划大纲》，指出：国家要务在于建设；而建设的途径必须从启发民众的知识着手，规定各省或各特别市以及下辖各县市应设识字运动宣传委员会，在全社会宣传识字运动相关政策。[④]1930年4月，在第二次全国教育会议期间，俞庆棠分别和欧元怀、许寿裳及曾广铭、张鸿烈等人提交《设法救济福建教育近况案》和《请维持各省教育经费案》提案，均获得通过。[⑤]中华平民教育促进会利用注音字母扫盲的办

① 于潇.社会变革中的教育应对：民国时期全国教育会议研究[M].杭州：浙江大学出版社，2015：228-229.

② 于潇.社会变革中的教育应对：民国时期全国教育会议研究[M].杭州：浙江大学出版社，2015：239.

③ 于潇.社会变革中的教育应对：民国时期全国教育会议研究[M].杭州：浙江大学出版社，2015：229.

④ 民国教育部.教育法令汇编[G].上海：商务印书馆，1936：391-392.

⑤ 于潇.社会变革中的教育应对：民国时期全国教育会议研究[M].杭州：浙江大学出版社，2015：249-250.

法以及所编教材《市民千字课》也受到教育部的青睐，分别于1930年、1931年和1935年颁布《传习注音符号办法》《各省市县推行注音符号办法》《各机关嗣后有新出刊物须附印简易国音字母表》《仿印三民主义千字课办法》《促进汉字注音推行办法》《汉字旁注之注音符号印刷体式办法》《独立用之注音符号印刷体式办法》，以在全国推行注音符号，协助民众教育早收成效。1934年6月，教育部颁布《民众学校规程》，就教育对象、办学主体、教学内容、管理办法、学费、所用教材等做出详细规定。1946年，晏阳初在重庆中国乡村建设学院新生训练周的讲话中自豪地说："以一个私人学术团体提倡的识字教育，居然影响政府在全国推进民众教育。中央把识字教育，列为七大运动之一，直到现在，中央还在邀我们负起全国民众教育的责任。"①

晏阳初、俞庆棠、邰爽秋等中国近代教育家推行的平民教育、民众教育、民生本位教育都属于社会教育范畴，尽管他们也创立了平民学校、民众学校，但是这类学校的教育对象均是不分性别和年龄的社会人员，教学内容、教育模式和正规学校教育都存在着较大的差别。在俞庆棠看来，"民众教育是中国最需要的教育"②，她非常希望在学制上为民众教育争得一个席位，虽然最终没能如愿，但因为其和同仁们为社会教育所做的贡献，政府对社会教育加大了支持力度。1933年4月，教育部通令各省市切实增筹社会教育经费，训令指出："查社会教育，关系重要，本部现正厘定种种推行计划，即将公布施行，惟经费为事业之母，设非将所需经费，先事筹措，安能望其尽利推行，况现在时局严重，非积极发展社会教育，唤起大多数之失学民众，不足以救危亡，尤非宽筹社会教育经费，不足以资进展。合行通令仰社教经费成数尚未达到规定标准，各省、市，在编制二十二年度新预算以前，务须切实增筹，期望能达到规定标准，不得仍前

① 宋恩荣.晏阳初文集[M].北京：教育科学出版社，1989：248.

② 茅仲英，唐孝纯.俞庆棠教育论著选[M].北京：人民教育出版社，1992：28.

玩忽，漠视要政。其已达标准成数者，嗣后新增之教育经费，社教经费在该项新增教费内所占成数，在省、市至少应为百分之三十，在各县、市，应为百分之三十至五十。”①并且从1936年起，社会教育经费正式编入国家预算。②

邰爽秋发现，在中国广大的农村地区，农民生活十分贫困，温饱问题尚难解决，更无力建校舍，但很多地方却有像模像样的寺庙。因此，邰爽秋早在1928年便发表《庙产兴学运动宣言》，1930年又成立“庙产兴学促进会”，呼吁并敦促政府没收寺庙产业，以用作农村小学校舍。在其影响下，教育部分别于1930年6月颁行《寺庙财产捐助兴学应以经募捐资论》、1931年8月颁行《借用庙产办学不在禁止之例》、1931年11月颁行《解释孔庙财产办法》、1932年11月颁行《孔庙房屋应由各该保管孔庙之教育行政机关及时修缮》等训令或批文，以弥补因教育经费不足而导致农村儿童无学可上的局面。邰爽秋还认为，关于教育经费，非常重要的一个问题是支配的问题，因为支配的最大目的是求教育机会的均等。如果只求教育经费的增高和独立，只顾到教育经费负担的公平，而把教育机会归到少数人手里，便意味着教育经费政策的失败。他还深刻地认识到，导致教育机会不均等的原因很多，其中一个重要的原因便是地方贫富不同，因此他指出，“以地方之款办地方之学”的观念是错误的。他认为“主张教育机会均等的人，竭力主张中央政府确定补助省及地方的经费”，以“谋全国儿童教育机会均等之实现③”。况且，在教育经费负担方面，也存在明显的不公。拥有良田万顷的富翁与薄田三亩的小农，依据相同的亩捐标准负担教育经费，实在是有失公平。我国历来是小农制度之国，百亩以下之田，尚不足以赡养八口之家。教育税制不当，仅田赋一项，已足以影响二万万以上国民的生计，且其他苛捐杂细加之又加，这一切无异于杀人放火。在第

① 教育部社会教育司.社会教育法令汇编[G].上海：商务印书馆，1936：237.

② 刘英杰.中国教育大事典（1840—1949）[Z].杭州：浙江教育出版社，2001：724.

③ 邰爽秋.教育经费问题[M].上海：教育编译馆，1935：128-129.

一次全国教育会议上，邰爽秋提交了《统一全国教育经费行政案》和《请大学院通令全国豁免苛细教育杂税励行公平教育税制案》提案，均获通过。[①]在推行民生本位教育的实践中，邰爽秋发明的“普及教育车”，也得到了教育部的赞赏。教育部于1936年发布第00714号训令，指出：“该项普及教育车，构造尚为精巧，内藏教育物品甚多，均能变换活用，携带亦甚便利，洵为普及义务教育、推广民众教育之利器。应准通令酌量采用。”

中国近代教育家的教育民生思想和实践，以及对民生的关怀与擘画不仅在一定程度上切实改善了民生，而且得到了教育界的广泛认可和教育政策上的支持，这为教育民生实践活动的深入开展提供了保障。

（二）丰富了教育理论和教育研究

在中国古代，由于受宗法制度的影响，中国传统教育理论更多涉及的是道德教育，强调如何立德、修身，再加上生产力发展水平较低，人们的生产生活和学校教育相脱离，致使教育家或思想家对教育与民生之间关系的认知非常有限，对教育的功能缺乏全面和科学的认识。在这种情况下，他们不可能阐发系统的教育民生理论，也鲜有人对教育进行系统的研究。到了近代，生产力快速发展，科技日益发达，教育与生活之间的联系愈加密切，教育的民生功能更加凸显。教育家们对教育科学知识的掌握、对教育与民生关系的思考以及教育实践经验的不断积累，为教育民生理论的产生打下了基础；挽救民族的需要，保障民生的需要，教育变革的需要，社会变革的需要，为教育民生理论的发展和教育民生研究提供了动力。这些主客观条件，促使中国近代教育家对教育民生进行了较为深刻的研究并构建了较为系统的教育民生理论。

晏阳初、俞庆棠、邰爽秋有关教育民生的理论，体现在他们的言论、

---

① 于潇．社会变革中的教育应对：民国时期全国教育会议研究[M]．杭州：浙江大学出版社，2015：224-225.

演讲和著作中；他们有关教育民生的研究，体现在他们的实践探索中。

1928年，商务印书馆出版了晏阳初编写的《平民教育概论》一书。书中既探讨了平民教育运动的现状与使命，也论述了有关平民教育的意义、对象、内容、方法和推行的原则与政策等。此外，晏阳初的一系列演讲或文章，如：《平民教育》《平民教育的真义》《平民的“公民”教育之我见》《平民教育三问题的解答》《关于平民教育精神的讲话》《初级平教教学的种类及组织》《平民学校教材问题》《农村运动的使命》《中华平民教育促进会定县工作大概》《中国农村教育与农村建设问题》《农民运动与民族自救》《平民教育促进会工作演进的几个阶段》《“误教”与“无教”》《10年来的中国乡村建设》《农村建设育才院的宗旨与今后的使命》《开发民力建设乡村》《为和平而教育世界》①等，不一而足，涵盖了教育救民、养民、济民、惠民的目的、意义、途径与方法等，形成了一系列教育民生理论。

1935年，正中书局出版了俞庆棠的著作《师范学校民众教育》，该书不仅阐释了民众教育的意义、对象、目的与方法，还探讨了民众教育的组织机构及行政问题、民众教育对于经济建设的作用、民众教育实施的原则等，而且探讨了成人学习能力问题。另外，在俞庆棠自己所主编的《中央大学区扩充教育概况》一书的序中，论述了农村教育对于占全国百分之八十的农民生计的重要性，并强调女子应和男子享受同样的受教育权利。《民众社会教育谈》是其在江苏省立教育学院所做的演讲。该演讲首先探讨了“社会教育”的概念，她指出：“广义的社会教育就是全民教育，以社会全体民众为对象。”②继而，她又论述了社会教育的目标、途径等。在《中国的成人教育》《我之女子教育观》《三年来中国之女子教育》《民众教育与成人学习》《民众教育与社会经济》《民众教育的实验事业》《民众教

① 注：这些文章或演讲，均收录在宋恩荣主编，湖南教育出版社出版的《晏阳初全集》(1–3卷)中。

② 茅仲英，唐孝纯．俞庆棠教育论著选[M].北京：人民教育出版社，1992：29.

育之目的与方法》《普及教育与民众教育》《民众教育理论的探讨》《如何使学校社会化》[①]等文章中，系统地论述了教育与成人、女子、儿童等民众生活的关系，民众教育的目的、内容、方法、原则、课程、教材、教学组织方式等问题，除去本人构建的教育理论之外，俞庆棠还和孟宪承一起翻译了克伯屈的《教育方法原论》《思维与教学》等书，成为民众教育派指导教育民生工作的理论依据。

邰爽秋的教育理论著述颇丰，据笔者统计，从1926至1944年，邰爽秋共出版教育著作21部，从1922年至1944年，共发表教育论文30篇。其中，《特殊教育之实施》《正义进化与奋斗》《婴儿教养学校运动》《教育经费问题》《庙产兴学问题》《怎样做教育局长》《怎样做教学指导员》《中国普及教育问题》《土货运动与中国民众教育的前途》《念二社在民众教育上之新试验》《新教育趋势讲演大纲》《新人与新教育》《对于今后民众教育之十种希望》《死路上的民众教育和乡村教育》《民众教育实施方法》《民生本位之学校系统及各种教育之实施》《我们的信仰和要求》等著作或文章，对教育与民生的关系，教育的民生功能、价值、目的、对象，教育民生的实施方法，教学组织方式、课程、教材等，做了系统的阐述。

毋庸置疑，晏阳初、俞庆棠、邰爽秋等中国近代教育家有关教育与民生关系、教育的民生功能，教育民生的目的、对象、课程、内容、方法、途径等的研究与理论阐述，遍布于中国近代教育界，在这些理论和研究的影响下，人们重新认识到教育的民生功能。从此，在我国教育史上，只强调修身养性的教育理论不再一枝独秀，关于教育的研究也不再局限于如何为统治阶级服务。

三、中国近代教育民生思想的国际影响

中国近代教育家的教育民生思想、理论与实践不仅在国内产生了巨大

① 注：这些文章均收录在茅仲英，唐孝纯著，人民教育出版社出版的《俞庆棠教育论著选》中。

影响，而且蜚声海外，受到广泛赞誉，甚至成为一些教育研究机构的研究对象。如：全世界有二十多个国家设立了陶行知研究会，陶行知的生活教育理论与实践成为这些研究会的主要研究内容。在日本、欧美等地，关于陶行知的研究成果颇丰；梁漱溟的乡村建设理论受到欧美、日本等学术界的关注，日本设有梁漱溟教育基金会，美国也专门设有梁漱溟思想研究会[①]；20世纪三四十年代，美国传教士艾迪博士参观雷沛鸿所办国民基础教育后，在美国发表短文一篇，对其做了高度评价。

晏阳初是“20世纪中国教育家中蜚声国际教育界的世界顶尖级人物”[②]。在中国推行平民教育运动期间，晏阳初还抽出宝贵时间去往美国的华盛顿特区、纽约、加利福尼亚、伊利诺伊等很多地方演讲，宣传平民教育运动的理念与推行情况，以获得精神和资金上的支持。1925年，晏阳初作为中国代表，参加在檀香山举办的“太平洋学术会议”，晏阳初的发言引起强烈反响。会后的两个星期里，晏阳初给大小不同团体做了30多次演讲，不仅在华侨中间掀起一股学习中文的热潮，还收到华侨共计2万多美元的捐款。在之后的数次访问中，都获得了美国教育界和工商界友人的赞成与支持。斯坦福大学校长韦伯、耶鲁大学校长安其尔、哥伦比亚大学师范学院图克斯伯理教授、芝加哥大学教授雷德菲尔德、石油大王洛克菲勒父子、罗斯福总统夫人、美国广播公司总裁哈伯德等，皆向晏阳初提供了不同形式的帮助。[③]美国著名作家斯诺于1933年12月17日在纽约《先锋论坛报》发表《中国人民的觉醒》一文，称赞定县的平民教育运动是“最重要的生活改造工作”[④]。1935年，《伦敦新闻》刊文《中国的平民教育实验》，评价晏阳初领导的平民教育运动是“改造中国人生活全部结构的一

① 苗春德.中国近代乡村教育史[M].北京：人民教育出版社，2004：327-339.

② 苗春德.中国近代乡村教育史[M].北京：人民教育出版社，2004：332.

③ 注：根据中华平民教育促进会函件等（1928—1930），全宗号：十一，案卷号：11847和中华平民教育促进会负责人晏阳初与国外各界来往信件（1945—1976），全宗号十一，案卷号11850整理。

④ 苗春德.中国近代乡村教育史[M].北京：人民教育出版社，2004：333.

项最值得注意的社会实验”[①]。1943年，晏阳初被美洲各高等学术机关举行的哥白尼逝世四百周年纪念大会推举为“现代世界最具革命性贡献的十大伟人”之一，表彰他“将中国文字简化且容易读，使书本上的知识开放给中国的劳动人民；运用科学的方法，使中国平民增加辛劳的果实”[②]。1945年，诺贝尔文学奖获得者赛珍珠通过对晏阳初的采访，写成了《告语人民》一书，书中对晏阳初献身平民教育事业的精神，教育的方式、方法和效果等给予了高度评价。该书的出版，使得美国和其他一些国家的人更加了解了晏阳初的教育民生思想。联合国成立后，联合国教科文组织倡导的基本教育计划，即渊源于晏阳初的教育民生思想。[③]1956年，晏阳初帮助菲律宾建立了以“民为邦本，本固邦宁”为训词的国际乡村改造学院，为亚非拉多个国家培养了数位乡村改造领袖人才。

抗日战争胜利后，俞庆棠在上海创办的市立实验民众学校，引起了不少国际教育界人士、学术组织和各界知名人士（包括马歇尔夫人、英国工党领袖克利浦斯夫人）的关注。联合国教科文组织基本教育参观团、英国、法国、美国、印度、缅甸、斯里兰卡等国的参观者先后慕名前来参观。1947年7月，俞庆棠被聘为联合国教科文组织中国委员会委员。1948年被联合国远东基本教育会议聘为中国委员会顾问委员会委员。[④]

邰爽秋在发明普及教育车后，美国纽约大学教育学院教授梅尔文为此专门来华考察民生本位教育活动，并拍成电影带回国。其后，又撰文《普及教育车与中国新教育》，刊登于美国《生活》杂志，文章不仅详细介绍了教育车的构造和功能，还赞扬了大夏大学学生献身民生本位教育的奉献精神，并称穿布衣的邰爽秋是“中国的甘地”。[⑤]

---

① 苗春德.中国近代乡村教育史[M].北京：人民教育出版社，2004：334.

② 苗春德.中国近代乡村教育史[M].北京：人民教育出版社，2004：334.

③ 宋恩荣.晏阳初全集：第1卷[M].长沙：湖南教育出版社，1989：6.

④ 唐孝纯.人民教育家俞庆棠[Z].南京：《江苏文史资料》编辑部，1998：201-203.

⑤ 郭衍莹.被遗忘的民国平民教育家邰爽秋[J].钟山风雨，2014(5)：32.

第二节　中国近代教育民生思想的当代启示

当历史的车轮进入到当代，我们的国家已经实现了晏阳初、俞庆棠、邰爽秋等中国近代教育家所追求的梦想。我国的综合国力已排世界第二位，国内生产总值稳居世界第二，民富国强已是不争的事实。与此同时，我国的教育也获得了长足的发展，中西部和农村教育明显改善，2018年，学前教育毛入园率为81.7%，小学净入学率达到99.95%，初中阶段毛入学率为100.9%，高中阶段毛入学率达到88.8%，高等教育毛入学率为48.1%。[①]但是，由于经济社会发展不平衡，体制、机制不健全，教育的发展还面临不少难题，尤其是教育不公平现象仍然存在，如：教育资源分布不均、校际差距较大、高等教育结构性矛盾突出、全民教育不受重视导致社会文明水平不高等。

习近平总书记在中国共产党第十九次全国代表大会上所作的报告中指出："中国共产党人的初心和使命，就是为中国人民谋幸福，为中华民族谋复兴。"这一初心和使命，与一个世纪前晏阳初、俞庆棠、邰爽秋等老一辈教育家们立志献身教育时的初心和使命一脉相通，他们教育民生思想中的精华及教育经验为我们今天的教育民生事业带来诸多启示。

一、扎实推进新时代全民教育

晏阳初、俞庆棠、邰爽秋等中国近代教育家在教育民生实践中把全体民众当作教育的对象，这种理念比联合国教科文组织正式提出"全民教

① 70年来我国教育事业取得巨大成就[EB/OL].(2019-07-25)[2020-06-16].人民网，http://edu.people.com.cn/n1/2019/0725/c1053-31255337.html.

育”的概念早了半个多世纪。1990年3月，联合国教科文组织在泰国宗滴恩召开世界全民教育大会，通过《世界全民教育宣言：满足基本学习需要》，首次提出“全民教育”概念。《世界全国教育宣言：满足基本学习需要》重申了全民教育的目标，即每一个人，不分年龄、性别，都应能平等地获得旨在满足其基本学习需要的受教育机会①，表明人人享有平等的受教育权利已成为全球性的共识，体现了对每一个个体发展的关照。

我国目前总体上经济发展越来越好，人民群众物质生活水平越来越高，但是，社会精神文明的发展却相对滞后；尽管在2000年我国已基本普及九年义务教育并基本扫除青壮年文盲，但是，仅接受了九年的义务教育或仅仅认识一些汉字并不能跟上社会快速发展的步伐，再加上教育资源分布不均等各种教育民生问题依然凸显，中国共产党十九届四中全会提出构建服务全民终身学习的教育体系，决定推动城乡义务教育一体化发展，健全学前教育、特殊教育和普及高中阶段教育保障机制，完善职业技术教育、高等教育、继续教育统筹协调发展机制。支持和规范民办教育、合作办学。构建覆盖城乡的家庭教育指导服务体系。发挥网络教育和人工智能优势，创新教育和学习方式，加快发展面向每个人、适合每个人、更加开放灵活的教育体系，建设学习型社会。随后，中国教育新闻网发表评论员文章，指出：构建服务全民终身学习的教育体系，要坚持把教育摆在更加突出的位置。保障人人享有受教育的机会，实现让教育发展成果更多更公平地惠及全体人民；要汇聚强大合力打赢打好教育脱贫攻坚战，夯实教育脱贫根基；要加快发展中等职业教育、广泛开展公益性职业技能培训，提升教育脱贫能力；要积极发展普通高中教育，继续实施高校招生倾斜政策，完善就学就业资助服务体系，拓宽教育脱贫通道；要坚持学前教育公益普惠原则，建立更为完善的学前教育管理体制、办园体制和投入体制，大力发展公办园，加快发展普惠性民办幼儿园，提高保教质量；要推动城

① 王兆璟，王悦. 全民教育思潮的主题变迁及展望[J]. 社会科学战线·教育学，2016(2)：225-226.

乡义务教育一体化发展，深入实施义务教育薄弱环节改善与能力提升项目；要健全特殊教育和普及高中阶段教育保障机制，推进中等职业教育和普通高中教育协调发展，鼓励普通高中多样化特色化。[①]可见，从幼儿园到大学、从学生到全体人民的教育已被我国政府和教育主管部门纳入民生领域，建设学习型社会、推进全民教育，已成为我国教育民生事业的重要组成部分。

全民教育既包括正规的学校教育，也包括非正规的、对学校以外的全体民众实施的教育。本书在此着重要探讨的，是学校以外的全体民众的教育问题。

目前，无论是在广大的农村地区，还是在大大小小的城市地区，都有大量文化知识水平较低的人群存在，他们因各种原因，未曾接受过学校教育，或只接受了程度较低的学校教育，他们掌握的生产知识与生存技能较少，其中有很多人总是对自己没能够上过学而深感遗憾、懊恼甚至沮丧，同时渴望能够重新获得学习的机会。尽管我国的继续教育政策为人们提供了继续学习的机会，如夜校、函授等，但多数都具有“门槛”要求，比如学历要求，这些要求无疑把没有学历或只接受过扫盲教育的人员拒之门外，并且，许多夜校已名存实亡，而农村地区，更是缺少类似的教育机构。此外，不可否认，由于文化水平较低，很多人身上依然存在着类似于晏阳初、俞庆棠、邰爽秋所认为的愚昧、自私，懒散的特点，国家、集体观念淡薄，缺乏公共意识和公共道德，邻里之间打架斗殴等不和谐现象常有发生，所有这些都与高速发展的社会形成较大反差。

为了满足较低文化水平群众的学习要求并提高整个社会的文明程度，政府应该划拨专门经费，根据因人、因地、因时制宜原则，在农村以乡镇为单位、在城市以社区为单位，建立社区学习中心，凡是有学习需求的农

① 构建服务全民终身学习的教育体系——五论深入学习贯彻党的十九届四中全会精神[EB/OL].(2019-11-13)[2020-06-26]http://paper.jyb.cn/rmtzgjyb//t20191113_27431.html.

民、工人等，不论年龄大小和性别，一律接收。地方教育行政部门负责从当地学校聘请中小学教师和职业院校教师，定期开办文化、生计、公民、卫生等教育课程。文化课传授科学文化基础知识，包括语文、数学、历史、地理等基本知识；生计课传授生活常识和职业技能，如衣、食、住、行、防灾避险知识、家政知识和农业科学知识、手工艺品制作技巧等；公民教育课传授公民道德、职业道德、家庭美德、中国优秀传统文化等知识；卫生课传授健康知识、环保知识等，这些知识将有助于提升学习者的理解力、创造力、自信力和生活能力，有助于提高他们的文明程度。为了吸引群众接受教育，不仅不收取学费，而且给予成绩优异者学习奖励或经常性地开展学习庆祝活动。群众的学习兴趣和积极参与是建设学习型社会的重要条件，而全民教育的扎实推进是实现教育民生目标的重要保障。

二、完善并推进实施教育民生政策

1936年2月12日，晏阳初在欢送陈筑山赴桂大会上说："只要政治的经济的社会的条件能够跟得上，都可以作为我们研究实验的大本营。"①历史证明，只有一个有能力的政府才能够保障教育民生事业的顺利推进。当前，我国的政治和社会稳定，经济总体上保持高速发展，已经达到了晏阳初所期望的教育民生工作顺利开展的条件。

在习近平总书记"努力让13亿人民享有更好更公平的教育"思想的指引下，我们国家已经大力实施惠及全体人民的教育民生工程。例如，2007年开展的"共享蓝天"关爱农村留守儿童行动、正在实施的"教育精准扶贫工程"等。除此以外，我国政府还颁布了一系列教育民生政策，如：2012年9月5日，国务院颁布《关于深入推进义务教育均衡发展的意见》，提出，优质教育资源共享、均衡配置办学资源和教师资源、保障特殊群体平等接受义务教育等目标；2015年2月28日，在国务院新闻办公室举行的

① 宋恩荣.晏阳初全集：第1卷[M].长沙：湖南教育出版社，1989：442.

新闻发布会上，教育部副部长刘利民表示，将进一步扩大城镇义务教育容量，将随迁子女义务教育全纳入；2016年1月，国务院颁布的《关于解决农民工问题的若干意见》提出，保障农民工子女平等接受义务教育的规定，并要求输出地政府妥善解决好留守儿童的教育问题；国家对高中和高等学校中困难学生给予各种补助和助学贷款；等等，体现了国家解决教育民生问题的意志和决心。

但是，由于在执行过程中会出现各种各样的问题，致使一些政策偏离了预期的发展方向。因此，目前还有许多亟待解决的问题，如：城乡义务教育资源分配不均、优秀教师资源短缺、重点学校与非重点学校存在较大差距、校车安全问题、校园欺凌问题、高考及招生中的地域歧视问题、进城务工人员随迁子女就学问题等，总体上还没有得到很好的解决。以进城务工人员随迁子女就学问题为例，虽然距教育部提出的“将随迁子女义务教育全纳入”目标已经四年多的时间，但是，能够进入城镇公立学校和城镇学生坐在同一间教室共享教育的只有少数学生。由于公立学校能够空余出来的学位极少、师资短缺，而随迁子女越来越多，他们只能采用“摇号”的方式，但幸运者毕竟很少，没能摇中的，要么返回偏远的农村老家入学，要么选择所在城市里的私立学校或农民工子弟学校。但是，私立学校学费较高，而农民工子弟学校大多地处郊区，教学质量普遍与城镇公立学校有一定的差距。

由此，我国教育民生事业仍然任重而道远，对于不能平等地享受优秀教育资源的群体来说，不仅未来的发展机会相对较少，而且他们的教育获得感和公平感相对较低，甚至会产生被剥夺感。如果教育的相对剥夺感和不公平感不能够消解，就会引起新的教育民生问题，加大教育民生压力。

我国政府和教育主管部门应该完善教育民生政策，一方面，要在现行所有制下进一步扩大教育的开放度，减少现行教育财政制度、入学制度、考试招生制度以及户籍制度、就业制度等对教育获得和教育公平的体制机制性羁绊，落实《中华人民共和国教育法》所确立的“公民不分民族、种族、性别、职业、财产状况、宗教信仰等，依法享有平等的受教育机会”，形成以公民权利为本的教育获得和教育公平保障机制，促进受教育者的家庭资本均衡，为增强教育获得感和公平感提供物质和制度保障。另一方面，扩大教育改革和发展的社会合作意识和心理共识，确立与现阶段相适应的教育公平观，促进不同教育利益群体主动进行社会心理调适；改变教育发展方式，促进教育供给侧改革，注重从“现实的人”出发，研究不同群体的教育利益需求和教育民生压力源，调适各类群体的参考群体，纾解相对剥夺感和心理压力；推动教育改革举措“自上而下”与“自下而上”的结合与互动，建立和完善人生出彩的教育机会共享机制；促进人民群众对教育决策过程、教育问题讨论的参与，多听取民意，让更多的群众代表成为教育政策主体。我国的教育政策主体由官方和非官方构成，其中，官方教育政策主体包括党和国家领导人、全国人民代表大会及其常务委员会以及地方人民代表大会及其常务委员会、教育行政首脑、教育主管部门及其下属机构；非官方教育政策主体包括民主党派、教育政策咨询机构、社会中介组织、大众传媒组织以及各种利益集团等。[①]在教育政策制定过程中，民众的参与度很低。教育是最大的民生，教育民生政策是否合理事关全体人民的利益，因此，人民群众拥有不可替代的发言权。

教育民生政策一旦制定下来，就需要切实执行，在执行过程中，要接受社会的监督，允许公众的积极参与，并对政策方案的适合度、执行情况、执行结果进行监测，以获得相应的信息，从而做出及时调整，只有这样，才能确保教育民生政策的有效性。例如，自从2013年习近平总书记提出“精准扶贫”理念、倡导教育扶贫、教育扶智以来，我国政府和教育主管部门制定了一系列教育精准扶贫政策，诸如：继续加大贫困地区教育经费投入、加强乡村教师队伍建设、增加教育机会、促进优质教育资源共

① 褚宏启．教育政策学[M].北京：北京师范大学出版社，2011：9-10.

享、为贫困学生建立建档立卡资助制度、高校招生继续向建档立卡等贫困家庭学生倾斜、加大对高校毕业生就业创业的帮扶力度等。但是，由于相关法律制度供给不足，在实际操作中，仍存在部分教育扶贫资金被浪费的现象，从而影响了教育扶贫的实际效果。针对这种情况，教育主管部门应该加强对教育扶贫各项政策执行情况的监督，多听取民意，及时出台相应配套法律制度，确保政策真正落实，切实推动教育民生建设。

三、关照教育民生的精神向度

在物质生活贫乏的中国近代，晏阳初、俞庆棠、邰爽秋等教育家尚能够意识到精神生活在人的生活中的重要意义，并为提升人们的精神生活做出了巨大努力。目前，在物质生活水平获得了极大改善的情况下，精神生活依然在人们的生活中占据着重要地位。

如前文所指出，精神属性是人的本质的最高属性。马克思指出："只有精神才是人的真正的本质，没有精神生活，人的存在就变得毫无意义，成了单纯的物的存在。"[①]精神生活比物质生活更能标志着人的存在，人的本质是由人的精神生活建构成的。人通过长期的物质生活实践，产生了精神活动和人的精神世界，再通过精神活动逐步摆脱愚昧，进入文明、进步、繁荣的现代社会。人的精神包括思想、情感、意识、价值观、性格、气质、爱好等，是人的精神指引着人的奋斗目标并充盈着人的生活。人类的政治、哲学、艺术、宗教等都是人类精神的结晶。弗兰克尔指出："生命不能从其自身的延续中得到意义，而只能从非生物学的参照中获得意义：从智能、审美、道德等事物中。这些参照系代表着对生命的超越。"[②]这里所说的智能、审美、道德，都属于人的精神范畴。我国学者李向民认

① 马克思恩格斯全集：第3卷[M].北京：人民出版社，2002：319.

② 转引自王坤庆.论精神与精神教育[J].华中师范大学学报（人文社会科学版），2002(3)：22.

为："物质是财富之母，精神是财富之父。"[①]人不仅有精神需求，更要有精神追求和精神生活。高尚远大的理想，勤奋踏实的作风，不畏艰险的胆略，才是人生中最可宝贵的精神。人有了物质才能生存，有了精神才谈得上生活。单纯追求物质而忽视精神追求的人，只能说是活着，而谈不上真正的生活。一个人精神追求的目标越高，他的才能才会发挥得越充分，对社会的贡献也就越大。

人的精神生活及精神属性不是抽象的、绝对的，而是与人们的物质活动、物质交往及现实生活交织在一起的，是现实的人在从事现实生活活动的历史过程中产生的。马克思指出："我们的出发点是从事实际活动的人，而且从他们的现实生活过程中还可以描绘出这一生活过程在意识形态上的反射和反响的发展。甚至人们头脑中的模糊幻象也是他们的可以通过经验来确认的、与物质前提相联系的物质生活过程的必然升华物。"[②]马克思进一步指出："这种意识并非一开始就是'纯粹的'意识。""意识一开始就是社会的产物。"[③]人的精神活动和物质活动、享受和劳动、生产和消费之间发生的矛盾，根源在于分工。具体言之，分工使精神活动和物质活动、享受和劳动、生产和消费由不同的个人来分担，由此带来劳动及其产品分配的不平等，进一步产生了所有制及其所带来的单个人的利益、单个家庭的利益与所有相互交往的个人的共同利益之间的矛盾，反映到人们的观念、立场等精神世界之中；相反，个人在精神上的现实丰富性完全取决于他的现实关系的丰富性。因此，精神层面的民生改善，应当充分发挥国家职能，通过改变和完善所有制进而消除分工带来的社会阶层、城乡、地区之间的利益矛盾和差距，消灭异化；通过教育，实现个人的自由而全面的发展。

近代以来，从培根强调知识或感觉来源于实验的经验主义开始，经过

① 李向民.精神经济[M].北京：新华出版社，1999：3.

② 马克思恩格斯文集：第1卷[M].北京：人民出版社，2009：525.

③ 马克思恩格斯文集：第1卷[M].北京：人民出版社，2009：533.

提倡人应该成为理性动物的夸美纽斯，到主张教育目的是为资产阶级培养绅士的洛克和倡导科学教育的斯宾塞的演绎，现代教育更加注重人的物质生活需要，强调知识和教育对于生活的适应和改造的重要性，工具理性取代价值理性。虽然这是一种历史的进步，但功利主义和经济主义掩盖人的生命本原价值，教育沦为个体谋取社会资本的工具，人们成为自己欲望的奴隶。刘铁芳指出：这种弥漫着浓郁的功利主义倾向的教育，最终导致精致利己主义症候的产生。[①]在这种教育下，人性的虚荣、贪婪暴露无遗，精神危机此起彼伏。现实生活中，随着经济的快速发展，中国的富裕阶层甚至已经超越西方中产阶级的物质水平，但并没有带来精神上的丰富与充盈。无论是生活在大都市，还是生活在偏远地区，越来越多的人经常会产生“人活着究竟是为了什么”的疑惑。诚如前文所述，民生既具有物质层面也具有精神层面，民生的本质内涵规定了教育民生的精神取向，教育民生的应有目标和历史任务是为人的全面发展提供保障，而失去了精神发展的人只能成为生存意义上的“单面人”。找回人类失去的灵魂和精神家园，已成为教育民生急需回应的重要问题。“现代教育的重建，需要重新唤起现代人对美好生活的关切……超越平等诉求与权利意识的扩展，在维护个体现代价值的正当性的同时，提升人性的境界。”[②]教育民生既要发挥教育对人民物质生活的改善功能，又要承担改善和丰富精神生活的职责，这是教育民生的发展目标，也是对教育民生的精神向度的把握。

结合我国当下教育实际，教育民生的精神取径应落实在生活教育、休闲教育、美感教育和优秀传统文化教育上，以增强教育目标与内容的人文性与整合性。

生活是一切精神文明和物质文明的策源地。只有不脱离生活的教育才

① 刘铁芳.精致的利己主义症候及其超越：当代教育向着公共生活的复归[J].高等教育研究，2012(12)：1.

② 刘铁芳.从自然人到社会人：教育人性基础的现代转向[J].华东师范大学学报(教育科学版)，2010(4)：27.

有价值，才能促进人的身心健康成长。斯宾塞认为，教育是为了未来的完满生活做准备。其实，每一个孩子对身边的事物都抱有一种天然的好奇心，都热衷于到在生活中去寻找、去发现、去创造。对于多数孩子来说，现在缺少的不是物质生活上的保障，而是精神上的满足。孩子最不能忍受的不是生活上的清苦，而是生活的单调、刻板和无趣。培养活泼的人，从生活中汲取知识的养分，是教育的职责，也是教育的民生关怀。

休闲教育又称闲暇教育，其旨在改善与提高人们的精神生活品质，顺应教育民生的本真意义。陈建华认为，通过休闲教育，教给人们利用闲暇时间学习知识和技能；在闲暇时间内，个体通过教育活动，“学习如何理解休闲的相对自由，学习如何进行休闲的判断和抉择”①。在我国当下，一年中的周末、节假日加起来共有110天左右，接近全年天数的三分之一。在农村，由于农业机械化，全年中多半的时间都是闲暇时间。大中小学校学生除了周末、法定节日以外，还拥有寒、暑假两个长假。另外，数以千万计的退休人员，失业、待业人员等，他们的生活基本都是在闲暇中度过。由于缺少正确的引导或者本身没有足够的享受闲暇的能力，很多人不仅没有感受到闲暇时间的幸福，反而把闲暇当成一种负担，只能靠打麻将、晒太阳、打游戏、上网等来打发时光。积极的闲暇生活有利于增长人的见识，提高人的思想道德水平，既愉悦身心，又能促进人的全面发展。而消极的闲暇生活不但使人感到空虚和无聊，而且使人精神颓废。为了提升人们闲暇生活的质量和充盈人们的精神生活，只能依靠闲暇教育。闲暇教育引导人们去获得有益于身心健康的信息，引导人们与大自然亲密接触，利用优美的环境放松身心。

美感教育可以唤醒人们潜藏在内心深处的美好情感，从而发现生活中的美，继而热爱美，并主动积极地去追求人生的情趣与理想生活。蔡元培

① 陈建华.教育为休闲生活做准备：兼论教育与休闲关系的历史嬗变[J].教育研究，2011(10):87.

指出，教育的任务就是通过美感教育，使人达于最高精神境界。他说："我们提倡美育，便是使人类能在音乐、雕刻、图画、文学里找见他们遗失了的情感……"[①]美育任务之一就是发展学生对美的感受力、鉴赏力和创造力，从而提升他们的精神境界和丰富他们的精神生活。当一个人的精神生活变得丰富多彩时，他自然而然就会成为一个精神焕发、充满活力和正能量的人。这样的人能用正确的观点看待任何事物，能够理解人、关心人、尊重人、信任人，同时，也能用正确的审美标准约束自己的言行，从而不仅能够在这个世界上学会生存，而且能够生存得更好。

我国传统文化博大精深，蕴含着丰富的人生智慧和深厚的人文精神，同时也充满了对自然和生命的敬畏与崇拜，如：神话《盘古开天地》《女娲补天》等所反映的人们对美好生存世界的渴望；古代诗、词、歌、赋中对大自然的赞美，都是可资利用的宝贵的教学资源。此外，加强传统文化教育，有助于养成人们对地球上一切生命的敬畏之心和对大自然的热爱之情。传统文化教育是构筑青少年精神家园的一个重要途径。历经几千年流传下来的优秀传统文化，重视培养人的高尚的道德情操和健康的人格品质、提升人的自身修养和精神境界。如，儒家的仁爱精神，道家的返璞归真情怀，范仲淹的"先天下之忧而忧，后天下之乐而乐"的担当精神等，不胜枚举。学习优秀传统文化可以强化现代人与古圣先贤的精神联系，使之进入个体精神成长的历程之中。

由此可见，无论生活教育、休闲教育、美感教育抑或优秀传统文化教育，其宗旨皆在于发挥教育的引领作用，丰富人的精神生活，使人成为自己精神世界的主人，以达到精神世界的升华与超越，使人更好地生活。

四、消弭民间反智主义对教育民生的障碍

前文曾指出，时至今日，反智主义仍然广泛存在于人们的生活和意识

① 蔡元培.蔡元培全集:第6卷[M].北京:中华书局,1984:614.

中。在美国，反智主义更是普遍盛行，上到总统，下到民间百姓，比比皆是。“艾森豪威尔当选总统后公开宣称知识分子就是‘那些用多余的话讲述他未必知道的事情的人’。”①特朗普竞选美国总统时，在内华达州共和党初选中赢得高中或以下教育水平的人当中57%的票数之后，宣告“我热爱教育程度低的人。”②“基础知识匮乏的普通民众越来越多，不仅如此，他们还不接受基本的证据规则，拒绝学习如何进行逻辑论证……他们不仅会一手丢弃积累了几个世纪的知识，还会毁掉我们得以开发新知识的那些实践和习惯。”③

在当下我们的社会里，反智主义现象主要表现在以下两个方面：

第一，部分群众轻视知识和知识分子。改革开放以后，我国社会发展的重心被转移到经济建设上来，全国人民在党的带领下，经过几十年的艰苦奋斗，在政治、经济、文化等各方面均取得了辉煌的成就，不仅解决了十几亿人口的温饱问题，而且从整体上实现了小康，中国的综合国力已经跻身世界前列。不过，事物的发展总有两面性，经济的快速发展和物质生活水平的极大提高却使一部分人养成了贪图享受的不良习惯，并且物欲愈发膨胀，财富成为他们衡量成功的唯一标准。

第二，“娱乐至死”。1985年，美国著名的媒体文化研究者尼尔·波兹曼出版了名为《娱乐至死》的媒介批评一书，该书批评了美国电视统治人们全部生活（包括政治、宗教、新闻、商业、教育等）并总以娱乐的方式呈现的乱象。例如，播音员会在播完“9·11”恐怖袭击事件的消息后说一声“精彩广告后再见”，而观众也不会感到不适。观众却乐此不疲地在电视机前享受着电视娱乐带来的种种感观刺激。他们不再思考，也不需要思考，因为娱乐文化本身是肤浅的，任何理性思考都会成为多余。尼尔·波

---

① 程亮.教育中的反智主义及其超越[J].湖南师范大学教育科学学报，2014(3)：6.

② 苏珊·雅各比.反智时代：谎言中的美国文化[M].曹聿非，译.北京：新星出版社，2018：序言4.

③ 托马斯·M.尼科尔斯.专家之死：反智主义的盛行及其影响[M].舒琦，译.北京：中信出版集团，2019：4.

兹曼除了抨击娱乐的霸权行径外，更多的是对美国文化前途命运的担忧——当文化被娱乐取代，文化灭亡的命运将在劫难逃。

反观我们目前的社会，比起尼尔·波兹曼《娱乐至死》写作的年代，“娱乐至死”的程度可以说是有过之而无不及。尼尔在写作《娱乐至死》时，电视是人们借以娱乐的主要媒介。如今，信息技术的迅猛发展给整个人类社会带来了剧烈的冲击，它总是在不停地改变着人们的生活，它让老子的“不出户，知天下”一语成谶，人们只需借助一台电脑或一部手机，便可以浏览海量信息。由于信息总是瞬息万变，因此让人应接不暇，人们即使“三年、三十年不知肉味”，也难以浏览或掌握其中的一小部分。毋庸讳言，发达的信息技术给人们带来的好处数不胜数，但同时也是错误信息疯狂传播的源头和推手。一些人隐藏在键盘后面或手机屏幕前面，一边欣赏着各种“娱乐八卦”中的精彩故事，一边挖空心思去创造一些粗俗的网络流行语。还有一部分人日夜梦想着成为“网红”，为了达到目的，他们甚至表演庸俗不堪的节目，哪怕是出卖自己的人格，也在所不惜。还有一些人坚信，掌握了鼠标或手机，就掌握了全世界的知识，因此自己就是那个知识最丰富的人。当然，除了电脑和手机，电视依靠其强大的生命力，仍然是人们日常娱乐的手段之一。实际上，娱乐是生活的一部分，它不仅能够放松人的身心，还能够陶冶人的情操，使人焕发新的活力。但是，低级、庸俗的娱乐却适得其反，它不仅对人的身心造成危害，还会使人的反智主义得以滋生。

早在第二次世界大战末期，晏阳初就曾经提出“人类有免于愚昧无知的自由”，既意指人人都有求知的权利，也表达了对反智主义的抗议。为了避免历史的重演，我们应该提高警惕，因为人们对知识的态度直接关系到国计民生。充分发挥教育的力量，消弭反智主义，将是我们正确的选择。首先，广大教师在教育教学工作中，要引导学生正确地看待知识，让学生理解“知识就是力量”的真谛，指导学生不断完善个人的知识体系。

其次，作为目前影响力、传播力最大的媒体，网络和电视都应该承担起社会教育的责任，杜绝报道和宣传低级趣味的节目，应更多地传播优秀传统文化、先进文化和科学知识，大力宣扬为国家、为人民做出突出贡献的科学家、教育家、文学家、医学家、优秀工作者、各个领域里典型人物的先进事迹，以帮助青少年树立正确的人生导向，为社会全体民众奉献丰富的精神食粮，最终形成全社会崇尚知识、崇尚文明、尊师重教的社会风尚。只有这样，才能使教育立国、科技强国，才能最终实现人们的美好生活。

五、倡导教育家办学的民生情怀

2003年，温家宝总理提出“教育家办学”的理念，在2007年的政府工作报告中，再次提出“要提倡教育家办学”的谋略。《国家中长期教育改革和发展规划纲要（2010—2020年）》指出，要“造就一批教育家，倡导教育家办学”。“教育家办学”，无论是一个理念，还是一种制度化的要求，受到社会各界的广泛认可。教育界人士更是纷纷撰文，分析“教育家办学”的合理性与必要性。教育家拥有丰富的教育实践经验，掌握着大量的教育理论，对教育问题有着独到的见解，能够把握教育规律，明确教育改革之需，明晰教育改革方向。因此，各级各类学校的健康发展，离不开教育家的引领。教育家在运用自己丰富的学识治理学校时，应把对民生的关怀作为一项重要的工作。这里的“民”，是指全体人民，包括儿童、青少年和成人。

办理中小学的教育家，在控辍保学的同时，要保障不同社会资本、文化资本和经济资本家庭的学生享有公平的发展机会和教育过程。在课程设置方面，除去基础文化课程外，还应增设生计教育课程，以培养学生的生存和生活技能；在学生的日常管理中，要加强民主的生活改造与引领，使学生在德、智、体、美、劳方面获得均衡发展。

治理高等院校的教育家，尤其是地方应用型高校，应强化社会服务职能，以关注民生、改善民生为重点，引导教师加强实践教学，凸显应用型人才的技术性、职业性的特征，建构结构合理、特色鲜明、符合应用型本科教育的课程体系；丰富选修课资源，增设校本课程，以整体优化学生的知识结构；适当设置一些有利于培养应用能力、与行业资格考试紧密联系以及与地方经济建设深度融合的课程，以方便学生考证与就业。

对于民办学校来说，应该让懂教育、爱教育的教育家治理学校。最近几十年来，民办学校为我国社会做出了突出贡献，因此，民办学校的举办者获取合理的回报无可厚非，但不可否认的一个事实是：我国的民办学校举办者中，有一部分是文化水平不高的生意人，他们办学的商业动机明显，逐利欲望强烈，缺少对公益的关照。据王华、王德清的研究发现：23%的民办学校举办者的办学动机是为了获取经济利益，实现经济利益的最大化。“举办者光想着挣钱；教育和培养学生，都不是他关注的事。”甚至有些举办者“为了争夺经济利益，不惜大打出手”①。这些举办者实质上是借教育之名而谋经济利益之实。他们不懂教育规律，却精通市场规则；不关心受教育者的前途，只关心自己是否盈利，把生源当财源，甚至为了抢夺生源而进行虚假宣传，夸大办学条件，拔高学校地位，欺骗学生入学。学生家长把多年积攒的血汗钱拱手交给他们，换来的却是失望、愤怒与无奈。这种以钱为本位的办学理念和短期行为，既严重侵害了受教育者的利益，也会影响学校自身的长远发展。为了扭转这种局面，鼓励教育家办理或治理民办学校便是一个明智的选择。一般来说，教育家除了懂教育、爱教育外，还有殷切的育人情怀和强烈的社会责任感，这也正是国家倡导教育家办学的原因所在。

“百年大计，教育为本；教育大计，教师为本”，教育家办学还应该关

① 王华，王德清.民办学校举办者利益诉求与国家需要的矛盾及化解路径[J].中国教育学刊，2017(3):5.

心教师的生活。2018年1月20日，中共中央国务院印发的《关于新时代全面深化教师队伍建设改革的意见》提出，把全面加强教师队伍建设作为一项重大政治任务和根本性民生工程切实抓紧抓好。由此，教师队伍建设被纳入民生工程，充分反映了党和政府把教育民生的关怀对象从学生及其家庭扩大到了教师群体。但是，政府所能做的，主要是加大资金投入，以提高教师的经济地位，广大教师的精神生活却成为教育民生建设的空白地带。教师承受着社会的过高期望，以及由此带来的各种不公平批评，从而产生压抑感和失望感。因此，对广大教师精神生活的关怀应当成为“教育家办学”的题中之义。作为办学的教育家，应当深入学校的教师群体，了解他们精神困惑和职业倦怠的具体原因，采取切实措施让他们过上精神愉悦的教育生活。

总之，无论是办理中小学的教育家，还是治理大学的教育家；无论是公立学校的管理者，还是民办学校的举办者，都应该学习中国近代教育家的办学精神，发扬他们办学的社会关怀和民生情怀，推动当代教育民生事业的发展。

中国近代教育民生思想在国内外产生了广泛影响，不仅在一定程度上改善了民众的生活，唤醒了民众，使他们对教育有了重新认识，也促进了若干教育民生政策的生成和新的教育理论的产生，并拓展了教育的研究领域。其中的不足之处，是我们的前车之鉴；其中的菁华，可以为我们今天的教育民生实践发蒙解惑，受其启发。为了促进当代教育民生事业的健康发展，我们应该推进新时代全民教育，完善教育民生政策，关照教育民生的精神向度，消弭民间反智主义，提倡教育家在办学时加强对民生的关怀。

结 语

中国近代教育民生思想是社会转型与教育转型的产物，是在特定社会历史背景下形成的对教育问题比较理性和比较深刻的认识，尽管来自不同的教育思潮，但实质却是异曲同工，都渗透着民本主义思想，目的均在于教民、养民、裕民、惠民、恤民、保民、新民。

中国近代教育民生思想从萌芽到成为一个较为完整的教育思想体系，经历了摸索、修正、充实、完善的发展过程。受惠于中国优秀传统文化的滋养和西方先进教育理念的洗礼，晏阳初、俞庆棠、邰爽秋等中国近代杰出教育家站在时代前沿，视野开阔，在对国家、社会落后原因反思的基础上，以教育为专业，以救国济民为职志，躬耕不辍，不断探索，努力在教育理论和实践上有所建树。他们同情民众，痛恨外敌，憎恶独裁和腐败，寄改善民生、改造社会之希望于教育，并探索出许多崭新的教育民生理论和路径，其中有很多堪称标奇立异、独具匠心，闪耀着智慧的光芒。

但是，救国济民的急迫心情以及唯物主义哲学素养的缺失使得他们的一些思想和实践存在一定的先验性、主观性。在政治、经济和文化因素强大的制约力量面前，他们的善良愿望变得苍白无力，其教育实践没能取得预期成果。尽管如此，他们还是最大限度地发挥了教育的能动作用，在一定程度上改善了民生，不仅对当时的社会教育做出了不可磨灭的贡献，为中国近代教育史留下了浓墨重彩的一笔，同时也加速了中国教育现代化的进程。

一百年后的今天，我们国家不仅把教育摆在社会各项事业之首，还把教育当作民生之基，甚至把其纳入民生范围，既体现出我国政府对教育与民生关系的正确把握，又体现出我国政府解决影响民生大计的教育问题的决心。然而，教育民生问题千头万绪，甚至有些问题还非常棘手，在这种情况下，中国近代教育家积累的思想财富和成败经验，便凸显出极其宝贵的参考价值。

由于篇幅和时间所限，本研究未能囊括中国近代所有教育民生思想与实践，还待有心人继续探索。

主要参考文献

一、著述类

[1]Pearl S. Buck. Tell the People—Talks with James Yen about the Mass Educational Movement[M].Intl Inst of Rural, 1959.

[2]Martha McKee Keehn. Y. C. James Yen′s Thought on Mass Education and Rural Reconstruction : China and Beyond[C].New York: International Institute of Rural Reconstruction, 1993.

[3]James B. Mayfield . Sustainable Development: Integration of Dr. Yen' s Thought and the Concept of Sustainability[C]. New York: International Institute of Rural Reconstruction, 1993.

[4]Kate Merkel-Hess. The Rural Modern—Reconstructing the Self and State in Republican China[M].Chicago: University Of Chicago Press, 2016.

[5]Charles W. Hayford. To the People: James Yen and Village China [M]. New York: Columbia University Press, 1990.

[6]John Dewey. How We Think—A Restatement of the Relation of Reflective Thinking to the Educative Process[M].Boston: D.C.Heath, 1933.

[7]Spencer H.Essays on Education [M].London :J.M.Dent &Sons, 1949.

[8]吴相湘 . 晏阳初传:为全球乡村改造奋斗六十年[M]. 长沙:岳麓书社,2001.

[9]张馨 . 尚书[M]. 北京:中国文书出版社,2003.

[10]孙培青 . 中国教育史[M]. 上海:华东师范大学出版社,2000.

[11]李金奇，袁小鹏．教育民生论[M]．北京：教育科学出版社，2015.

[12]黑格尔．哲学史讲演录：第一卷[M]．北京：商务印书馆，1981.

[13]宋恩荣．晏阳初文集[M]．长沙：湖南教育出版社，1989.

[14]詹一之．晏阳初文集[M]．成都：四川教育出版社，1990.

[15]四川省政协，巴中县政协．平民教育家晏阳初[M]．成都：四川大学出版社，1990.

[16]马秋帆，熊明安．晏阳初教育论著选[M]．北京：人民教育出版社，1993.

[17] 宋恩荣，熊贤君．晏阳初教育思想研究[M]．沈阳：辽宁教育出版社，1994.

[18]杨际贤，李正心．二十世纪中华百位教育家思想精粹[M]．北京：中国盲文出版社，2001.

[19]曲铁华．中国教育发展史纲[M]．长春：东北师范大学出版社，2006.

[20]李剑萍，杨旭．中国现代教育之大家与大事[M]．广州：广东教育出版社，2011.

[21]苗春德．中国近现代乡村教育史[M]．北京：人民教育出版社，2004.

[22]熊明安，周洪宇．中国近现代教育实验史[M]．济南：山东教育出版社，2001.

[23]茅仲英，唐孝纯．俞庆棠教育论著选[M]．北京：人民教育出版社，1992.

[24]苏州大学校友会，原江苏省立教育学院校友会．人民教育家俞庆棠与江苏省立教育学院[M]．苏州：苏州大学出版社，1987.

[25]唐孝纯．人民教育家俞庆棠[M]．南京：江苏文史资料编辑部，1998.

[26]熊贤君．俞庆棠教育思想研究[M]．沈阳：辽宁教育出版社，1997.

[27]董葆良，陈桂生，熊贤君．中国教育思想通史：第七卷[M]．长沙：湖南教育出版社，1994.

[28]杨际贤，李正心．二十世纪中华百位教育家思想精粹[M]．北京：中国盲文出版社，2001.

[29]赵厚勰，刘训华．中国教育活动通史：第七卷：中华民国[M]．济南：山东教育出版社，2016.

[30]周洪宇．创新与建设：教育史学科的重建[M]．武汉：华中科技大学

出版社，2016.

[31]雷志松．学术、社团与社会：中国民生教育学会研究（1936—1949）[M]. 北京：社会科学文献出版社，2012.

[32]广东省社科院历史研究所，等．孙中山全集[M]. 北京：中华书局，1986.

[33]广东省社科院历史研究所，等．孙中山全集：第5卷[M]北京：中华书局，1985.

[34]王耿雄．孙中山集外集[M]. 上海：上海人民出版社，1990.

[35]陶行知．中国教育改造[M]. 长春：吉林出版集团股份有限公司，2017.

[36]李华兴．民国教育史[M]. 上海：上海教育出版社，1997.

[37][美]约翰·杜威．人的问题[M]. 傅统行，邱椿，译．上海：上海人民出版社，1986.

[38][美]约翰·杜威学校与社会·明日之学校[M]. 赵祥麟，任钟印，吴志宏，译．北京：人民教育出版社，2005.

[39]丛小平．师范学校与中国的现代化：民族国家的形成与社会转型（1897—1937）[M]. 北京：商务印书馆，2014.

[40]韦杰廷，邓新华．孙中山教育思想初探[M]. 长沙：湖南教育出版社，1992.

[41]李定开．重庆教育史：第二卷[M]. 重庆：西南师范大学出版社，2006.

[42]邰爽秋，黄振祺，等．中国普及教育问题[M]. 北京：商务印书馆，1938.

[43]俞庆棠．民众教育[M]. 南京：正中书局，1935.

[44]王敦琴．张謇研究精讲[M]. 苏州：苏州大学出版社，2013.

[45]马克思，恩格斯．马克思恩格斯全集[M]. 北京：人民出版社，1979.

[46]王坤庆．精神与教育：一种教育哲学视角的当代教育反思与建构[M]. 上海：上海教育出版社，2002.

[47]李福华．高等学校学生主体性研究[M]. 合肥：安徽人民出版社，2004.

[48]王小丁．中美教育关系研究（1840—1927）[M]. 成都：四川大学出版社，2009.

[49]晏阳初，赛珍珠．告语人民[M].桂林：广西师范大学出版社，2003.

[50]贺照田．颠踬的行走：二十世纪中国的知识与知识分子[M].长春：吉林人民出版社，2004.

[51]许美德．思想肖像：中国知名教育家的故事[M].北京：教育科学出版社，2008.

[52]李可柔，毕乐思．光与盐：第1卷[M].北京：团结出版社，2014.

[53]李景汉．定县社会概况调查[M].上海：上海书店出版社，1933.

[54]褚宏启．教育政策学[M].北京：北京师范大学出版社，2011.

[55]窦克武主编．王拱璧文集[M].开封：河南大学出版社，1991.

[56]李向民．精神经济[M].北京：新华出版社，19993.

[57 苏珊·雅各比．反智时代：谎言中的美国文化[M].曹聿菲，译．北京：新星出版社，2018.

[58][美]托马斯·M.尼科尔斯．专家之死：反智主义的盛行及其影响[M].舒琦，译．北京：中信出版集团，2019.

[59]董宝良，周洪宇．中国近现代教育思潮与流派[M].北京：人民教育出版社，1996.

[60]于潇．社会变革中的教育应对：民国时期全国教育会议研究[M].杭州：浙江大学出版社，2015.

[61]深町英夫．教养身体的政治：中国国民党的新生活运动[M].段瑞聪，译．北京：生活·读书·新知三联书店，2017.

二、论文类

[1]阮成武．教育民生论：一种历史发生学认识视角[J].教育研究，2017，38(1):16−22.

[2]李金奇．教育民生论的发生与解读[J].高等教育研究，2013(11)：38−44.

[3]谭维智．国家视角下的教育民生论[J].教育研究，2014，35(12):4−12.

[4]阮成武，徐雪莲．论教育民生的精神向度和取径[J].湖南师范大学教育科学学报，2018，17(3):48−53.

[5]刘齐．民国时期民生教育的理念与实践[J].华东师范大学学报(教育科学版)，2015(3)：112−119.

[6]朱国仁．从国计到民生：关于我国教育民生的思考[J].清华大学教育

研究，2013，34(4):35-39.

[7]张学文．教育综合改革应由“教育工具论”向“教育民生论”转型：“十八大”报告“努力办好人民满意的教育”之学理解读[J].清华大学教育研究，2013，34(1):17-21.

[8]劳凯声，李孔珍．教育政策研究的民生视角[J].教育科学研究，2012(12)：11-18.

[9]邓凡．教育政策如何关注民生[J].教育学术月刊，2014(8)：59-64.

[10]邵彦敏，金鑫．教育政策的民生价值取向[J].社会科学战线，2016(1)：224-232.

[11]张晓燕．教育的民生功能研究[D].重庆：西南大学，2014.

[12]高昊．民生改善视域下中国农民教育问题研究[D].长春：吉林大学，2015.

[13]唐献玲．晏阳初平民教育思想研究[D].南京：南京师范大学，2006.

[14]洪超慧．俞庆棠民众教育思想研究[D].广州：华南师范大学，2010.

[15]孙邦华．“入乡随俗”：明清耶稣会士的文化适应政策及其现代意义[J].东南学术，2006(6)：154-160.

[16]郭衍莹．被遗忘的民国平民教育家邰爽秋[J].钟山风雨，2014(5)：30-34.

[17]刘齐．回到乡土：邰爽秋民生教育思想与实践研究[D].南京：南京师范大学，2014.

[18]张蓉．中国近代民众教育思潮研究[D].上海：华东师范大学，2001.

[19]巩其庄．也论大教育[J].辽宁师范大学学报(社会科学版)，1988(5)：18-23.

[20]任福昌．“大教育”观念与高等教育自学考试[J].教育研究，1994，15(9):39-43.

[21]林祖华．民生概念辨析[J].经济研究导刊，2009(22)：162.

[22]金铮．浅析定县平民教育实验失败的原因[J].历史教学，1990(6)：20-23.

[23]阎亚军，邱昆树．文化传统与我国公民教育建构：基于中国文化传统中连带的“公”的思考[J].高等教育研究，2018，39(3):7-12.

[24]程亮．教育中的反智主义及其超越[J].湖南师范大学教育科学学

报,2014(3):5-12,28.

[25]刘铁芳.精致的利己主义症候及其超越:当代教育向着公共生活的复归[J].高等教育研究,2012,33(12):1-8.

[26]陈建华.教育为休闲生活做准备:兼论教育与休闲关系的历史嬗变[J].教育研究,2011(10):84-88.

[27]阮成武.教育民生需要“保障网”与“解压阀[N].中国教育报,2014-04-25(7).

[28]张学文.教育民生与大国复兴[N].中国教育报,2015-04-15(7).

[29]邰爽秋.民生本位教育产生的背景和意义[N].革命日报,1938-5-2(4).

[30]邰爽秋.民生本位教育与各种教育之区别[N].革命日报,1938-5-9(4).

三、档案

[1]中华平民教育会负责人晏阳初与国外各界来往信件,第二历史档案馆,全宗号:11,案卷号:11850.

[2]平教会定县实验通讯[J].第二历史档案馆,全宗号:236,案卷号:166.

四、工具书

[1]刘英杰.中国教育大事典(1840—1949)[Z].杭州:浙江教育出版社,2001.

[2]丁致聘.中国近七十年来教育记事[Z].上海:商务印书馆,1935.

[3]中华民国史档案资料汇编(第2辑)[G].南京:江苏古籍出版社,1991.

[4]璩鑫圭,童富勇.中国近代教育史资料汇编[G].上海:上海教育出版社,1997.

[5]李松林.中国国民党史大辞典[Z].合肥:安徽人民出版社,1998.

[6]宋恩荣,章咸.中华民国教育法规选编(修订本)[G].南京:江苏教育出版社,2005.

[7]舒新城.中国近代教育史资料[G]北京:人民教育出版社,1961.

[8]民国教育部.教育法令汇编[G].上海:商务印书馆,1936.

后 记

《中国近代教育民生思想研究》一书是在本人博士学位论文的基础上修改而成的。在即将出版之际，我很想说几句心里话。

回顾过去三十多年的学习、工作和研究生涯，倍感其间的艰辛与快乐。从初中毕业辍学在家边劳动边自学英语，到后来去安徽师范大学外语系旁听英语并通过专业八级考试，再到后来参加自学考试取得大专、本科毕业文凭和学士学位；从去一所高中学校当英语老师到考上教育学专业的硕士，再到攻读博士学位，一路走来，尝尽酸甜苦辣。但总的说来，我是幸运的，因为我总能得到上天的偏爱、亲朋好友的挚爱和导师们的厚爱。

我的硕士导师李福华教授是我教育学专业的领路人，除了传授给我大量的专业知识外，还经常关心我的工作和学习；博士生导师阮成武教授，学识渊博又平易近人，治学严谨又诲人不倦，从来都是对生性木讷的我循循善诱，使我从过去对教育民生领域一知半解到今天产生浓厚的兴趣。阮老师不仅对我的学业指导一丝不苟，还常常鼓励我要坚持。每当我感到身心疲惫甚至沮丧时，阮老师对我说过的“别人在打瞌睡的时候，正是我们前跃的时候”以及“信心!”“专心!”等话语就会响在耳边，鞭策我继续前进。

几年以来，我常常憧憬着本文成书的情景，想必会激动不已，但出乎意料的是，此时的我内心竟然非常平静，甚至有一种无所适从的感觉，究其原因，原来我已习惯了每日埋头书堆或面对电脑的生活，再者是我还未从晏阳初、俞庆棠、邰爽秋有关教育民生的理论和实践中走出来，因为我想象中的他们的音容笑貌和轰轰烈烈的教育实践场景已经陪我走过了三年的时间！他们为国家、为人民、为教育献身的精神常常令我热泪盈眶！

本书能顺利出版，我要特别感谢张奇才先生，没有他的关心和帮助，我是不可能把多年来的积累深化成专著的；同时，我还要感谢本书的责任编辑为本书的出版付出的辛勤劳动。

最后要感谢我的家人和朋友们对我的理解、支持和帮助，没有他们，我是很难走到这一天的。

取得今天的成绩，我虽感欣慰，但未满足，因为对于一个教育学专业的人来说，终身学习是我义不容辞的责任和最基本的追求！

二〇二一年四月

于蚌埠学院高知公寓